中国政治思想研究丛书

中国古典
政治哲学发微

成中英 著

图书在版编目（CIP）数据

中国古典政治哲学发微 / 成中英著. —北京：商务印书馆，2021
（中国政治思想研究丛书）
ISBN 978-7-100-19390-0

Ⅰ.①中… Ⅱ.①成… Ⅲ.①古典哲学—政治哲学—研究—中国 Ⅳ.① D092

中国版本图书馆 CIP 数据核字（2021）第 011097 号

权利保留，侵权必究。

中国政治思想研究丛书
中国古典政治哲学发微
成中英 著

商 务 印 书 馆 出 版
（北京王府井大街36号 邮政编码100710）
商 务 印 书 馆 发 行
北 京 冠 中 印 刷 厂 印 刷
ISBN 978 – 7 – 100 – 19390 – 0

2021年3月第1版　开本 880×1230　1/32
2021年3月北京第1次印刷　印张 12 1/4
定价：58.00 元

"中国政治思想研究丛书"编委会

主　　编　成中英
编委会成员　（以姓氏拼音排序）
　　　　　　　成中英　干春松　任剑涛
　　　　　　　唐士其　张允起

"中国政治思想研究丛书"总序

梁任公九十多年前在北京举办的演讲会上，提到研究中国政治思想史要采用新方法和新视角，期待对世界政治文明的演进有所贡献，但此后中国政治思想史的研究并不很兴盛。相对于其他学科领域，中国政治思想领域的优秀研究成果不多，能让大家记住的，也就是萧公权先生的《中国政治思想史》等少数几部著作。牟宗三先生到台湾后所写的《政道与治道》虽然有一定的影响，但是这部书有一个和同时代很多学者的著述相同的弊病，就是立足于西方的政治理论和伦理价值框架来谈中国，以中国古代有没有诸如自由民主等理念来做评判。其实这些概念的多数内涵，是近代欧洲和美国在特定历史情势下形成的，用它们来解释中国古代政治的缺失问题，当然偏差很大。至于以往的中国政治思想研究没有充分展开的原因，我认为可以从以下三个方面来分析。

第一，政治思想不仅是政治家和政治学者的言说，还牵涉政治权力施行的实际过程，内容很广泛，比如古代的社会礼仪和民俗、不成文的习惯法、宗教戒律的影响，等等，过去的政治思想史研究者对此很少有深入研究。

第二，政治思想的研究可以提炼出哲学成分，但哲学的理念不能等同于政治思想的全部，如果追溯西方政治学的发展，亚里士多德的城邦制度研究，就包含了很多今天人们意识里"政治思想"之外的内容。亚里士多德的著作里，伦理与政治问题分开讨论，后人就认为这两者可以割裂，研究政治思想也可以和研究伦理哲学或道德哲学一样，停留在概念辨析和规范讨论上。实际上，西方社会政治权力的历史发展相当复杂，仅从权力来源看，就产生过君权神授、契约论、演化论等不同学说，而这些学说都和欧洲自身历史发展相关，要了解它们的真正内涵，需要全面深入地研究当时社会生活的各个方面，不是单纯辨析几个理念就能做到的。

第三，基于以上两个方面的认识，中国学者该如何总结、整理、重建自身的政治哲学思考？我认为需要回溯华夏政治结构及秩序的起源，重新叙述"族群生活—伦理宗法—政治国家"这样一个链条，显然这和欧洲的传统是很不相同的。为什么很多学者习惯于直接拿欧洲的政治发展路径来套用解释中国呢？这是因为近代中国被西方列强侵略的历史影响了人们的认知，也就是方法

论出了问题。目前,我们需要重新提出有解释力的框架,就要针对这些偏差提出一些问题,就此可以总结为以下八个方面:

其一,在中国历史起源语境下,如何理解政治权力的产生和发展?

其二,在中国古代政治中,权力的价值内涵及其规范性是如何表达的?

其三,在中国传统权力模型中,帝王与大臣、庶民的关系如何规范与调节?

其四,关于政治史、政治学的现代发展和现代性表达,在当代中国学术语境下如何实现?

其五,中国传统政治理想在近现代的追求和运用,实际上是知识分子与政治规范解释权转移的问题,出现了怎样的特殊变化?

其六,中西政治之间的不同,应该如何认知与解释,才不致脱离二者各自的本义太远?

其七,政治思想并非理念的简单投射,而是有历史经验的复杂性叠加缠绕,由此对福山的"历史终结论"做出批驳,该如何建立自身的新学说?

其八,政治与政治科学的关系,在当前中国该如何处理?罗尔斯把伦理价值再度引入政治讨论中,对韦伯以来政治理论研究的"价值中立"趋势是一个重要逆转,中国政治思想研究该如何回应这一命题?

以上这些问题，可能需要几代学者的努力协作和学术积累，方能做出较有说服力的回答。我们这套"中国政治思想研究丛书"，可以看作这方面努力的一个开端与尝试，希望能给有关研究者和读者带来"以中国立场和全球视野思考中国政治思想"的启发。

最后，我在这里再谈个人的一些体会。我们研究中国政治思想的根本目标是什么？是否仅是为了发掘自己祖先的某些政治思想，表彰他们的独特价值？这样的工作似乎有很多人在做，比如从事中国文化传播的行业，可能还比我们做得更好。我认为政治思想研究者不宜做这样简单的跟风宣传。从对当前中国社会有重要影响的几股思想潮流来看，社会主义以人的社会存在属性为其理论基础，曾经兴盛的自由主义以个人权利为基础，而保守主义则以文化中既存的价值倾向和制度习俗为基础，重视权力运用的历史文化背景，通过这种实践来探索建立一种理想性的规范，使它和传统文明的价值观联系起来，这一点和中国古代贤哲的思考是相近的，接近于中国学者熟悉的"为往圣继绝学，为万世开太平"。当前的世界并不太平，某些秉持单一理念的发达国家企图用武力将自己信奉的价值理念推广到全世界，在世界很多地区造成了人道悲剧，即使在其国内，也受到很多的质疑与批评。人类历史从文明草创到理性启蒙，再到现代性的发展，从西方近现代的历史中可以看到一连串的霸权兴起，东方则是一百多年来受到西方的压制，在强势话语冲击之下产生了思想变异，像日本就有了"脱亚入欧"和"大东亚共荣圈"的言说和实践。美国最初是一个松散孤立的邦联国家，后来联邦权力不断扩大，到今天已经是一个十分集权而具有扩张欲望的世界性强权体系。人类从个体到小的氏族群体，发展到庞大的政治共同体，再形成具有世界扩张能力的霸权体系，其间充满了矛盾冲突，成千上万的平民百姓在现代化战争中被无辜杀戮，让富有正义感的人们痛心疾首。我认为战争的根源是每个国家过分强调自身的利益和权力扩张，在争霸的过程中习惯了剥削弱小民族，甚至认为这种剥削理所当然。

现在的很多思想家已经意识到，发展程度较高的国家应该扩大视野，从人类整体的视角来思考如何解决目前的政治矛盾与战争冲突，而不是延续以往那种"国家利益至上"的霸权思维。中国政治思想的研究，如果对人类的合作与和平发展有所贡献，并引发大家对这些问题的深入思考，才能接近我们的根本目标。期待所有的有识之士，一起加入进来推动这项崇高的事业。

成中英
2018年12月于海淀西山庭院

目 录

导言 *1*

第一章　引论：政治哲学与中国政治哲学 *7*
    政道与治道 *7*
    中国的政治哲学 *9*
    中西政治之别 *14*

第二章　中西政治哲学的比较 *21*
    三重证据法 *21*
    文化与环境 *25*
    德化论与契约论之对照 *29*

第三章　易道社会自然起源观：德化论与融合论 *35*
    中国之政统 *35*

中国政治的六大特性························40
　　其命维新································42

第四章　西方契约论的历史演化及其中国因素··········46
　　契约论的渊源与霍布斯的王权辩护··············46
　　洛克的契约论源于儒学······················50
　　康德契约论与罗尔斯两正义原则················53
　　对罗尔斯的三点质疑························55
　　高蒂尔的契约论····························59
　　契约论的全球化应用与德化论··················61

第五章　自然宇宙论下的宪制发微················70
　　中国政治传统中的契约因素····················70
　　德化论的自然和理论根源······················72
　　德化论的历史意义····························76

第六章　孔子的两个模型························86
　　德化论与契约论的互补························86
　　自由与平等的东西方差异······················90
　　坚持中国文化主体性··························93

第七章　仁政与王道····························101
　　今古文《尚书》与疑古问题····················101

高一志与《西学治平》………………………………… *106*
　　仁政与禅让…………………………………………… *112*

第八章　礼、信与王制的整合 ………………………… *118*
　　孔子与宪法…………………………………………… *118*
　　《尚书》里的周制与宪制思考 ……………………… *122*
　　《尚书与古代政治》………………………………… *128*

第九章　政治体系化及其全球性与现代性 …………… *135*
　　合内外之道…………………………………………… *135*
　　《洪范》大法的解释 ………………………………… *138*
　　中国之政统…………………………………………… *139*
　　周制模式……………………………………………… *142*
　　再论孔子的两个模型………………………………… *146*

第十章　本体基础的接引 ……………………………… *158*
　　大中之政……………………………………………… *158*
　　法治与德治…………………………………………… *161*
　　人治与法治…………………………………………… *165*
　　天人合一——本体论的接引………………………… *168*

第十一章　中国政治哲学的贯通：本、体、知、用、行 ……… *176*
　　《大学》的体系化…………………………………… *176*

中国有政统 ································· *178*
人治为主，法治为辅 ····················· *181*
生态道德政治经济体系 ··················· *183*
中国政治哲学的当代运用 ················· *187*

第十二章　合道性与三统之辨：道统、政统、学统 ······ *199*

道统、政统、学统的关系 ················· *199*
中国政统的起源与形成 ··················· *208*
中国政治哲学六大特征及其动态演进 ······· *215*
集权分权与治统平衡 ····················· *219*
中西互鉴与道统的当代阐释 ··············· *222*

第十三章　羊文化、伏羲时代与《易经》卦画符号系统 ······ *228*

哲学与中国政治哲学的起源 ··············· *229*
羊文化与伏羲时代 ······················· *233*
三大符号体系与政治哲学整合 ············· *240*

第十四章　儒学的宪制发引：从《洪范》到"正名" ······ *243*

什么是宪制？ ··························· *244*
宪法的伦理基础 ························· *246*
宪法的目标与形式 ······················· *248*
儒学与宪制 ····························· *252*
孔子和宪制中的"正名"问题 ············· *257*

儒学宪制发引的八个特点 ………………………… *262*

第十五章　德性论基础上的民主法治 ……………… *266*
　　政、治、道：中国政治价值的前瞻意义和批判意义 …… *269*
　　中国古代经典中的政治认知和价值目标 ……………… *278*
　　中国古代民主、平等、自由等价值的表达和实现方式 … *292*
　　近代中国政治遭遇的困境和转变 ……………………… *297*
　　对福山理论的回应和中国政道的当代意义 …………… *301*
　　回顾与小结 ……………………………………………… *306*

第十六章　政道与治法：论黄宗羲的政治哲学 ……… *311*
　　问题及方向 ……………………………………………… *311*
　　儒家的政治理论 ………………………………………… *312*
　　黄宗羲对儒家政道的推进 ……………………………… *315*
　　黄宗羲思想中的孟子与民本法制 ……………………… *318*
　　黄宗羲思想中的荀子与公共行政管理 ………………… *322*
　　黄宗羲的评价 …………………………………………… *323*

第十七章　《尚书》的政治哲学：德化论的发展 …… *326*
　　中国古代政治哲学问题的提出 ………………………… *326*
　　中国政治哲学的根源及重心 …………………………… *328*
　　《周易》哲学与《尚书》哲学的关联 ………………… *329*
　　天命思想与《尚书》中的德与德化 …………………… *333*

德化、政道与治道 ……………………………………… *339*
"政于治"与治道的认识 ……………………………… *343*
"三德"与"三政" ……………………………………… *348*
结论:"德、政、治、法"的合一 ………………………… *351*

第十八章　董仲舒政治哲学的形上基础及其现代诠释 ……… *354*
武帝问策的哲学背景 ……………………………………… *355*
董仲舒从诸经之学处受到的影响 ………………………… *358*
董仲舒从诸子之学处受到的影响 ………………………… *363*
对诸经诸子之学的整合 …………………………………… *365*
从形上基础到现代诠释 …………………………………… *368*
结论 …………………………………………………………… *373*

关于本书各章整理情况的说明 ……………………………… *376*

导　言

　　《中国古典政治哲学发微》一书即将付梓，是令我很高兴的一件事情，因为它有一个历史发展的意义。既代表我个人的一个研究成果，也代表中国政治哲学在这个新时代的一个新的觉知。

　　九十多年前，梁启超先生在北京和南京做了一系列有关中国政治思想的演讲。当时中国作为一个现代国家，正面临着自我认识的艰难过程。彼时，梁任公已经到过欧洲，考察了西方的政治制度，所以他的这一系列演讲可以说是为诠释中国传统制度赋予了新的意蕴。与此相较，作为两代之后的学者，我的背景和初衷显然与梁先生有重大的不同。从我个人的知识背景来说，似乎本体哲学、形而上学、道德哲学，甚至科学哲学是更合适的话题。我早年赴美国研究西方哲学，当初的主要动机就是想了解西方文化的基础，尤其是其理性的、逻辑的基础，因为西方正是在这个基础上走向现代国家的。为什么它们走向富强，为什么中国变得羸弱？至少这是我当初到哈佛大学求学的基本问题意识。

多年来我了解西方的目的是为了更好地了解中国，了解中国的同时也能够更好地了解西方，这个世界本来就是要相互对照地来加以了解的。人本身的身份、国家的身份，都是在长期的环境中以及与其他文化传统相互交往的过程中形成的。事实上，这也就是在形成内和外的关系。对内有一个融合的过程；对外有一个区别和相互对照的过程。因为身份的建立显然需要自我的肯定，同时也需要他者的认同和认可。这是人之发展的基本方式，我想这也是国家发展的基本方式。

所以我过去思考中国的问题时，不能不涉及西方，而西方的问题又不能不关涉中国。于是在形而上学问题上，我特别强调对本体概念的认识。本体并不是只有中国文化中才有，西方文化也有它的本体。但是如果说我们把西方的本体当作自己的本体，那么就会产生混淆和错觉。因为本体必须建立在自己的经验、体验和认识的基础之上。如果没有这种认识，那么就无法成为一个本体。当然，这个本体要实现自我认识，首先要认识世界之大、品类之繁，要认识一个扩大的、发展的空间，也就是说，我们要认识自己生存的这个天地的环境是什么，一个时空的环境是什么。所以从这个意义上说，我们要

导 言

认识环境，要认识自然，这是非常重要的。而且这个自然和环境应该是动态的——我们现在可以称其为生态的环境。这个环境是变化的，不能定在一个点上，它有自身的发展行迹和规则。在这个环境里，我们才能够界定我们自己，才能够认知我们对它能有何种反应。那么，我们从中就可以得出一个哲学命题，即人在世界上的存在，一方面是由环境来决定，一方面是由自己决定的。

因为我们的成长是一个潜在的能力。当我们成为一个存在体的时候，必须要在和世界打交道的经验当中去发现自我的能力，重新确定自我的认识。所以人的潜力是在环境中、在和环境的交往中、在和其他人的交往中来得到确定和认识的。而且这个自我认识非常重要，因为认识也代表人的一种自主性和独立性。每个人可以在认识外界环境的基础上找到一个最适合自己的发展方式。因为人的发展、人的存在具有一些潜在的可能性，人既可以做这种选择，也可以做那种选择。善和恶其实也就是两种不同的可能，什么是真的善，什么是真的恶，也需要在一个较长的时间里面来确定。这里牵涉到我们自己的动机，牵涉到我们的行为方式，也牵涉到我们的目标感，即我们要达到什么样的理想。这样的一种人的身份的建立，人在存在中找寻自己的本体，在这个过程当中，实现了人之所以为人。

人不是固定好了的，所以我并不主张历史决定论

（historicism），或者说历史主义决定论。当然历史主义有多种含义，其中一种含义就是历史决定了人的存在，历史决定了人的某些存在的基本条件，但是并没有决定人之本体的存在。人之所以成为人，从逻辑上讲，它的根源在于宇宙，它就是宇宙创造力的一个部分。所以人具有天生的创造力。这就可以说明为什么会有不同的人、不同的族群。因为从人到家庭，再到部落，再到国家，人的存在有不同的阶段。

但是我要强调，我们认识这些阶段的前提是要明白人的存在具有本体性。人并不是只有存在性，不是说人的存在就是一个事实，其实人的存在具有根源，能够发展，能够形成体系，能够不断地、持续地和世界其他动物、其他环境、其他各种因素建立一种相互刺激甚至相互矛盾的关系。而人必须要用人能够获得的智慧来解决面临的问题。因为人的存在一定离不开环境、离不开世界，只有在这个世界中他才能够坚强，才能把他的身份确定下来。事实上直到今天，我们仍不能说人的身份已经完全确定。因为从本体的角度来说，人仍然在发展中。我们必须要看到未来，但是未来的人可能更好，也可能更坏，因为人在未来可能会遭遇各种不同的因素。人可能会犯选择上的错误，也可能在发展中不断地改善自己，所以人必须不断地审察、学习、发展、更正和创立。这就是本体学的概念。

导 言

但是需要声明的是,**我所谓的本体学和本体论不一样。"本体学"是从经验中发现什么是真实的东西这样一个过程。"本体论"是我已经发现这个发展是什么样的形式,然后将其作为一种规范概念提出来。**"本体学"是在发展中建立我自己。这个本体可以扩大,所以一个人可以在自己的本体基础上,在一个也许最原初的状态,慢慢从经验当中了解跟他相近之人的密切关系。

所以我认为在人的发展当中,最早就是从人的启蒙状态——启蒙状态建立在家庭上——了解在天地之间自己是和他人有密切关系的。这个关系就是《周易》所说的先有父母阴阳的关系,然后才有父母和子女的关系。父母和子女的关系是一种责任关系,是一种亲情关系。不是说人只有伦理就够了,还要有责任感。所以当人真正成为人的时候,他感受到的是一种共同存在的价值,同时他又能够对这个价值有一种责任,有一种投入。这种"应然"的思想是在一种人的相互友爱的观念之下发展出来的。

所以,我认为人的最初状态不一定就是霍布斯所描述的那样,是"一切人对一切人的战争状态",而是人在他可能存在的环境当中持续地存在,认识到人和人相互结合、相互团结的重要性——尤其是在关怀下一代的责任感方面。人会发现世界上并不是只有他自己,还有家庭。这个家庭是原始的家庭,或者也可以是现在所说的单一家庭。当然后来还可能有父母，有祖父母，所以家庭规模的扩大是自然的。我以后还会谈到，中国的发展和西方国家的发展可能会有一些差别。我这里想要强调的就是，人之成为人的基本条件，把它扩大就成为国的基本条件。这就是我今天为什么要谈中国政治的问题，就是把个人扩大成为一个家族，才成之为一个国家。我想用这样一个概念来说明政治问题的必要性。

我早期比较重视管理学，因为我从伦理学认识到管理的意义。其实伦理学就是对个人的管理，就是内在的管理；而管理则是一种外在的伦理。所以我认为管理是一种群体的伦理，因为它把人与人结合在一起，目的是建立更好的人际关系。所以当初我把管理学和伦理学相结合，创建了"C理论"。当然有人对我的"C理论"持怀疑态度，认为它既不像伦理学说，也不像管理学说。然而"C理论"强调的就是，管理和伦理必须要结合起来，所以应该有新的视角来阐释管理的概念。"C理论"实际上是把管理概念扩大，使它不再是企业方面的管理，也可以成为公共管理，这就进入了政治的领域。同时，它又提供了一个新的视角和观点，使我们能够从管理哲学层面来探讨中国政治哲学的历史价值和现代意义。

第一章　引论：政治哲学与中国政治哲学

政道与治道

之前提到梁启超先生，那么我不禁要提出一个问题：我们到底对过去自身的历史有着怎样的理解。梁启超先生可能是最早用现代哲学语言来发展和说明中国政治思想，尤其是先秦政治思想的中国思想家。我认为他有一种历史观、文化观和价值观。他当时在北京演讲时，已经从欧洲游历归来。他对"一战"后的欧洲有了一种新的认识，认为西方文明内部蕴藏着巨大的危机。那么，中国文明未来应当怎样发展？这是他演讲的问题所在。萧公权先生在"二战"中撰写了《中国政治思想史》，这本书是以现代学术范式系统研究中国政治思想的开山之作。我曾在1959年到美国华盛顿大学求学，那时候萧公权先生正在华盛顿大学政治学系做教授。因为我父亲与萧先生有些私交，所以建议我前去拜访，于是有一天我就去了他的办公室。萧先生知道我是学哲学的，而他当时正在做清代乡村组织方面的研究，所以我们当时也没有多谈。我后来才知道他写了《中国政治思想史》这本重要的书。我在最初认识他本人的时候，还没有了解他在中国政治思想领域的学术贡献。在萧公权先生之后，中国政治思想领域的学术发展是比较有限的。

至于中国到底有没有政治思想？对这个问题存在不同的意见。牟宗三先生曾说，中国有治道无政道。对这个观点，我要稍加评述，因为这是一个很重要的问题。中国到底有没有政道？这个问题关涉到如何去理解"政道"，以及"政"和"治"的关系是什么。因此，我们必须仔细地辨析。我发现在这个问题上，牟宗三先生与熊十力先生的观点有很大的分歧。熊十力先生认为中国有政道也有治道。

首先，我认为应该解释清楚"政"和"治"这两个概念。孙中山先生在《三民主义》第一讲中说，"政"就是众人之事，"治"就是管理众人之事。但是，我觉得他对"政治"解释得还不够清楚。孔子说"政者，正也"①，而众人之事并不一定都是正事，也可能会存在不正之事。

---

① 《论语·颜渊》："季康子问政于孔子。孔子对曰：'政者，正也。子帅以正，孰敢不正？'"

所以我们不能把"政"简单地理解为众人之事，而应是众人依照一定的规范而做的事。我认为，这才是"政"的原初意义。或者说，"政"的意思就是使之正也，既包含了标准，又要求大家遵从这个标准。《周易·坤·文言》有言，"君子'黄'中通理，正位居体"①，意思就是说君子要正其位。所以"政"是一个标准。如果将"政"理解为动词，那么意思就是纠其不正，并持之以正——但是这并不意味着否定变革。

而"治"是治理，是一种方法。比如大禹治水就是要借助一定方法的。我们也可以说，"政"代表目的论、价值论，"治"代表方法论、知识论。**所以"政治"从字面来理解就是说，人们作为群体有一个正确的标准或目标，然后通过一定的方法来使大家的行为符合这个标准，能够实现这个目标。**所以政治是一门管理的学问，它包含了目标、方法和过程。

中国的政治哲学

至于"哲学"这个概念，大家也应该有一个基本的认识。中国语言中本来没有"哲学"这个词。"哲"字出

---

① 《周易·坤·文言》："君子'黄'中通理，正位居体，美在其中，而畅于四支，发于事业，美之至也。"

现在《尚书》里——"知人则哲"①。在这里,"哲"意味着对人的了解。了解的目标是人与人之间能够相互沟通,能够建立共识,完成生命的使命——使生命能够萌发、繁荣,充满价值。所以这既是一种了解,也是一种实践。至于"学"这个字,它意味着经验,意味着我们必须不断地学习,不断地观察。所以,政治哲学就是讨论如何通过一定的方法使得我们的群体生活具有价值内涵,合乎条理。这就是我所理解的政治哲学。

那么,我们今天为什么要重新认识中国哲学?我认为这既是历史的要求,也是理论的要求。为了解释这一观点,我需要提到"效果历史"(effective history)这个概念。这个概念是由伽达默尔②最初在《真理与方法》中提出来的。他在这本书中解释了诠释学何以能够可能的问题,其实诠释本身就是一种理解。而理解则是人把庞杂的经验组织为一个整体的概念,以便能够掌握文本的含义。

从这点来看,我们实际上已经超越了梁任公的时代,因为这九十多年来我们中国人已经对知识论、本体

---

① 《尚书·皋陶谟》:"皋陶曰:'都!在知人,在安民。'禹曰:'吁!咸若时,惟帝其难之。知人则哲,能官人。安民则惠,黎民怀之。能哲而惠,何忧乎驩兜,何迁乎有苗?何畏乎巧言令色孔壬?'"
② 汉斯-格奥尔格·伽达默尔(Hans-Georg Gadamer, 1900—2002),德国当代哲学家、美学家,现代哲学解释学和解释学美学的创始人和主要代表之一,1960年以出版著作《真理与方法》闻名于世。伽达默尔与其师海德格尔共同将传统解释学放到现象学本体论基础上研究,其出发点是反对古典解释学的客观主义。

论和方法论有了更深刻的认识，对中西的交往有了更全面的体会，对中国人自身也有了更深入的了解。我们对未来的信心和希望来自于对于历史的理解，来自于怎样整合我们的过去。而"效果历史"这个概念就是告诉我们，我们现在之所以成为我们，是因为我们过去的样子。也就是说，我们和过去没有脱离关系，我们就是过去发展的产物。甚至包括我们曾经批评过去、反对过去，那也是因为我们的过去使得我们这样做。但是这并不是说必须要以历史为绝对的标准，而是要超越历史，整合历史，这就是"诠释"的概念。所谓"诠释"就是立足于对历史的理解、对生命的理解、对宇宙的理解，再结合自己的知识，提出一个更好的历史观和发展观。这就叫作"效果历史"。所以历史上一种效果，也是我们批评自我、批评他者的基础。我们不能脱离历史来空谈，但是我们也不能被绑在历史之中。

一个团体之存在，也就是一个人之存在的属性的放大，所以民族国家也要体现我们自己所认定的身份和价值。当然对这种身份和价值的认定无法脱离我们的历史。今天我们来谈中国政治哲学，就不仅仅是谈论思想史。哲学和思想有这样一个差别，哲学是抽象地、宏观地探讨形而上学的问题，而思想是基于对经验的反思来谈论对于具体历史的认识。

今天，中国的文化复兴是一个必然趋势；中国作为一个民族国家，在世界上的崛起也是一个必然趋势。中国的崛起同时也代表着中国人的历史和文化对于世界的贡献。

在这样的背景之下，我们来看中国哲学和中国政治哲学有怎样的关联。要谈中国政治哲学就无法回避中国哲学。过去曾有人说中国传统文化中没有哲学，但是我认为这个观点是很荒唐的。我本人从20世纪60年代在美国夏威夷大学哲学系教书时，就首先把"中国哲学"这个概念提出来，我力图证明中国哲学不等同于中国思想，也不等同于中国思想史。中国哲学本身就是一种对世界和对自我的理解，一种深刻的生活智慧。只不过中国过去没有"哲学"这个词而已。"哲学"这个词在西方的本意是"爱智之学"，中国文化在行为上当然也是爱智的。除此之外，还有对"爱"本身的一种智慧，叫"智爱之学"。列维纳斯①就曾区分了这样两个概念："love wisdom"和"wisdom of love"。"爱智"就是"love wisdom"；而"智爱"则是"wisdom of love"，亦即如何去爱，如何仁爱。一个真正的哲学必然要追求"仁智合一"的状态。

---

① 埃马纽埃尔·列维纳斯（Emmanuel Levinas，1906—1995），法国当代著名哲学家。1923年，他进入法国斯特拉堡大学哲学系，开始其哲学生涯。他是最早把德国现象学介绍到法国的哲学家。1928—1929年，他在德国弗莱堡求学期间师从胡塞尔、海德格尔等人研究现象学，深受两位大师思想的影响而又有所超越。他也是继胡塞尔、海德格尔之后影响最大的哲学家之一。

第一章 引论：政治哲学与中国政治哲学

我们既要知道去爱什么，也要知道怎样去爱。这一点在中国哲学中得到了充分的发展，而我要强调的正在于此。

政治哲学就是把个人扩大成为一个具有内在价值和内在组织的共同体。比如，今天的人类学家和考古学家对家庭做了很多研究，但是始终没有找到家庭内部理性的和道德的内涵。但是中国哲学，特别是中国的伦理学极其重视家庭的理性和道德属性。有子曾有一句话："孝弟也者，其为人之本与！"①孝悌意味着关怀他人，但是儒家也暗示了孝悌何以成为可能的问题。孝悌之所以可能，是因为父母对子女的关怀，长者对幼者的关怀。其实不只人类，其他动物群体也具有这一特征。比如母象非常照顾幼象，海豚也非常照顾它的幼崽。动物的本能就是要将生命扩大和延续下去。所以对后代的奉献和关怀是人和动物生命存在的基本条件。而在人类社会中，这又产生了应然的责任问题。一个人存在的意义就在于培养下一代。你不能完成的事业他可以完成，你不能得到的东西他可以得到。这种心理就促使父母更好地为子女付出，这种付出甚至不要求子女的回馈。那么，这里就引起了一种理性的反思：既然子女接受了父母的关怀，那么子女是不是应该有所回报？所以人的责任应该包括

---

① 《论语·学而》："有子曰：'其为人也孝弟，而好犯上者，鲜矣；不好犯上，而好作乱者，未之有也。君子务本，本立而道生。孝弟也者，其为仁之本与！'"

两种：一个是父母对子女的付出，另一个是子女对父母的回报。这反映出了人之存在的基本原理。这种原理不仅体现在人类社会中，甚至也体现在动物群体中。

因此，政治哲学必须建立在哲学的基础上，不能离开本体学和伦理学。不过，还有一种所谓实证的政治哲学，也就是政治科学。政治科学就是通过对外在政治权力的运用和操作进行客观的考察来了解某些权力组织特性的一套行为科学。我并不否认政治科学存在的合理性，但是我们不应忘记行为科学的目的是服务于我们生活的价值和意义。科学的目的是追求知识，而知识的目的是寻找存在的智慧。我们不能把一切只看成是科学。我在谈到中国的管理哲学和管理科学的时候说，管理科学可以应用数学模型，而管理哲学是要从人的价值观出发来掌握管理的工具。而实际上，管理哲学和管理科学的分野也就是政治哲学和政治科学的分野。所以政治应当是基于哲学指引所发展出来的组合、领导、推动、开发与开放的实际行为，使文化、科技、意识与治理创造活动成为可能。而政治哲学是领导群体，满足众人福利，追求人类族群有序生活与共同理想的哲学智慧。

中西政治之别

这里还特别要提到中西的差别。英语的"political"

第一章 引论：政治哲学与中国政治哲学

（政治的）这个词来源于古希腊文。在古希腊文里，"polis"指的是城邦，城邦的政体叫作"polity"。而古希腊文单词的后缀名"ic"表示对某种知识的理解和认识。所以"politics"（政治学）这个词指的是某种学问，而不是某种逻辑。比如，"rhetoric"（修辞学）、"physics"（物理学）、"ethics"（伦理学）都内含实用与实践的要求，因而与发展为客观与系统的理论研究即"-logy"根本不同。那么"-ic"和"-logy"究竟有什么差别？其实它们的差别在于，前者代表一种学习的过程，而后者则代表一种已有定论的理论体系。在这种差别之中，我们才能够认识到"politics"实际指的是关于如何建立城邦和管理城邦的学习过程。

关于"政治"这个词的含义在中西方的历史语境下也有不同。在伯罗奔尼撒战争中，集权制的斯巴达打败了民主制的雅典。战争的失败迫使雅典人开始打破神话的迷思，独立思考政治的内涵，所以才从"philosophy"中建立了"politics"。"politics"是对城邦政治管理的一种关切、一种探讨，直到亚里士多德那里才演变为一门科学。所以"politics"在西方的历史语境下关心的是城邦的治理之道，这和中国的"政治"一词的含义有所差别，因为中国的"政治"一词的含义既包含治理之道，也包含了对理想的追求。它的渊源可以追溯到西周甚至更上古的时代，因此比西方的"politics"历史更为久远。

所以我们可以接下来考察"政治"的中文含义。我对这个概念的理解是：**政治是用权力来管理众人以及对权力的管理**。因为政治是要对群体生活进行有序的安排，所以必然要使用权力来管理众人，但是这种权力的来源问题值得深入探讨。于是对权力本身要进行规划，以使其符合"政"的要求。关于权力来源的问题，我比较赞同自然主义的观点，即管理众人的权力来自已经取得的或自然创造的地位与制约行为和表达方式。比如在前面提到的家庭或家族中，有权者同时也是责任的承担者。

　　同时，我认为一定要把"政"和"治"两个字的含义略作区分。有人将"政"称为"政术"，但是这样就模糊了"政"本身所蕴含的价值意义。在我看来，更合适的提法应是"政道"和"治术"。

　　下面，我们来讨论一下权力的特性和管理权力的方式。在谈到政治哲学的时候不能不涉及权力管理。权力管理一方面是对权力本身的发挥，另一方面是对权力自身的制约。权力的来源究竟是理性还是情感？究竟是某种技术还是某种关系？比如康德认为，我要做什么，我要怎么做，都是我自己规定的。根据理性的原则，我实践的根据应该是所有人都能够遵守的。康德已经假设人同此心、心同此理。所以在康德那里，权力来自于意志的自我。我认为康德的这个思想实际来源于孔子。当初德国哲学从莱布尼茨到康德一直致力于启蒙的任务，也

第一章 引论：政治哲学与中国政治哲学

就是要摆脱基督教的束缚来重新理解人自身。于是，道德自主的观念便产生了。那个时期很多的儒家经典，比如《大学》《中庸》《论语》，就被传教士翻译到了欧洲。所以那时中国的儒家经典深刻地影响了西方思想，而西方的哲学却在中国没有得到什么传播。

权力虽然可以被理性地决定，但是它也可以基于情感、利益和欲望等自然倾向而产生，因而造成权力被滥用和泛用，导致权力的腐败。所以英国思想史学者阿克顿勋爵曾说："权力导致腐败，绝对权力导致绝对腐败。"中国儒家经典中说："人心惟危，道心惟微"①。道心是理性的，人心是容易泛滥的，这是人之常情。那么，就需要诉诸人的修养来限制权力的泛滥，同时不能影响公共利益。所以政治权力必须要有管理自己的能力。管理自己既可以具有理性，也可以违反理性。而政治哲学则是要研究权力本身为何必然要有价值的要求，也就是要求领导者能够正其心，同时也要求制度能够起到防微杜渐的作用。这样，就必须建立一套很好的管理制度、法律系统以及普遍的公共道德规范。

我们针对以上的讨论提出如下两个问题，问题一：政治模式的建立基础是什么？问题二：上文中提到的政

---

① 《尚书·大禹谟》："人心惟危，道心惟微，惟精惟一，允执厥中。"

治中所谓的"政"具有固定的含义吗?

针对这两个问题可以做如下回答:我是从自然主义的角度来看待政治模式这个概念的。关于社会的起源,或者说政府的起源,就要考察人之原初的存在状态,也就是文化状态。人之所以为人,是因为人具有文化的属性。而所谓文化,也就是某种共同的生活方式。我们应当认识到,人类在不同的历史和环境之下会产生不同的文化。因为不同的文化才会具有不同的政治模式。比如,早期犹太人因为在摩西的带领下走出埃及来到迦南地区,所以他们信仰耶和华,希望在政治中实现他们对信仰的追求。因此犹太人的政治模式就必须适应他们当时的生态,而这个生态就是我们中国人常言的"天时、地利、人和"。

关于第二个问题,虽然我承认"政"的含义不是固定的,但是也不是完全无法把握的,因为"政"就体现在人与环境的平衡关系之中。至于是不是能够找到这个平衡点,这和环境的因素有关系。在一定的条件之下,人和他所处的环境是平衡的。但如果外界环境发生了改变,那么人自身也要相应改变。大环境是天时,中环境是地利,小环境就是人与人的关系。如果人与人的关系不能协调好,那么也不利于群体的生存。所以"允执厥中"的"中"的意义就非常值得重视。"中"体现的是天时与地利的平衡、地利与人和的平衡,同时又是这三者

第一章 引论：政治哲学与中国政治哲学

的平衡。人需要从这种平衡中来寻找新的理智。孔子说损益之道百世可知①，也是这个道理。

如果继续提出问题：在儒家那里道心是否有高低之分？在某些学者看来，孝悌之道和政道都属于天理的范畴，那么当二者发生冲突的时候应该何去何从？比如，《孟子》里提到，如果舜父杀人，舜会在宣布父亲有罪之后背负父亲而逃亡。这种"视天下如弃敝屣"的行为很容易被现代人视为一种逃避政治责任的举动。那么，应该怎样看待这个问题？

这个问题之前也有学者请我发表过意见。我是这样来看的，法律的执行不一定要以破坏家庭伦理关系为代价。其实很多事情都可以通过诉诸另外的渠道来解决。比如有人偷了羊，当事人可以协商解决，儿子和父亲也可以私下解决，不一定非要告官。所以，我认为"亲亲之隐"在一般情况下是具有维护社会亲和力的作用的。在儒家看来，伦理是社会的根本，不能轻易破坏。就舜父杀人的例子来说，孟子提出的主张是，舜应当命令司徒去抓他的父亲，不过由于这样做有悖亲子之情，所以舜不能继续做天子。虽然孟子的主张在逻辑上没有矛盾，但是毕竟舜的弃位也对天下人有亏。所以，我倒是想

---

① 《论语·为政》："子曰：'殷因于夏礼，所损益，可知也；周因于殷礼，所损益，可知也。其或继周者，虽百世，可知也。'"

提出另外一个方法来解决这个政治与伦理困境。孟子讲"老吾老以及人之老，幼吾幼以及人之幼"，那么舜既然要施恩与他的父亲，还不如进而大赦天下以施恩于有罪之人，这也不失为儒家仁者之所为。所以在我看来，政治与伦理冲突的问题在儒家立场上是可以有回旋余地的，并不一定会导致顾此失彼。

如果我们更深一层，提出与上文相关的两个问答命题，问题一：当今社会该如何寻找一个共同的价值观？问题二：内圣外王和制度建设之间如何实现平衡？

其实也可以如此回答：每一个社会都有它自己的价值观，这一点是无疑的，也是不可否定的。一般来说，现代民族国家是以单一族群为主体，不过实际上只要有共同的价值观，多族群也并非不可接受。但如果缺少共同的价值观，一个国家内部就有可能发生冲突，社会的稳定性就要受到威胁。所以对于多元社会来说，最好的情形是"和而不同"。即大家一方面保持独立，但另一方面相互之间又能和平相处。为了达到这一点，在我看来就需要有一位杰出的政治人物发挥作用。应当澄清的是，我强调政治人物的作用并不是在肯定人治，而是意在说明政治人物能够带领众人建立好的制度。所以我认为政治人物和制度之间有着密不可分的关系，既不存在单纯的法治，也不存在单纯的人治。

第二章 中西政治哲学的比较

三重证据法

在我们研究政治概念或者政治体系之前，必然要面临如何选择研究方法的问题。梁启超先生在《先秦政治思想史》中曾提到过三种方法。第一种是"问题的方法"，即根据不同的问题来对思想史进行归纳。但是只有借助一套完整的范畴体系才能提出有意义的问题（比如，中国政治究竟是民主的还是民本的？是集权的还是分权的？），否则提出的问题就过于零散。第二种是"时代的方法"，也就是根据不同的历史时期来归纳。第三种是"宗派的方法"，就是根据不同的学派来归纳。宗派的方法很适合研究先秦的诸子百家和南宋时代的理学与心学。梁启超先生建议将三种方法综合在一起，我非常赞同他的这一观点。我们在研究思想史时，不能不考虑到问题、时代和宗派这三种因素。

我在这里想先谈一下历史和思想的关联，任何一个学术思想都有它的历史渊源。我们对历史的认识不光是要梳理历史的发展过程，还应看到做出历史选择的人们所抱有的价值信念。我们的历史语言既包含着对历史事实的描述，同时又夹杂着价值判断，所以我们很难把历史还原为对材料事实的单纯描述。但是也不能像黑格尔一样，把历史完全视为绝对精神的逻辑表达。我们需要建立一套既是现实的又具有价值观的历史语言。因此政治哲学必须既能对历史作客观的描述，又能作道德的评述。哲学不能忘记历史，历史也不能离开哲学。有些历史学家认为哲学只是抽象的空谈。其实不然，因为了解历史也应当了解历史中所蕴含的智慧，所以历史和哲学应当是相辅相成的。

对历史的认识牵扯到方法论的问题。现代历史学家一般都比较尊崇王国维先生于1925年在《古史新证》中提到的"二重证据法"[①]。所谓"二重证据法"，即一重为纸上材料——历史文本提出的证据；一重为地下材料——考古文物显示的证据。陈寅恪先生在《王静安先生遗书序》中

---

① 1925年，王国维在《古史新证》中首次提出："吾辈生于今日，幸于纸上之材料外，更得地下之新材料。由此种材料，我辈固得据以补正纸上之材料，亦得证明古书之某部分全为实录，即百家不雅训之言亦不无表示一面之事实。此二重证据法惟在今日始得为之。"意思是运用"地下之新材料"与古文献记载相量印证，以考古代历史文化。

对二重证据法给予响应，又提出了两个补充与参证：一为异国故书和中国旧籍，二为外来观念和中国固有材料。

这些方法对中国历史史实与文字研究固然有重大意义，但是对中国思想史研究以及中国传统哲学的研究而言，则只是在证据与事实问题上有其必要，对其思想内涵以及哲学认知并无帮助，更不必说充分。如果我们要试图理解一件文物本身的象征意义，或出土文本的哲学意义，那么就必须要基于一套价值观体系。而这个价值观体系是无法从文物本身中获得的。因为"效果历史"的作用，今人仍能对古代的历史有所感受，而这种感受也应该和古人的感受有一种亲密的关系。**因此，为了掌握义理与发挥哲学的认知，我们必须要有一个整体的理论投射与透视，从概念前提的预设性到意涵引申的意义性，来进行推演、概括，整体化、系统化，以呈现一个理论的完整性与实际经验的支持性，并借以说明一个资料的意义所在以及真理的向度。这就是我从哲学诠释学与本体诠释学的角度所提出的第三重证据。**

其实第三重证据就是我们自己。假如在古代经典中融入了我们的现代认识——这种认识来源于对宇宙、族群、家庭和生命的直接体验，那么我们就会对古代经典产生亲近感。或者说这种同情共感是我们理解古代文物或文本的一个重要证据。所以，我在这里要强调哲学思考在历史研究中的重要意义。虽然这种哲学思考不能离开对历史和文物的考察,但是后者不能忽略或替代前者。这和日心说的科学观有相似之处。从我们的直接经验来看,似乎各种天体围绕地球运转,但是经过人们对大量天文现象的长期观察,发现地球围绕太阳运转的假设更能合理地解释所有这些天文现象。所以,日心说这样革命性的思想才能被人们大胆地提出来。同样地,对于我们自己历史的认识也需要这样一种整体的视角。我们应当假设很早就存在一种整体的世界观,这种世界观具有宇宙的、本体的意义,既能够解释现实,又能够启发未来。这样我们才能给予历史文物与文本以意涵,这也就是我所谓的第三重证据。

我还想以《易传》为例来解释第三重证据的重要意义。众所周知,《易传》是对《易经》的注解。但是如果没有《易传》,我们该如何来理解《易经》中那些关于占卜符号体系的意义呢?我在1987年就提出,《易经》实际是一套预测和决策的方法,而《易传》体现的则是《易经》背后的宇宙观。因此《易经》不应只被视为一本占卜之书,它还描绘了当时人们心中的宇宙本体。

关于西周的政治制度问题,我最近看到李峰的一本书《西周的政体》。这本书介绍了人们从青铜器铭文上所了解的西周官僚体系。但是如果我们没有官僚体系的概念,而仅仅是看到了这些铭文,那么我们就没法解释这些铭文的意义。而现在我们从官僚体系的整体视角出发,不但能够理解这些考古文本，而且能够认识到《周礼》之经验和理论的基础。所以，这同样也证明了第三重证据的价值。

我所讲的中国政治哲学并没有脱离历史的轨道。我们需要从对历史的思考中提炼出对不同时代思想文化的认识，进而提升到对哲学的思考，从而获得当时人们的宇宙观和价值观的全景。因此中国政治哲学的含义既不仅仅是中国政治思想史，也不仅仅是对政治制度的历史描绘，而是要从制度历史和各种宗派思想中提炼出哲学的认识。

文化与环境

一个民族的文化形态是受它所处环境深刻影响的。这个特殊的处境也就是中国人所说的天、地、人。在中国这块土地上发展出来的中国文化，与犹太人在两河流域发展以色列文化、与在地中海发展起来的古希腊文化，都迥然不同。

由于古犹太人在两河流域无法找到立足之地，他们只能走出去寻找一块自己的土地。但是他们当时也没有确定的方向感，所以必须要坚定地信仰上帝——也就是他们的祖先神。对古犹太人来说，对上帝的信仰非常重要，因为这是他们这个民族在险恶的环境中能够凝聚起来，并且生存下来的精神支柱。犹太教后来深刻地影响了基督教。犹太教和基督教的出现对西方历史的意义不可估量，整个现代西方文明的政治体系和政治精神都有这两者的深深烙印。

古希腊人所处的爱琴海地区则是一片岛屿。他们在各个岛屿上建立了不同的小型城邦，于是就形成了古希腊人的城邦政治。古希腊人的城邦政治具有一系列独有的特征。首先城邦的人口普遍较少，又经常面临着外部的军事威胁，所以城邦成员的政治参与感比较强，而且理性计算的精神也比较发达。古希腊人因为生活在岛屿上，因而比中国人有一种更加强烈的危机感。这也使古希腊文化更倾向于崇拜英雄、崇拜勇敢、崇拜冒险，这可以从《荷马史诗》等古希腊经典著作中反映出来。同时他们也较早地发展出了理性主义，比如产生了原子论、早期的地动说、几何学，等等。

犹太人超越的宗教思想和古希腊人的理性主义，被罗马人结合在了一起，由此开启了真正的西方文明。罗马的土地和人口都大大超过古希腊的规模，它必须寻求一种精神信仰来维系广土众民。于是在公元4世纪时，康斯坦丁大帝出于维护罗马帝国统治的目的，决定立基督教为国教。基督教在诞生时虽然受到犹太教的很大影响，但它也改造了后者。因为犹太教一直坚信上帝是犹太人的上帝，犹太人才是上帝的选民，这样他们和其他民族之间就具有无法消弭的隔阂,所以犹太人的发展空间也就受到局限。而基督教则认为任何人只要信仰上帝都有可能成为上帝的选民,因此基督教打破了犹太教的民族封闭性,发展成了一种世界性的宗教。

所以总体来讲,环境的因素决定了一个民族和地区的文化形态,而文化又塑造了个人。换句话说,时代为先,但时代又可以造就不同的个人。人并不单纯是历史的产物,而是由历史和自我双重决定的。宇宙是一种创造力,人是宇宙创造的结果,所以人具有宇宙的创造力;虽然个人的创造力是有限的,但是群体的创造力是巨大的。由于群体有巨大的创造力,所以这就需要一种更好的价值观和正义观来对群体的力量进行指引和管理。

以色列可以代表从沙漠中发展出来的宗教文化,古希腊可以代表从海洋中发展出来的理性文明,而印度则是以散漫为特征的一种文化。中国文明与这些文明形态都有着明显的不同,中国很早就形成了一个大一统的帝国。中国人所处的天、地、人之环境与这三个文明都不一样。中国是在新石器时代后期走向农耕时代的。中原地区土地广袤,所以早期中国人就在不同地区形成了各种部落。因为中国人很早就进入了农耕时代,所以就相应形成了一种观念,认为人和土地、土地和天气具有一种密切的互动关系。这是一种相当自然主义的发展过程。应该说,中国人在早期并没有太多征服性的战争。比如黄帝和炎帝、蚩尤之间的战争，带来的实际上是部落之间的整合。这和西方人被迫的征战、迁徙的情况是截然不同的。

　　这里我想着重强调农业文明对中国文化的深刻影响。农业在中国的发展历史分不同的阶段。早在伏羲时代，人们使用马和狗进行游牧；之后又利用牛和猪从事种植和畜养。所以中国的农业历史经历了马文化—狗文化—牛文化—猪文化的阶段。但是从马和狗的游牧文化过渡到牛和猪的农耕文化中间还有一个很重要的羊文化阶段。羊可以保护人们不受野兽的侵袭，又可以产出羊奶、羊毛、羊皮和羊肉等来为人提供生活资料。而且因为羊的性情温顺、合群，所以汉字中的很多褒义字都和羊有关系，比如"善"是羊，"美"是羊，"义"（義）是羊，"群"是羊，"祥"也是羊。善、美、义、群、祥都以羊为之根。对羊的体验和观察让我们感觉羊是一种和平、安详的动物。其实在其他民族的文化传统中，羊也是一种代表吉祥的动物，因此它经常被用作供奉上帝的祭品。所以羊文化作为从游牧文明向农耕文明转变过程中的一个过渡阶段，在中国农业文明的历史中具有重要的意义。这和《周易》的出现也有关联。"易"原意为交易，交易的目的是达到一种平和、安详的状态。因此易文化的出现是以羊文化为基础的。

　　总之，中国在这片广袤开阔的土地上形成以平和、交易为特点的生存方式,孕育了后来的华夏文明。在此基础上建立起来的中国文明必然和古希腊文明、犹太文明、印度文明大不相同。中国文明和西方文明的这种差别在哲学上就具体体现为德化论和契约论的对照。

德化论与契约论之对照

我将在前述方法论的基础上提出一个核心观点来解释中西方政治思想的形态与生态:**西方的契约论和中国的德化论,分别为中西方政治哲学的起点、过程与目标和理想**。中国的德化论论述道德融合,不设障碍,自觉地促成自然融合。而西方契约论的主要特征则是确定主客两方,契约由超越的上帝建立因而必须履行。

契约论强调外在的制约,不重视人与人的内在沟通。契约在西方最早是上帝和犹太人之间订立的,是上帝管理和约束人的工具。而后世的其他契约也都是建立在对立化的、不可沟通的个人概念的前提之上的。所以西方的契约观念最早来源于宗教,并且可能还伴随着武力的征服。在今天的西方社会,契约观念仍然是极其重要的,甚至有些人将人与人之间的伦理关系也视为一种契约关系。

但中国的德化论则完全不同,中国人重视的是人的内在理解和感受。在家庭生活中,在父母子女和兄弟姐妹间的相互交往中，产生一种亲亲之情。中国人相信在这种亲情之中，人与人之间可以产生一种根本性的联系；通过这种根本性的联系，人们可以相互了解对方。这种内在化的感情是在共同的生活中建立起来的。所以在这种生活环境之下，我们强调共同的感情、共同的观念，彼此协助，于是也就产生了中国文化的融合感。德化论的前提是共同的生活体验，结果就是融合。

从这里我们可以看到中西文化之间的根本差异。包括义务与权力的观念，法律的观念，道德的观念……其间的差别都可以通过德化论与契约论的视角得到解释和说明。我将在下一章中进行更详细的阐述。

如果有人针对上文提出以下问题：您认为我们传统社会的政治体制、社会传统和法律体制，在当今是否得到了一定程度的保留？或者它们还能以一种什么样的形式在当今社会发生作用？

可以如此回答：法治观念的确和基督教、犹太教的宗教观有关。在犹太人的生活中，方方面面都要考虑到上帝的意志。但上帝的意志是一种普通人无法直接聆听的启示，上帝既可以选择你，也可以不选择你。因此人们只能以最大的善意去揣测上帝的意志。我们可以认为是人把假想的道德信条和权力结构投射到超越的上帝身上。于是祭司就掌握了解释上帝意志的权力，比如祭司可以代表上帝指示大卫什么是对的、什么是错的。这样人只能以最客观的规则来理解上帝的意志，所以西方客观化的精神就由此发展而来。以色列人超越化的客观观念与古希腊人外在化的客观观念，塑造了西方人对客观规律和法则的尊重。

但是中国人的传统观念中没有超越的上帝。我认为中国人的"天"之观念是既超越又内在的。天其实就是良心，就是良知，人自己可以通过内心把握天的意志。即使外在的法律力量再强，如果我认为自己的做法没有错，那么就可以替天行道。所以中国人对法律和规则具有一种内在化的、主体化的理解，没有西方人那种距离感和超越感。中国人的这种理解也有一种好处，就是它可以允许人做一些法律限制之外的事情，比如做一些超越一般社会规范所要求的伟大功业，从而凸显圣人的气概。因此这样人自身就可以具有上帝的德性，成为圣贤，但是也可以由此成为大奸大恶之人。所以在中国文化中潜藏着这样一种内在的张力。

我认为，法治当然需要价值信念的支撑，但是不一定非要以宗教作为基础。如果一种价值信念能够被普遍接受，那么也就相当于实现了宗教的功能。宗教从本质上来说并不一定需要一个西方那样的上帝，中国人对"天"的崇拜其实也可以被视为一种宗教，因为"天"也同样具有惩凶扶善的价值。比如《易经》中说："积善之家必有余庆,积不善之家必有余殃。"①或者如道家所说:"天网恢恢,疏而不失。"②这就说明,中国人相信天地间有一些根本性的原则是逐渐生成的,或者是逐渐毁灭的。当然有些原则并不会即刻得到体现,但是长期来看万变不离其宗。所以中国人对法则、规律的理解既有原则性,又有灵活性,因时因地因人而有所变通。孔子就说"无可无不可"③。在中国人的观念中,既要掌握普遍原则,又要顺应具体情势。普遍性是相应于具体性而存在的,每一个具体性都体现普遍性,每一个普遍性都包含具体性。要实现这样一种原则性和灵活性的统一既是很重要的,也是很困难的,但是宗教并不是绝对的保证。

如果进一步追问:有学者认为在德化论和契约论之间有一个以家庭为单位的差别,德化论强调的是家国同构和家庭内部的融合,而契约论是否会导致家庭内部和外部之间的对立?如果这种对立存在,那么在西方家庭

---

① 《周易·坤·文言》:"《坤》至柔而动也刚,至静而德方,后得主而有常,含万物而化光。坤道其顺乎,承天而时行。积善之家必有余庆,积不善之家必有余殃。臣弑其君,子弑其父,非一朝一夕之故,其所由来者渐矣,由辨之不早辨也。"
② 《道德经·七十三章》:"天之道,不争而善胜,不言而善应,不召而自来,繟然而善谋。天网恢恢,疏而不失。"
③ 《论语·微子》:"逸民:伯夷、叔齐、虞仲、夷逸、朱张、柳下惠、少连。子曰:'不降其志,不辱其身,伯夷、叔齐与!'谓:'柳下惠、少连,降志辱身矣,言中伦,行中虑,其斯而已矣。'谓:'虞仲、夷逸,隐居放言,身中清,废中权。''我则异于是,无可无不可。'"

内部是何种状况？这种考察视角对于我们了解西方社会是否有价值和意义？

可以如此回答：西方因为有法律的传统，所以约定是非常重要的。比如在康德看来，遵守承诺是一种完美的德性。对于中国人来说，真理并不是固定不变的，很多时候需要灵活变通。在西方的家庭教育中，最重要的就是守约和诚实，这其实也是在契约论影响之下的结果，是不同于中国传统的另一种形式的家国同构。即使今天西方家庭中的夫妻关系、父母和子女的关系在很大程度上也是建立在法律规则基础之上的，父母不会为子女做出无限的牺牲，子女对父母也不像中国人这样有尽孝道的义务。西方社会很多的制度也是根据这种家庭关系设置出来的，比如美国的各州都建立了社会保险和社会救济制度。一个老母亲不一定需要子女的赡养，只要有社会保险来保障她的生活就够了。而中国的家国同构是以家庭的亲情作为基础延伸出来的。家既然是仁爱的、亲切的、具有牺牲精神的，那么我们就会要求国也如此。但事实上，国和家总归会有差别。如黄宗羲所说，本来君主在上古时期就是百姓的仁慈的"父母"，但是后来却慢慢蜕变为剥削和压迫人民的专制皇帝。

如果进一步提出问题：这样来理解您的理论是否正确呢？即在中国的传统文化中，儒家强调"吾道一以贯之",道家强调"有无相生",佛教强调"本空无二"。德化论是一种心能转物、心物一元的思想,于是我们可以理解别人,别人也可理解我们。而契约论强调的是主客观的对立,是我与对方的隔阂,在此之上形成了西方的制度体系。

可以这样回答:西方人还是侧重人我之别,所以当代的后现代哲学家们,比如列维纳斯还在反复强调他者的存在。因为他者是我所无法理解的,所以我必须防备他者,或者尊重他者,或者与他者建立契约。但中国的文化不是他者文化,而是自我文化,强调的是以我心度彼心。所以中国人以这种心态走向世界的时候往往受到欺骗,或者往往因想当然而受到误解。不同民族文化形态之间差别很大,在本族中进行沟通的默契方式通常不适用于族与族之间的沟通,这时候就必须要诉诸理性的、外在的和客观的契约。这就是德化文明和契约文明的差别所在。这两者所孕育出的政治哲学就有很大不同,至于能否从中找到共同点,则是我们要关注的问题。

第三章　易道社会自然起源观：
德化论与融合论

中国之政统

中国的"政"和"治"有无一以贯之的传统，或者说中国究竟有无道统。道是对世界的统一的认识，是我们思考和学习的对象，同时也是支持我们发展的基础。所以，道具有宇宙论和伦理学的意义。《论语》中对道的谈论就具有鲜明的伦理属性，道在其中体现为一种对人性的基本认识。这种认识方式统合了后世中国对真理和人性认识的标准。

在道统之下有无关于目的和方法的认识？牟宗三先生认为，中国在国家治理方面积累了大量的经验和方法。我认为自西周开始，或者更早，礼治可能就是一种国家的治理之道。但是牟先生同时认为中国没有政道。"政"

可以被理解为国家、社会或群体的统一的价值目标。牟先生也否定中国具有政统，其意在批评中国传统文化中缺少对民主价值的追求。为此他提出了"良知坎陷"说，认为中国哲学的最大弊病在于过分纠缠于伦理道德问题，而忽视了对外界客观知识的探索。在他看来，因为中国文化传统中缺乏对于客观真理的追求，所以中国历史上也没有发展出现代民主的观念。于是牟先生提出解决之道，即良知坎陷。在我看来，良知坎陷也许对于中国人接受科学的观念有一定的帮助，但是对于启发民主的意义则颇值得怀疑。

有一种意见认为，良知坎陷有助于破除社会上的等级观念，打破一些高高在上者自以为是的偏见。从这方面来说，良知坎陷有助于民主观念的发展。我认为这种说法虽然也不无道理，但是就中国文化的整体而言却是值得商榷的。另外从人的认识角度来看，"良知坎陷"说是否符合人的认识发展过程，这也是需要进一步讨论的问题。事实上，在我看来人不必为了认识客观世界而放弃自己内心的良知。我们对客观世界的认识依赖于知觉的能力、推理的能力和思考的能力，但这些能力并不一定与我们的道德能力相冲突、相矛盾。所以我认为没有必要非把道德的认知与科学的认知对立起来理解。我并不否认有时候人们出于道德的动机会做出一些与科学、理性相矛盾的判断，但是从逻辑上讲，这并不是必然的

第三章 易道社会自然起源观：德化论与融合论

结论。相反，只有在根据基本的事实形成了客观的理性认识之后，我们才能进行道德判断。另外从本体学上来看，人的存在有知和行两个方面。行也可以理解为对事物的某种关怀。而且知行要合一，行应当依赖知，知最后也要引导行。所以从这个意义上说，道德必须在知的导向之下才能得以实现。

人生来就有一种目标感，这种目标感是人存在的基本要素。人从能做什么发展到要做什么需要一个过程。政治群体的形成就是目标感的表现。从家庭到社群，再到社会，人的群体指向一个不断发展、持续存在的目标。人们为着共同的目标而聚集起来形成群体，这就是政治的起源。这种目标，或者说价值，也许最初并不被所有的参与者都充分了解，但是群体一旦形成，那么就可以说人们拥有了基本的目标。而这也就是政统的开始。包括中国在内的世界上任何一个族群，只要形成团体，就必然有它的政治目标，这就是"政"。所以中国不仅有政统，而且中国的政统也是为了群体的共同利益。中国的政统追求和谐、秩序，鼓舞人们面对灾难，解决困难。但是，我们需要对这个政统的含义进行详细的诠释。我们不能简单地说这个政统就是现代的民主，或者说因为它不具有现代民主的内涵，所以它就不是政统。我认为这是牟宗三先生的一个重大误解。

一个很有意思的对照是，牟先生的老师熊十力先生在《原儒》一书中就提出与前者相反的观点，认为中国既有政统也有治统。这里我需要先对熊先生的"内圣外王"概念做一下解释。一般认为，"内圣外王"这个提法来源于庄子的《天下》篇。但是我认为最初孔子在讨论《易经》中"德"的含义时就已经阐发了这个意思。即所谓君子知周万物，道济天下。①我认为这句话是"内圣外王"思想的最早出处。

所谓内圣，即是指做一个有德之人，拥有一种知能去感动万物。可以说，内圣是由对万物和自我的认识而形成的一种德性、一种能力。所以内圣的要求就是知或德，就是说圣人既要有知识去判断，又要有能力去行为。因此内圣和外王并不是截然分开的，当人心中的内圣能力发散于外时，产生的影响就是外王，也就是使他人能够被教化、被启发。所谓"知周万物，道济天下"，就是说当一个人真正理解万物之道时，也就自然有能力号召群能，匡扶天下。

还可以借用《周易》来对"内圣外王"的含义做一种新的诠释。外王指的是"乾卦"，它具有刚健有力的特征；

---

① 《周易·系辞上》："《易》与天地准，故能弥纶天地之道。仰以观于天文，俯以察于地理，是故知幽明之故。原始反终，故知死生之说。精气为物，游魂为变，是故知鬼神之情状。与天地相似，故不违。知周乎万物而道济天下，故不过。旁行而不流，乐天知命，故不忧。安土敦乎仁，故能爱。范围天地之化而不过，曲成万物而不遗，通乎昼夜之道而知，故神无方而易无体。"

而内圣是"坤卦",它能够厚德载物。乾与坤并举,一阴一阳谓之道,这本身就彰显了内圣外王的内在统一性。

我还想讨论一下牟先生所谓的"内圣开出新外王"这个提法。因为我们刚才所解释的内圣概念,已经包含了行为能力的含义,所以从内圣中开出外王从逻辑上讲也是自然的。但至于在历史上有德之人是否一定会成为有权之人,则是另一个问题。其实换个角度来说,在儒家的立场上来看,每个有德之人都是自己的主人,都是自己的王。所以我认为"内圣开出新外王"这个提法是有问题的。当然,我承认牟先生的本意还是清楚的,即如何在儒家的传统里使有德之人成为爱民惠民的领导者,以至天下大治,但是他的表述比较含混,容易给人造成困惑。

另外,我还想强调的是,在现代的背景下"王"不仅仅应具有德的属性,同时还要有治的能力。因为在现代社会,政治领导人要做出正确的判断,必须要掌握正确的知识,以能够洞见纷繁复杂的现象背后的事实和价值。

总而言之,我认为中国既有政统也有治统,而且今天我们也不应该再继续停留在"五四"时期的时代背景之下来探讨问题了。一百多年来的中国人已经接受了科学精神的洗礼,并且在今天的科学和技术领域也取得了一些世界性的成就。当然我们距离世界先进水平还有一定的距离,但是如果再笼统地说中国人没有科学的观念,则有失偏颇了。

中国政治的六大特性

下面我要着重谈一下中国政治的特殊性问题。中国政治的特殊性一直是大家所长期关注的,就好像大家关注中国哲学的特殊性一样。中国的文化与西方的文化有很大的差异,这一点在"五四"时期就已经被中国知识分子充分意识到了。比如梁漱溟先生、熊十力先生、梁启超先生都在思考中西方文化的差异究竟何在。这个问题虽然被提出来,但是却没有得到更深入的探讨。有些人试图从人类学的角度来发现中国人和西方人的差异。人作为人总是有一些共同的根本性特质,不过究竟什么才是这些根本性的特质,则不是一两句话就可以完全概括的。比如,亚里士多德曾说人是理性的动物。但是人也具有非理性的特质,所以仅仅将人理解为理性的存在还是不够的。又比如说,把人定义为政治的动物。虽然政治活动是人的生活中很重要的一部分,但是如果将人的生活仅仅局限在政治领域内也未免太过狭隘了。

我们在谈论中国政治哲学时,一定要首先把握中国哲学的特色。不过应该事先说明的是,假如有些人一上来就否定中国哲学的存在,那么当然也就没办法谈中国哲学的特色了。所以我首先肯定的是,中国有哲学,而

第三章 易道社会自然起源观：德化论与融合论

且我在前面也解释了中国哲学之所以为中国哲学的理由。

梁启超先生在《先秦政治思想史》一书中提出中国哲学的三个特性：世界主义、平民主义和社会主义。他所谓的世界主义应该指的是中国人的天下观。中国人喜欢讲"天下"这个概念，比如"溥天之下，莫非王土"。"世界"这个名词最初来源于佛教，中国人把能够想象到的所在作为我们关照和参与的领域，甚至将我们自身的德性施之于外。在这个过程中，中国人追求一种世界整合的美好理想。所以"世界"这个词主观地理解即是一种境界，客观地理解就是人们为善的能力。自古以来，中国人的最大抱负就是建立一个美好和平的大同世界。正如张载所说："为天地立心，为生民立命，为往圣继绝学，为万世开太平。"为天地立心，并不是指单单为中国建立价值标准，而是指向更大的范围；生民也并非只是中国人，而是包括天下所有的人。很明显，张载的这句话体现的就是世界主义。但是需要澄清的是，中国人的世界主义并不是要征服世界。罗马人的世界主义就是建立在对其他民族和地区的征服之上的。而中国人的世界主义理想则主要是追求一种开放的社会，而平民主义的对象则主要是溥天之下的平民百姓。平民主义主张对一切人一视同仁，任何人都不会因为地位、出身的不同而被差别对待。虽然"社会主义"这个词出现于20世纪初，但是类似平均主义的思想在中国传统文化中由来已久。比如，

《论语》中所说"不患寡而患不均"①。儒家历来强调社会财富的公平分配，而不鼓励对财富的过分追求。

梁先生提出的这三个特性虽然十分精要，但是我认为还不够完全。要认识中国哲学的特色，首先就要了解中国的历史，包括中国传统的体制、官僚制度、为政之道等。因此有三点是非常重要的考察因素：一是整体的历史的一般性，二是对政治权力发生与发展的说明性，三是基于效果历史对当前政治现象的诠释性。基于这三者，我提出下列六项中国政治哲学的特点：（1）天命思想；（2）伦理主义；（3）大一统思想；（4）民本主义；（5）社会正义思想；（6）天下主义（大同思想）。

需要说明的是，我将思想与主义做了区分。所谓思想，是指我们有了一个想法，然后将其表达出来；而所谓主义，则不仅仅指我们有某个想法，还要试图将其实现出来。

其命维新

从根本上来说，这六者以天命为基础。天、地、人

---

① 《论语·季氏》："孔子曰：'求！君子疾夫舍曰欲之，而必为之辞。丘也闻有国有家者，不患寡而患不均，不患贫而患不安。盖均无贫，和无寡，安无倾。夫如是，故远人不服，则修文德以来之。既来之，则安之。今由与求也，相夫子，远人不服而不能来也，邦分崩离析而不能守也。而谋动干戈于邦内。吾恐季孙之忧，不在颛臾，而在萧墙之内也。'"

第三章 易道社会自然起源观：德化论与融合论

构成了我们存在的环境。中国人已经融合为一个华夏民族，因此天命也使中国人形成了本体的存在。而其他的民族也有他们的天命，比如犹太人认为他们的天命就是成为上帝的选民。概而言之，当一个民族对自己的身份有所认识的时候，他们将理解自己的来源和存在的理由，从而形成其天命思想。中国人在自己天命观的影响下，就逐渐发展出了伦理和道德观念，将人们组织为一个有机的整体，并推而广之形成天下一家的观念，达至大同理想。

我们要注意到此六者的动态发展性，是在一个系统动力学中寻求平衡与补充，甚至超越与创新，以面对环境及外来因素的影响与挑战。也就是中国政治的这六项特征今天仍然存在着、发展着。我们也可以对其进行改造，使其获得新的生命力和新的发展方向。但是这并不是说它们在今天的再造可以完全脱离过去的形态。实际上任何新格局的诞生都是在调整旧格局的基础上实现的。就好像在本体论中，本虽然发展成为体，但是体还是不能离开本而独立。本作为一种生生不息的力量之源不断支持体的发展。在今天多元化的世界中，存在各种不同的文明类型和社会形态，每一种文明和社会只要能够实现和谐与繁荣，那么就具有存在的合理性。反之，如果一种文明对社会的进步形成了阻碍，那么就不得不设法对其进行改造。所以，历史上每一个朝代都存在变革的思想。《诗经》中说"周虽旧邦,其命维新"①。命是要不断创新的,其意在说明新的格局是由旧的格局发展而来,但不可脱离后者,而必须以后者作为前提和基础。

天命走向为民命,孟子已经看到了这一演变趋势。其实孟子还不是这一思想最初提出者。他所引用的也是《尚书·皋陶谟》中的话。从汤武革命和西周的历史中,我们都可以看到天命已经演变为民命,这后来也成了中国历史的传统。今天我们对人民主体地位的强调也具有文化传统的根源。

中国人在谈到天下时喜欢说"天下一家""四海之内皆兄弟"。从这种观念出发,我们容易将其他人都看成是兄弟,而且今天的中国人仍然有这种心理倾向。这种心理倾向使得中国人容易忽视不同民族之间文化的差异性。虽然这样一方面扩大了我们的眼光与胸襟,但是另一方面有时也导致了对他人特质的忽视,或者说不尊重。尤其是今天的全球化时代,意味着我们要拥有一个共同的天下,同时也意味着多元化的发展趋势。

大一统代表一种集权。人类社会最初是自然无为的状态,道家就强调在天下太平时人们不要无事生有事。但是在后世,由于文明的发展和政治权力竞争的激化,权力出现了集中。当然权力的集中还有一个很重要的原

---

① 《诗经·大雅·文王》:"文王在上,於昭于天。周虽旧邦,其命维新,有周不显,帝命不时。文王陟降,在帝左右。"

第三章　易道社会自然起源观：德化论与融合论

因是为了应付各种天灾人祸。中国在历史上外患不断，一直受到北方游牧民族的侵扰，为了抵御外部威胁，权力集中的趋势也不可避免。不过由于环境的变化，也出现了对分权的需要。所以集权与分权应当尽量达到一种平衡。

民主就是以民为本。在中国的原始环境中，每一个部落都可以自力更生，但是后来能够形成一个大一统的国家，就一定要以民为本。至于如何领导芸芸众生，就只有仰赖德才兼备之人。

社会分配在过去和今天都是一个很重要的问题。在中国的历史上，常常因为土地分配的不平均导致一次又一次农民战争的爆发。而世界自从步入现代化以来，社会分配问题更多地体现为资本的集中。今天的中国既然作为一个社会主义国家，那么就无法回避解决资本集中的问题。

伦理是中国社会的根基。这个根基维护了中国社会的和谐。伦理在传统时代是通过道德来维护的；而在现代社会，人与人之间的关系日益复杂，所以要维护社会的稳定与和谐，法律就显得极其重要。法律帮助伦理关系得以规则化，但是我们也不能因采用法律而废弃伦理。

第四章　西方契约论的历史演化及其中国因素

契约论的渊源与霍布斯的王权辩护

上一章所提到的中国政治哲学的六个特点,涉及如何确认中国政治传统中的国家治理、行政管理目标等特质。对于中国政治思想的很多认识,都是通过了解历史事实来确定的。而且我们有充分的理由表明中国政治哲学的传统在今天仍有重要的现实意义。因此,我所做的这个研究不仅必须要借助历史资料,还需要立足于对现实的人和社会的了解。这其中甚至包括对西方历史传统的了解,意图在比较的视角中凸显中国政治传统的特征。所以我一直在强调,事实资料是需要被陈述的,地下的资料是需要被认识的。

我们之前还谈到中西政治哲学有理念上的对照,也

第四章 西方契约论的历史演化及其中国因素

即德化论和契约论的对照。西方的政治现实是通过规范权力来实现的,而这种规范权力的方式就是契约。我认为,西方的契约观念最早来自于希伯来人与上帝的契约。希伯来人宗教性的契约观念后来与古希腊人的理性观念相结合,就形成了对政治权力的规范性约束。这种约束既体现了外在的更高的权威,又体现了接受这个权威个人的自由意志,这是契约论的核心所在。当然契约中的双方并不一定是平等的。如果契约中的双方地位是不平等的,那么他们基于对共同利益的追求,也可以接受契约所施加的约束性。因此,所谓的合法性,也就是指有规范可循。

希伯来人的契约观念深入整个西方的传统。古罗马人征服小亚细亚之后,发现基督教是一种维护罗马帝国政权有效的精神工具,于是他们将犹太教的选民范围改造为全体人类。在4世纪,康斯坦丁大帝决定皈依基督教,这样罗马帝国就具有了精神的基础。我认为,罗马精神和基督教精神的结合产生了这样一个重要的后果:一方面它有助于罗马帝国的扩大和延伸,使西方接受了基督教的传统;另一方面也使原本以推崇"逆来顺受"精神为特征的基督教被改造为具有侵略性的宗教。这就是为什么在康斯坦丁大帝时代之前基督教就体现出一种积极的扩张性。

所以,西方最早的契约论可以说是产生于现实的政治需要。而英国的历史也是一个很典型的例子。英国最早是被罗马人所征服的,史称"罗马对不列颠的征服"。此后,今天英国很大一部分领土就归属罗马帝国。但是英国因为与欧洲大陆之间隔着英吉利海峡,所以它的政权又具有很大的独立性。在11世纪时,征服者威廉在威斯敏斯特教堂加冕为英格兰国王。英王必须依靠向农民征税来巩固自己的独立权力,因此就在1215年诞生了《大宪章》。其实《大宪章》就是国王通过贵族来和农民之间建立间接契约,农民向国王纳税,国王则有义务保护农民。

我希望强调的是,当霍布斯在17世纪提出契约论之前,契约观念已经在英国的政治现实中落地生根了。16世纪在英国历史上是一段政治斗争非常激烈的时代,主要是因为新教徒和天主教徒之间的冲突。这种政治斗争相继导致了克伦威尔的专制和后来的"光荣革命"。在这个历史过程中,我们可以很明显地看出霍布斯和洛克之间的差异。霍布斯认为政治权力是在原始的契约中产生的,这个原始契约规定的是人民和主权者之间的关系。他认为在形成这个契约之前的原始状态中,人们处于相互为战的状态。因为在原始状态中没有任何规则,所以人人都要提防他人的侵犯。在这样的状态中,人们的生活境况非常凄惨,是贫穷而短寿的。

霍布斯所谓的原始状态其实并不存在,他实际上是将原始人的生存状态通过自己的想象描述了出来。霍布斯的目的在于从理论上解释政治权力的来源，他把政治权力追溯到人民和主权者之间的契约。而主权者的权力合法性源自上帝的认可。所以霍布斯的契约论仍然还是神权论，是主权者代表上帝来和人民签订契约。因为契约的目的在于维护人民生活的安全和稳定，所以政府的责任也就在于此。霍布斯的理论可以说是把政府的权力一分为三。其一是政治权力的合法性来源于契约；其二是政府作为治理的机器而存在；其三是人民在政府的治理之下仍保有一定的权利。

霍布斯提出这一理论的初衷是为了给之前的英国国教之主的合法性作辩护。彼时英国的天主教和新教之间的政治斗争错综复杂，亨利八世由于离婚问题与罗马教廷决裂，公开宣称脱离罗马教廷。那时的欧洲从整体上来说，一般是各国的教会权力大于世俗王权。但是英国的情况则比较特殊，国王和教会之间常常存在着此消彼长的政治斗争。但是自从亨利八世与罗马教廷决裂之后，教会的权力就隶属于国王的王权之下。所以霍布斯提出他的理论学说是有其时代背景的。但是不久新教崛起，查理一世被推上断头台；之后天主教进行了复辟；后来又产生了王位继承人的问题。而洛克的理论就是在这样的历史背景下产生的。

洛克的契约论源于儒学

众所周知，欧洲从17世纪起出现了启蒙运动的萌芽。启蒙运动是为反抗天主教在欧洲专制统治而出现的。新教改革之后，罗马教廷力图压制在欧洲涌现的反对天主教的各派政治势力。在当时的欧洲，北欧、德国北部、法国的部分地区以及很多其他地方，都出现了认同新教的倾向。洛克的出生时间晚于霍布斯四十余年，他长期为沙夫茨伯里伯爵担任助手兼私人医生。1682年至1686年间，洛克居住在荷兰。在当时的荷兰，新教已经得到了人们的普遍接受。但是当时的英国国王詹姆士二世信奉的却是天主教，这与社会普遍的信仰发生了背离。在这样的时代背景下，洛克便试图利用他的理论学说为新教的合法性进行辩护。

在启蒙时代，欧洲人为了脱离天主教的枷锁获得信仰的自由，便诉诸理性的武器。于是中国文化在当时通过传教士的引介，深刻地影响了启蒙时代的欧洲人。利玛窦在16世纪后期来到中国，后来与其他传教士一起将中国的古典儒家思想译介到欧洲。1685年，有一本名为《中国哲学家孔子》的书在巴黎出版。这本书以拉丁文写成，主要介绍了《论语》《大学》《中庸》，也包含了部分孟子的思想。我认为这本书产生了两个重要影响，其一

第四章 西方契约论的历史演化及其中国因素

是影响了莱布尼茨①，其二则是影响了洛克。

莱布尼茨认为，上帝创造人类之后，人类就拥有了独立的理性来建造自己的世界。所以，他主张宗教不应干涉政治。儒家思想对欧洲哲学家的影响从莱布尼茨一直延续到康德。根据我个人的研究，我发现从莱布尼茨到他的学生沃尔夫，再到沃尔夫的学生毕尔芬格，都很尊重儒家思想。而康德早年在哥尼斯堡大学读书期间，毕尔芬格曾在该校担任助教。所以儒家的信仰、理性的独立、人的自主生命，是当时的启蒙运动借以反对和超越上帝的重要力量。实际上，沃尔夫已经开始在课堂上讲授儒家的理性自主的学说，而这必然在后来影响到康德。所以我认为，康德的三大批判从思想根源上来说，是建立在儒家的理性自主，或者说"性"和"理"的独立性基础之上的。

《中国哲学家孔子》一书也启发洛克创建了一种不同于霍布斯的契约论。1688年"光荣革命"之后，洛克从荷兰回到英国，并出版了他的《政府论》。他在《政府论》下篇中提出，政府有责任为人民提供保护，因为人民具有自然权利。自然权利是天赋的，因此不能受到君主的随意侵犯。但是如果君主不能保护人民的自然权利，

---

① 莱布尼茨（Gottfried Wilhelm Leibniz，1646—1716），德国哲学家、数学家，与牛顿分别独立发明了微积分。他所涉及的领域包括法学、力学、光学、语言学等四十多个范畴，被誉为"17世纪的亚里士多德"。

那么人民就可以推翻政府。其实洛克的这一思想与孟子的观点颇有异曲同工之处。孟子说："民为贵，社稷次之，君为轻。"① 与此相印证，洛克的《政府论》下篇正是试图解释，天主教政权是因为没有尽到保护人民自然权利的义务，所以人民有权利将其推翻。所以洛克就通过诉诸自然权利观念，建立了一种与霍布斯不同的契约论。他认为自然状态并不是像霍布斯所描述的那样，是人们之间相互为战的状态，而是在自然法的约束下形成的人人平等自由的和平状态。只是因为自然状态具有种种不便之处，人们才自愿订立契约，形成社会。但是人们在社会中仍然保留着在自然状态中所拥有的自然权利，即生命权、财产权等。政府的责任就在于保护人们的自然权利。所以，洛克以民权论代替了霍布斯的神权论。而洛克的学说则在后来的美国建国时期被奉为圭臬，无论是《独立宣言》还是美国宪法都体现着洛克思想的烙印。

我认为，洛克的学说在诞生之初受到了儒家思想的深刻启示。当然并没有直接证据显示洛克承认自己受到了儒家的影响，因此我的观点其实只是一种假设。我想《中国哲学家孔子》这本书当时在欧洲非常流行，很多人即使接受了儒家的思想，也未必能够有自觉的认识。但

---

① 《孟子·尽心下》："民为贵，社稷次之，君为轻。是故得乎丘民而为天子，得乎天子为诸侯，得乎诸侯为大夫。诸侯危社稷，则变置。牺牲既成，粢盛既洁，祭祀以时，然而旱干水溢，则变置社稷。"

是儒家思想在欧洲的传播对当时的启蒙运动起到了重要的推动作用,这一点是毋庸置疑的。

契约论在后世又在若干个方面得到了发展,对这个问题作些简单介绍有助于阐释中国的融合论。有一种契约可以称为隐性的契约。一位英国科学家和哲学家波兰尼曾提出过"隐性知识"(tacit knowledge)这个概念。所谓"隐性知识",即指某些为人们所共享的、不言自明的知识。这种知识也可以成为默契的知识,它是在经验中逐渐形成的。人们在长期的相互交往中,对一些事物和观念形成了共同的认识,这种认识并不需要明确地表达出来,但是却在人们的生活中得到了实际的承认。在中国的历史传统中同样有这种隐性的知识。我认为在夏商周三代,尤其是在《尚书》中所谓的周公制礼作乐之时,就已经体现出了中国文化中的隐性知识。在我看来,隐性知识其实也是一种隐性的契约,是契约论的一种新的表现形式。

康德契约论与罗尔斯两正义原则

在霍布斯和洛克之后,契约论的主要代表人物是卢梭和康德。康德的契约论不仅继承了洛克以来的传统,而且更多地受到了卢梭的影响,因此具有比较成熟的理论形式。卢梭的契约论与包括洛克在内的前人最大不同之处在于,突出了"公意"(general will)的概念。卢梭认为，公意是全体成员的共同意志，也是人们订立社会契约的最高原则。这样当每个人服从公意时，也就是在服从自己的意志，因此也就是自由的。但是至于为何在人们之间还会产生贫富贵贱的差别，卢梭的理论并未给予明确的说明。而这个问题是罗尔斯在《正义论》中主要探讨的话题。在从卢梭到罗尔斯的理论脉络中，康德的作用是至关重要的。康德指出，因为人具有理性，所以人们可以建立起公共理性，以实现对共同利益的认识。在此基础之上，康德甚至提出在世界范围内建立超国家的政治体系。康德的这一思想可以被视为美国的威尔逊总统在"一战"后提出国际联盟倡议的先声。

康德在吸收卢梭的公意思想之后，已经建立起了相当成熟的契约论理论。而在当代重新复兴契约论的哲学家则是罗尔斯。罗尔斯的成名作是《正义论》。我本人当年在哈佛大学求学期间，曾有幸听过罗尔斯讲授他的《正义论》原稿。在《正义论》中，罗尔斯主要强调了两个基本原则。在我看来，这两个基本原则其实是以更完善的形式重新表述了古典契约论的核心理念，即人们为何应当借助契约建立政府，而政府为何应当保护人们的基本权利。虽然罗尔斯并没有明言，但是很显然，这两个基本原则就是一种潜在的契约观念或隐性的知识。在霍布斯、洛克和卢梭看来，社会契约是一种自然发生的历史过程。但是在康德和罗尔斯那里，社会契约则完全被视为一种对人的理性结构的认识。他们认为，人的理性能力完全可以引导人们合理地去建立和运用政治权力。

罗尔斯的两个基本原则中的第一个原则指出，每个人拥有不可侵犯的平等的自然权利。所谓自然权利就是自由权，或者说是自由行动的权利。而所谓的个人自由在密尔看来，必须以不妨碍他人自由为限。因此只有平等才能使自由成其为自由，否则自由就只是一纸空谈。另外，罗尔斯的自由概念又是广泛的，它包含很多基于平等所引申出的行动能力。而重要的则是第二点，即如何在一个自由平等的社会中容许不平等的存在。在罗尔斯看来，只有当不平等最大限度地有利于社会中获利最少者的福祉时，这种不平等才是可以被接受的。也就是允许某些人由于为社会进步做出了贡献而获得较社会中其他人更高的地位和财富。所以罗尔斯的第二原则是对第一原则的具体深化和补充说明。罗尔斯认为，这两个基本原则是人的理性的自然结果，是独立于具体的历史条件和环境而产生的。而且这两个基本原则是在无知之幕的假设背景下提出的，即认为当人们处于对自己的时代背景和社会角色完全无知的条件下将会达成一致的原则。

对罗尔斯的三点质疑

对于罗尔斯的观点一直以来就存在诸多争议，而且我个人对其也存在几点质疑。**我的第一点质疑是，人并不是单纯的理性的存在，人是有情感和欲望的。人的心性受到体验和经验的影响。所以人的价值判断也不能脱离情感的体验而做出。我们不能脱离人的情感来决定善与恶。**而人类共同体的出现就意味着人们相互之间具有一种情感上的沟通和信任，所以共同体必然是在经验的层面上实现的，也就是说它必须要以一定的情感作为基础，而不是单纯建立在思考实验（thinking experiment）之上的。所以我认为，契约论与人的真实的生存处境是有所偏离的。事实上，我们没有办法实现一个像罗尔斯所描述的那种完全无知的状态。我们对世界的认识不可能脱离经验的影响。

此外我还想指出，从方法论上来说，西方的现象学和中国的现象学有很大的差别。西方的现象学，自20世纪初的胡塞尔以降，一直在力图排除我们的经验和感觉，也就是排除由经验所带给我们的"偏见"，以呈现一个纯粹由理智所构建出来的现象。但事实上，我们的世界并非如此，人的判断都是在经验和发展当中做出的。在这个过程中，经验是我们做出判断一个必要的因素，是不能被随意排除的。尤其是在对无意识和潜意识的研究中，关于能否排除经验的因素已经成为了一个非常具有争议的问题。此外另一个问题是，究竟是更多的经验还是更少的经验更有助于我们认识世界。比如我们来到一个陌

第四章 西方契约论的历史演化及其中国因素

生的地方,我们就必须通过更多的经验材料才能了解这是个什么样的地方,如果仅仅是通过观察周围的环境,那么我对这个地方的认识反而可能仅仅是一种抽象的认识而已。所以从中国的认识传统上来说,我们所掌握的经验资料越丰富,就越容易实现对世界的真实认识。了解这一点对于解释中国的融合论将大有帮助。因为我们需要立足于当前的现实来说明,人怎样实现普遍的交往,人怎样在情感中找到自身。

我对罗尔斯的第二点质疑是关于罗尔斯的"无知之幕"(vein of ignorance)概念。关于罗尔斯的两个基本原则已经存在大量的讨论。针对第一原则的讨论主要集中在人们应该具有什么样的自由,以及这种自由应该包括什么内涵。我认为这些问题也应该从实际的经验中去体会,因为自由都是在实际的行动中才体现出来的,尤其是当我们说个人自由不能妨碍他人自由的时候。自由的平等性也要在经验中才能实现出来,并不是每一个民族都天生具有对于自由的全部体验,很多自由都是在不同的条件下发展出来的。比如,我们现在认为人不应该具有任意污染环境的自由。但是在前现代社会,人们一般认为如何处置动物和自然是我们的自由。后来随着环境污染的日益严重,我们逐渐意识到必须考虑我们对环境的处置是否会影响到其他民族和国家、当代人和后代人以及其他物种。那么在这种现实的经验之下,任意处置环境的自由就被限制了。

关于我提出的第二点质疑,还应强调的是自由的平等性。我认为平等是任何一个族群必须要接受的理念,只有接受了平等的理念,人与人之间才能更好地交往,建立人际关系和实现对社会的认识。所以从这一点来说,伦理学也是立足于经验的基础之上的。

我的第三点质疑是,罗尔斯对于不平等的理解是否可以合理化。前面提到,罗尔斯对于不平等的理解颇具美国社会文化的特点,即认为机会的平等就意味着实际的平等。但是我认为并非如此,因为人们利用机会的能力是有差异的。比如居住在偏远山村的一个农民,他如果想参与国家的政治议事就不大现实,因为他很可能无法走出山区,而且由于缺乏教育也难以有效地理解他人的观点和表达自己的见解。所以我认为,机会的平等并不等于实际的平等。这个问题在今天的全球化时代尤为突出。发展中国家经常缺少能力去发展本国的经济,那么发达国家是否有责任去帮助发展中国家,这已经成为当前非常重要的讨论话题。所以在我看来,个人并不能因为对社会做出了贡献就有完全的资格去享有更多的财富和尊重,我们应该意识到个人努力所取得成功只是整体社会分配体系中的一个环节。所以,社会正义的实现必然需要在一个更高的原则之下才能实现。

我在此希望指出的是,隐性知识是开放的与要求不断发展的，是在人类发展中需要不断加以拓展的认识，而不是说只要实现了罗尔斯所提出的两个基本原则，就能够实现社会的正义。所以我们可以这样认为，契约论直到今天仍然在发展当中，还没有实现让自由和平等普遍惠及全体人类的终极理想。而这个终极理想与中国人所谓的大同世界有异曲同工之处。

高蒂尔的契约论

最后我想再提及一个当代的加拿大哲学家高蒂尔（David Gautier）。他试图为理性寻找一个合适的基础，以解释国家和社会出现原因的，其目的在于摆脱契约论。而且在我看来，他的思想可能更接近融合论或德化论。高蒂尔认为，人们在自然状态中虽然有理性会思考，但是每个人为了生存往往倾向于将自身利益最大化。而这种极端的自利倾向很容易导向人类的集体毁灭。为了避免这种可悲的结局，人们必须要约束自己无节制的自利动机。但是每个人进行这种约束的前提是假设对方能够与自己沟通，能够确信自己不会因为释放善意而受到对方伤害。因此在人与人之间形成一种潜在的默契或隐性的知识是十分必要的。

这种隐性的知识来自于我们的实践交往中，或者也可以说是从我们的共同情感中产生的内在原则。它告诉我们，人与人之间的合作是有益于整体利益的。这种原则是在自然历史条件下产生的。因此高蒂尔说，如果人们足够理性，那么就会出于自利的动机来约束自己无节制的自利行为。这种约束最终会有益于整体利益的增长，从而有益于每一个个体的利益。所以这种对个人利益的追求并不是建立在个体的自利行为之上的，而是基于对其他人的理解而产生的一种共同认识。

用儒家的话来说，这也是一种情感的关照。这样就解决了"囚徒困境"①的道德难题。在高蒂尔看来，这是一种建立在人与人之间充分沟通基础上的内在化的契约。这种沟通是自然而然发生的，约束人们必须要考虑自己所在的环境和地位，比如家庭、族群或社会、国家，从而约束自己无节制的自利行为。我认为，高蒂尔虽然力图摆脱传统契约论的局限性，但是他也在建立一种内在的互利的共识，而这就可以和我所说的融合论思想结合起来。

到此为止，我的目的在于说明中国社会的形成不仅有

---

① "囚徒困境"是1950年由美国兰德公司的梅里尔·弗勒德和梅尔文·德雷希尔提出的，后由顾问艾伯特·塔克命名，作为博弈论的模型之一。两个共谋犯罪的人被关入监狱，不能互相沟通情况。如果两个人都不揭发对方，则由于证据不确定，每个人都坐牢一年；若一人揭发，而另一人沉默，则揭发者因为立功而立即获释，沉默者因不合作而入狱十年；若互相揭发，则因证据确实，二者都判刑八年。由于囚徒无法信任对方，因此倾向于互相揭发，而不是同守沉默。

契约论的一些基本原则在发挥作用，但更基于中国独有的实际经验。

契约论的全球化应用与德化论

最后，我要简单谈一下契约论在全球化背景中的应用。今天的中国和西方存在着博弈，通过这种博弈中国和西方最终会形成怎样的关系呢？这种关系显然不应该是各方都无节制地最大化自己的利益，而应该是双方都通过致力于建立一种共识来实现自己的利益。今天的现实显然与这个理想还相距甚远，西方尤其是美国对中国的崛起抱有一种深深的疑惧。但是我们必须认识到，契约论是现代世界的基本原则，因为现代世界格局是在西方文化的影响之下形成的，现代国际关系体系是在欧洲民族国家之间彼此争斗的过程中形成的。

18世纪，康德在探讨永久和平问题时所要解决的就是，国家间如何形成一个彼此联合的有机体或共同体。他认为建立这样一个国家联合体的基本前提就是，任何国家不能怀有阴谋，也不能认为其他国家怀有阴谋。而今天的现实是，各个国家为了最大化自己的利益一般都以阴谋论来对待他国。这就是今天的西方国家背离理性主义的最突出表现，他们不能真正掌握契约论的精神内涵。当然中国也没有完全做到这一点，因为中国往往太过理想化而西方太过现实化了。这便形成了今天中西方之间的一个最大隔阂。

中国必须应该认识到，今天的世界格局是以契约论作为原则的，并且以此来理解西方人的言行。西方人在没有契约的条件时可以无限地放权，但是一旦有了契约的约束则规规矩矩地做事。一个最典型的例子就是钓鱼岛问题，美国是根据其与日本在1976年签订的合约把钓鱼岛划给日本的，但是合约的签订过程中并没有中国的参加。在发生钓鱼岛冲突时，美国总是引用这个合约，但是这个合约本身却是非法的。

西方人所强调的是知性的德性，而中国人强调的是情感的德性，这两者有着重要的差别。因为情感的德性是基于在长期的交往和认识中形成的包容精神之上的，而中国和西方国家的交往过程中显然还没有形成相互的包容。比如，美国是今天世界上唯一的超级大国，它与英国之间就具有我所说的这种内在的情感关系，所以它们之间就可以在很多问题上相互理解和包容。但是美国和包括中国在内的亚洲国家之间交往，很大程度上就是从现实利益角度出发的。所以从这个角度可以说，美国和日本之间的联盟也不过是基于利益考虑建立的合作关系，并不具有道德的属性。所以中国必须认识到，我们虽然必须发展自己的道德感情，但是更重要的是应利用契约观念与西方国家建立一种理性的国际关系。

第四章 西方契约论的历史演化及其中国因素

契约是基于双方需要而建立的一种外在的权力关系。德化论也是具有其经验基础的，也就是要把我们的政治哲学理念建立在实际的经验和体验的基础上，而不能只是空谈。我们不能仅仅凭借想象的实验来思考，而必须要非常具体地分析我们面对的问题。中国人在历史发展过程中获得了一种对世界的重要认识，即我们认识的世界是在变化之中，这也就是所谓的"易"。"易"所强调的就是世界的变化，但是这种变化并不是杂乱无章的，而是有秩序和规则的。所以，我们所看到的是一个变中有常、常中有变的世界。万物是在这样一个世界中产生的，我们在其中不仅能够看到事物的存在，也能够看到事物的持续发展变化。一棵树无论再怎样生长也仍然是原来那棵树，一个人即使从幼儿长大成人也仍然还是原来那个人。事物内在的同一性与外在的差异性特征并不冲突，对事物内在本质的认识是非常重要的。人的同一性不仅表现在时间的连续性上，而且还体现在能够自觉地认识到自己是同一个人上。如果一个人缺乏对自己的认同，那么就会发生人格的分裂。我希望强调的是，人的自我认同是自我反思的结果。

我所说的德化就与此有关。既然中国人认识的世界是在不断变化的，那么该如何描述这个变化就成为一个基本的问题。由此引发出两个概念：道和德。所谓道，即指外在变动不居的世界中的内在规则性。比如天有四时。而所谓德,则指变化的实体所产生的自我认同。换句话说,对于个体而言,德也就是性。例如树木有不同的种类,每种树木它本身所具有内在属性就是德。也可以说,德造成了事物的内外之别,德维护个体的独特性。但是对于人来说,人心中包含了能力,这种能力蕴含了人的行为方式。如果这种行为方式合于道,那么就可称之为德。所以德来之于道,受之于天地,可以被自觉地认识,被自由地发挥。

我们现在可以看到"德"字在甲骨文中由"彳"和"直"组成,而在金文中则加入了"心"字。在我看来,德并不一定必须要有心的完全自觉。人天生有德,但很可能人并不能自觉到这一点。德其实是一种在人与人相处中所产生的认识对方、感动对方、理解对方的能力。所以凭借德,就可以实现人与人之间的善。

如果我们针对以上的讨论提出这样的问题:从孔子开始,儒家就强调人是自我完备的个体,到宋儒时已经提出了像"复性"这些提法。而反观西方,在基督教传统的影响下,认为如果离开了上帝是无法实现自我完善的。而到了洛克和康德的时代,西方就出现了很多关于理性的提法。但是,无论在"三大批判"还是《政府论》中,我们并没有看到他们通过引用中国儒家思想来支撑其观点。所以希望能更具体解释一下现代的西方思想家

第四章 西方契约论的历史演化及其中国因素

是如何吸收了儒家思想的。

可以这样回答：我们应该首先把时间和空间、历史的因素、现在和过去的差异等关系理顺。我们现在的一个很大问题是缺乏整体的视角，其实西方也是一样的。大家经常会不自觉地断章取义，这样的话要想说服对方就很困难。

我们一般会笼统地说西方追求平等自由，但是事实上并不能一概而论。比如在霍布斯的理论中就找不到平等自由的自然合法性，只有当政府出现之后，获得平等自由才是可能。天赋人权是洛克的观点，而不是霍布斯的。虽然洛克的理论曾经成为美国建国之初的指导思想，但是我们也要认识西方思想的多元性。

至于中国儒家思想对西方启蒙运动的影响，我想这必须要还原到当时的时代背景中才能得到说明。当然我在这里所做的推断只是一种可能性，但这是一种具有真实历史背景的可能性。因为在17世纪，欧洲的思想界的确受到中国儒家思想的很大影响。英国因为不在欧洲大陆，是否受到这种影响也许还尚存疑问。洛克在"光荣革命"之前刚好在荷兰避难数年，而休谟留居在西班牙工作。所以我认为休谟的《人性论》受到了儒家"仁"学思想的影响，而洛克的天赋人权观在当时的历史环境中是有可能受到儒家思想的启发的。后来康德对人的自主性的强调则带有更为明显的儒家色彩。而且，我们可以发现一条清晰的传承脉络，从莱布尼茨到沃尔夫，再到康德的助教毕尔芬格，最后到康德。所以我主张不能仅仅研究西方哲学家的思想，而且还要研究他们思想发展的过程。这就要结合思想家所处的时代，他们那个时代所面临的问题，以及他们的思想方法。现在我们接触更多的是西方思想家既成的抽象的思想成果，然后发现我们缺少这种或那种观念。其实我们还应该去深入了解中国人自身的生存境况，这样才能更好地认识事实。

的确，契约论是强调人的自由和平等的。但是这只是在17世纪之后才出现的，西方的早期并没有今天意义上的自由平等观念。比如古希腊实行的是奴隶制，哪有什么平等？中世纪也没有平等，教会的建制具有森严的等级制。启蒙运动的首要任务是从基督教中解放出来，然后再探寻人性究竟是什么的问题。恰恰在此时，中国的儒家思想传播到了欧洲。

所以我们不要事先假设西方自古以来就具有自由平等的观念，这是不符合历史事实的。在17世纪时，西方的启蒙思想家们也在努力想要论证自由平等观念，以摆脱基督教思想的束缚，他们在这个创造的过程中也要吸收外来的思想资源。所以在我看来，洛克的天赋人权观已经带有非常浓厚的中国儒家色彩了。而与此相应的是，其实在西周时中国人就已经开始阐发相似的观点了。比如，《诗经》中说"天生烝民，有物有则。民之秉彝，好是懿德",意即人天生就具有德。所谓烝民,指的就是不存在任何等级差别的一般百姓。在百姓之德的基础上才能建立起西周王朝的合法性。

所以很多时候我们对自己的文化传统还没有达到彻底的了解,于是就对现代西方的文化产生了盲目的崇拜。而我在此恰恰是希望澄清我们中国传统文化中一直被忽视的宝贵遗产。

如果针对德国哲学家海德格尔的"此在"提出这样的问题:有学者认为海德格尔的"此在"概念和中国的德化观念有共通之处,您对这两者进行比较的话会有什么看法。

可以这样简明回答:虽然海德格尔在晚年受到了道家的一些影响,但是他的具有孤立性的"此在"概念,与从《诗经》中发展出的"天生烝民"的思想还是有所不同的。

假若我们就关于"道"和"德"的概念厘清和相互关系提出这样的问题:您在前文中所讲的"道"是否就意味着客观规律,而顺势而为是否就是"德"?从有些研究者的理解来看,这与西方的方法论完全不同。因为西方的方法论强调的是解构和分析,而中华文明的整个文化特征是综合和归纳,或者说是整体的辩证平衡。所以就出现了中西方在政治文化上的一种显著差异,西方追求的是平等,而我们讲究的是平衡。您认为这平等与平衡之间是什么样的关系?

可以这样回答:中国人的认识方法的确是强调综合性和辩证性。我认为这恰恰是因为中国人重视经验的作用。但是有的时候因为经验所限,对知识的综合做得并不完全。而西方文化受古希腊文化和基督教的影响,比较倾向于演绎和分析的方法。在今天的全球化时代背景下,我们中国人也应该积极学习理性的思维方法,西方人也应该认识到经验的重要性,所以中西文化应该在此取长补短。

假如我们针对当下西方知识强势话语权和中国学术界的现状提出如下两个相关的问题:其一,在现代西方话语对中国知识界形成强烈冲击的背景下,中国知识分子扮演更多的是西方知识接受者的角色,而并非人类知识生产者的角色。为回应在中国语境下中国人应该如何安身立命的问题,中国该如何构建自己的知识体系?其二,目前很多的中国学者以美为师,唯现代化的价值马首是瞻,更注重的是学习西方研究方法的皮毛,而并非注重对知识整体价值的探源。那么在您看来,美国学者与中国学者是师生关系吗?如果是,那么美国学者是好老师吗?我们是坏学生吗?师道存乎?

第四章 西方契约论的历史演化及其中国因素

这两个问题可以这样回答:有人说我们只是在消费西方,缺少主动的创造。我承认这是事实。自鸦片战争以后,中国人对自己的国家能力产生了严重的质疑。国家的职能首先就是抵御外侮,其次则是改善人民的生活,这是在孔子那时就被认识到的。孔子讲庶之、富之、教之,①就是希望国家能够人丁兴旺、繁荣富强,百姓知书达理。但是近代以来由于中国连续遭受战败割地赔款的耻辱,国家几乎走向崩溃的边缘。而儒家的思想是中国历代王朝统治合法性的基础,所以随之而来的就是儒学的崩溃。于是,中国人的视野就投向了西方,希望从西方文化中寻找国家富强之道。但是西方文化的政与教其实是内在一致的,那么中国人在以西方为师的过程中就会遇到种种文化上的隔阂。而我在此做讲座的目的就在于,希望重新厘清中国人的政治信仰和基本价值。我相信这种价值不仅仅对于中国人理解自身有重要意义,同样也会对其他民族具有启示和借鉴意义。

---

① 《论语·子路》:"子适卫,冉有仆。子曰:'庶矣哉!'冉有曰:'既庶矣,又何加焉?'曰:'富之。'曰:'既富矣,又何加焉?'曰:'教之。'"

第五章　自然宇宙论下的宪制发微

中国政治传统中的契约因素

契约论强调的是外在约束,而融化论强调的是道德自律。但是在中国的融化论里也并非没有约制或相互节制的思想,其中也有默认的约定。比如中国人自古就有"约法三章"的说法。所以中国也有契约观念,也有内含约束力的法律思想。当德不能实现时,就需要刑的外在制裁。禅让政治正是由此发端的。而我所要讲的中国儒家宪制思想,就是想要强调宪制是中国政治制度的一个基本规范。《尚书》中讲"洪范","洪"即大之意,"范"即规范之意,所以"洪范"其实就是宪制之意。因此在我看来,尽管中国人强调德化观,但是也没有忽视对基本法治的诉求。

在此,我要先介绍一下中国政治发展的轨迹。中国政治经历了原民氏族形成期（伏羲神农时代）—部落国家共主期（黄帝尧舜时代）—封建王朝发展期（夏商周三代的演变）—郡县统治专制期（统一集权的发展）—全球化民族国家塑造期（西方冲击中国时代）五个大的历史发展阶段。中国由原始氏族社会发展为一个国家。在国家的形成过程中，不仅政府的组织结构开始成形，而且法律的观念也逐渐萌芽。古代中国人对法律观念的强调在《尚书》《周礼》《礼记》等经典著作中都有所表述，甚至在近些年出土的铭文、竹简中也可以发现相似的文字记载。虽然中国文化的整体特征是强调德化的，但是并没有因此而偏废法制。在我看来，孔子也正是基于这一思想来构建中国政治哲学的框架的。而这套框架是以中国早期的社会历史背景作为基础的，如果脱离了这个背景，我们就很难真正理解儒家为何会成为中国的主导政治哲学。

我把中国政治的历史发展分为以上五个阶段，这是为了将中国与古希腊、以色列和古印度三大文明区分开来。中国和其他文明的生态环境迥然有别。也就是说，从《周易》的宇宙论来看，中国的天、地、人都是非常特殊的。天和地为人的发展提供了条件，但人的作用是根本的。在中国的原民氏族形成期，最重要的因素就是家庭。家庭中所蕴含的那种亲亲的脉脉温情一直是中国传统社会中的主导价值。而西方社会则有所不同，比如古希腊更强调自主性和理性的知识,而以色列则以对上帝的信仰作为他们的核心价值。所以我们绝不能以西方的视角来看待中国,而必须立足于中国的社会历史条件来分析自身。这就需要结合我之前所提出的三重证据法,即出土资料、古籍记载和本体诠释。从这个角度来看,任何政治制度都不是完美无缺的,人类历史也不会终结。

德化论的自然和理论根源

我下面将要讨论一下《易经》哲学的起源。如要谈及《易经》哲学的思维方式和理论基础就不能不牵涉到新石器时代后期,也就是所谓伏羲神农时代,或者说羊文化的时代。要理解从黄帝、尧、舜到大禹,何以被后世公认为圣王,就必须重新认识《尚书》。我在这里要强调周朝的重要性,在我看来周朝是中国文化在古代时期的顶峰,也是一个近乎实现内圣外王理想的时代。而到了秦朝,郡县制取代封建制,导致旧贵族的衰落。

亚里士多德曾经区分了"知性德性"(intellectual virtue)和"道德德性"(moral virtue)这两个概念。知性能力就代表着理性,道德能力就代表着仁爱。知性的意义不仅在于使个人能够更好地存在,同时由于个人必然生活在群体之中,所以知性的意义更在于如何建构群体的和谐。群体在一定的历史条件之下就演变成了政治共同体。

第五章 自然宇宙论下的宪制发微

政治共同体有不同的类型，比如古希腊的城邦。而雅典的城邦则是一个开放的体系，它们吸引了爱琴海地区、亚平宁半岛以及小亚细亚地区的居民。雅典城邦的开放性受爱琴海地理环境的影响。亚里士多德利用亚历山大的马其顿帝国雄厚的资源，广泛收集动植物标本，开创了西方早期的科学。所以，科学的产生与发展立足于经验的观察和一定的历史、地理环境。而中国文化则基于对人的道德感情的认识，这其中既有知性也有情性。情性是指在人与人之间建立密切的关系。在中国的传统家族中，亲情是自然而然产生的，同时父母对子女的责任感和子女对父母的孝心也是自然生发的。这种责任感和孝心都是立足于经过反思的经验性。在此之上所产生的"德"则是指在自然感情至上的带有强制性的义务感，也可以称之为道德感情。人和人从外表上看形貌各异，之所以相互之间会产生认同感，就是因为通过交往之后发现人同此心、人同此情、人同此理。这样才能做到推己及人，并且对不同人怀有包容之心。而这就是德化论的基础。所以知性情感产生了契约论，而道德情感产生了德化论。

不过在全球化的时代，德化论的推广就遇到了瓶颈。因为德化论是以共同的情感、道德作为基础的，但是我们不可能接触全世界所有的人。即使中国在部族、国家的发展阶段，也认识到一个严重的问题，即《尚书·尧典》中所说的"九族既睦,平章百姓"。既然"九族"的和睦是依靠血缘亲情来维系,那么怎么才能融通"百姓"这些外人呢?于是就需要借助知性的能力,也就是契约。所以说在中国的历史条件下,契约观念也是自然产生的,但是它的基础是道德感情。不过对于西方文化来说,契约自古以来一直是它们实现社会认同的基本形式。所以中西方的契约观念又有所差异。比如,中国人和犹太人都讲究孝道,中国人的孝道不仅是涉及子女对父母的感情,而且可以扩展至天地、鬼神、宇宙万物。但是犹太人对孝的要求是隶属于对上帝的服从之下的,孝不能取代其对上帝的信仰而成为他们的最高价值标准。所以从这里我们可以看出,中国和犹太文化由于基本文化形态的不同,对孝的理解也大相径庭。

在和异国相交时,或者在大国内部,如果没有法律精神,没有基于所有成员同意的契约精神,那么在人们中间很难建立起认同感,因为大家彼此缺乏信任,就只能凭感觉去揣测,但是陌生人之间的揣测往往产生误解。所以在全球化的时代背景下,契约精神是至关重要的。而且就像我之前所讲过的,西方近代的契约论思想是来源于中国的儒家文化,所以我们应当牢记在心的是,契约论是植根于中国传统文化之中的。所以当我们今天在建立民主、法治的时候,一定要立足于我们的效果历史之上,而不能凡事效仿西方。当然立足自身,并不是要拒绝取西方之长，因为融化论思想本身就包含了融合西方思想的内涵。

"德"字强调的就是彼此见面、彼此相遇，这样才能产生对对方直接的认识。"德"字从直、从心、从行（彳）。它非常直观地说明了人的经验和体验。所以，德化论的内容并不抽象，它是通过人与人的直接交往而对人的内心和本性产生影响的。皇天内化于心，于是成为我们可以体会的德。德是自觉的，可以被我们认知的。所以德是我们在自然交往当中产生的关于自我的认识，同时也是对外在的道的内涵的认识，这样我们就可以解释万物，解释人类社会的发展动力。

《易传》中说"智周乎万物，而道济天下"[1]，这是内圣外王的理想。内圣外王其实是立足于"德"这个概念的。我们不能把王视作是权位的象征，实际上有王就有德，有德就有王。孔子被称为素王，德本身就有影响力。而且有德之人比实际掌握权力的王影响力更大、持续时间更久。当然按照孔子的解释，首先必须内心有德能够形成仁，然后仁通过行为外化出来形成某种众人都遵从的

---

[1] 《周易·系辞上》："《易》与天地准，故能弥纶天地之道。仰以观于天文，俯以察于地理，是故知幽明之故。原始反终，故知死生之说。精气为物，游魂为变，是故知鬼神之情状。与天地相似，故不违。知周乎万物，而道济天下，故不过。旁行而不流，乐天知命，故不忧。安土敦乎仁，故能爱。范围天地之化而不过，曲成万物而不遗，通乎昼夜之道而知，故神无方而《易》无体。"

体制，这样内圣外王才能实现。也就是说，王其实只是一种象征，并不是真的必须有一个王存在。这种象征是由历史传统积淀而成，由长期的教化孕育而生，是在不断克服各种矛盾之后形成的。这或许就是人类发展的基本图式。

但是必须坦率承认的是，就像西方在历史上从来没有真正实现其理性化一样，中国实际也从未真正实现过德化的理想。从中国的历史来看，基于天文、地理、民族以及对伦理的重新认识，所以才产生了诸夏融合的文化。中国的文化就是在德性论的前提下发展出来的文化。这种模式在早期发展得很好，但是在后期却没有完全实现。

德化论的历史意义

下面我简要介绍一下德化论在中国传统历史上所体现的意义。虽然人从本质上来说是环境的产物，因此不同文化应该具有不同的特征，但是每种文化又具有普遍性，因为它们体现着某种价值理想。西方人至今不能真正了解中国人，就是因为他们不能理解中国文化对于世界的真正贡献在于对人之德性的发现。这种德性是可以与其他所有宗教和文明相互融通的。所谓"默契"（tacit understanding）就是指无法完全诉诸文字的内在的理解。比如《春秋》就是这种"默契"，它通过字面文字、诠释以及本体论的背景来阐释作者的意旨。

中国的融通在诸民族中间得到了非常成功的实践。也许关于具体的历史细节我们还未尽掌握,但是与西方历史比较起来,中国的诸夏民族在历史上并未发生毁灭性的征服战争。虽然很多在历史上曾经出现的民族后来都消失了,但它们并不是被消灭,而是与诸夏民族相互融合了。夏王朝来自于中国北方部落,商王朝来自于东方部落,周王朝来自于西方部落。这些部落在建立王朝之前也有相互间的交往,只不过是因为对部落联盟的领导权产生了质疑,所以才产生了王朝间的更替。但是更替的过程并不是通过毁灭性的战争实现的。在后世的王朝,有时发生的是自然的融合,有时发生的是制度的融合,也有时因为根本无法融合而发生战争。唐王朝借助道家思想比较成功地实现了民族融合;而在宋元明时期,理学的融合精神则比较软弱,始终无法解决与夷狄沟通的问题。

哈佛大学肯尼迪学院院长约瑟夫·奈教授曾提出,有三种力量促使美国来保证自己的霸权。第一种力量就是硬实力(hard power),主要指的是美国强大的经济和国防力量,这是美国霸权地位的基础。第二种力量是软实力(soft power),指的是国家的法律、规则,它就像是操作机器运转的软件程序。第三种力量是巧实力(smart power),是指利用国家战略资源解决问题的能力。我认为,这三种力量固然重要,也是美国之所以能够蓬勃发展的原因所在，但是真正具有决定性的力量是自然力，也就是一定要掌握自然的生态，而不能超越自身实力所及的范围。美国的自然条件虽然非常优越，但是其全球野心似乎还是超出了它的自身条件所及。美国如果一直心怀罗马式的帝国梦，企图主宰世界支配他国，以先发制人的姿态应对国际冲突，而丝毫不愿意与他国沟通，理解其他文化，那么就显得太不自量力了。所以我认为，应该在奈教授的三种力量之外再加上自然力，或者说道德力，这才是支撑国家健康发展的真正力量。但是道德力必须是在硬实力、软实力和巧实力得到长足发展之后才开始发挥作用的，也就是说道德必须在实力的基础上才有可能实现。

如果有人就"文化自信"这个主题作如下评论并提出问题：他首先就文化自信谈一些自己的认识，认为文化自信应该建立在经济自信和军事自信之上，这一点和上文的观点一致。但是本章在谈到民族融合问题时提到，汉族作为主体民族在同元朝和清朝统治者的斗争中没有取得军事上的胜利，所以如果我们过分强调民族融合，或者说我们始终处于民族融合过程中的话，那么这个看法就显得有些偏颇。钱穆先生在《中国历代政治得失》中写道，满清只是一个部族，所以少数民族统治多数民族必然要以采取排压政策为主，以至于我们今天回顾历史会发现,整个清朝的学术只有训诂得到了发展,其他方面则建树寥寥。所以上述历史是否可以引发一些关于我们重建文化自信的思考?

与此相关的一个问题是,现在流传着一种说法,即古希腊文明来源于西亚。有人猜测当时有一些古希腊先贤最初是在西亚定居,后来为了躲避战乱而迁居爱琴海地区。所以或许古希腊文明的发展并非由于爱琴海地区独特的地理特征。而且现今历史学界对一些古老文明——比如亚述文明、小亚细亚文明、两河文明——的研究已经取得了很多进展,那么我们是否可以从这些已经消亡了的古老文明中获得更多的启示?

可以这样简要回答:关于元朝和清朝的历史,中国大陆学者已经有很多的讨论,牵涉到是否应该用18、19世纪以后才在欧洲兴起的"民族国家"观念去剪裁中国历史的问题,有很多的细节需要谨慎考察。当然说到文化自信一定是要有的,不过这种自信并不一定局限于汉族,历史上也有很多其他民族的学者对儒家学说有很深的研究和造诣,他们也是儒家主导的中华文化的一部分。关于古希腊文明来源的问题同样很复杂,古代希腊和现代希腊的自然条件也不会有太大的差别。是希腊的天时、地利、人和使它成为古典时代的人才荟萃之地。所以柏拉图、亚里士多德等哲学家,欧几里得等几何学家,欧里庇得斯、埃斯库罗斯等剧作家,在古希腊的集中出现也不是偶然的。

如果还有提问者想就上文刚才所提到的道德问题提出质疑，上文认为道是我们所认识的事物运行规律，德是人与人之间相互的感受。但是我们一般在生活中是把道德理解为对人的行为的内在约束，那么对事物规律的理解和对于人们之间感受的体会是如何转化为对人的内在约束的呢？这其中是否具有某种具体的转化过程呢？又比如，美国国会曾由于奥巴马的医改政策引发了民主党和共和党的争执。建立代议制的本来目的是以此代表民意，但是在现实政治生活中，代议制往往并不能真正体现民意，却成了被政客们利用的工具。按照上文的理论框架应该如何解释这样的现象？

可以这样回答：代议制并非直接民主，其实世界上也没有几个国家能够真正实行直接民主。代议制虽然无法做到尽善尽美，但是大部分国家都选择通过代议的制度来体现人民的意愿。不过今天美国代议制的问题在于，政党的争执并不是源于理念的分歧，而是出于权力的争夺。在我看来，美国今天的最大问题就在于它的实用主义已经背离了理性。

哲学上的实用主义最早是由美国哲学家皮尔士提出来的。皮尔士所强调的是科学的论证和预测，是以实用主义的方法来追求科学的真理。后来的美国实用主义代表人物杜威也还是很尊重科学的试验和实践方法。但是在杜威之后,美国人的实用主义越来越淡化了价值的色彩,逐渐演变成只求效果不问价值。所以,今天的美国根本就没有政治家,美国的领导人只在乎眼前的短期利益,只会想尽办法维持它的现有霸权,而看不到长远的利益所在。我认为,如果任这种趋势发展下去,美国迟早要衰落。但是如果美国能够认识到中国与它之间的互补性,那么无论对于中美两国还是对于全世界来说都善莫大焉。

假若有提问者想就阴谋论的问题发表看法,阴谋论听上去很耸人听闻,其实在很多日常生活的细节中也有体现。比如当今社会上的各种道德沦丧的现象,还有各种明星炒作行为。如果认为阴谋论的可怕之处在于它造成了人与人之间的隔阂和怀疑,那么本书的理论框架里是否认为德化论可以纠正阴谋论所造成的一些不良后果?

可以这样回答:我们不但可以讲政治心理学,也可以讲心理的政治学。人在自然的状态下一定是一个自由人,而一个自由人必定会选择善而鄙弃恶。如果我把善定义为人心向往的事物,而恶定义为唯恐避之不及之物,那么当人在自然和自由的状态中时必然会趋善避恶。这也是对人性的信心。如果缺乏了对人性的信心,我们该如何向往更好的生活呢?

从这点出发，就又引出了我们所探讨的德化论，我们可以体他人之善如己之善，体他人之情如己之情。所以阴谋论是对人心的一种破坏。阴谋论的出现或者说因为以自己的私心来揣测他人，或者说因为相互之间缺乏理解，又或者是因为出于过度的防范。康德在讨论永久和平问题时就提出，一个国家绝不能通过指责他国抱有阴谋来实现自己的阴谋。所以我认为在外交中，阴谋论是最应该被杜绝的。

有些学者比较关心儒家思想的现代性命运，或者说儒家的现代化转换问题。我们知道儒家学说中具有一种浓厚的人文关怀，但是自1840年鸦片战争以来，儒家思想发生了巨变。严复曾说，儒家思想没有经世济民之用，中国必须学习西方的科学民主思想。以至后来的胡适等"五四"新文化运动的领袖弃儒学如敝屣，主张中国应当彻底接受西方的科学民主观念。再到"文化大革命"时期，儒家思想受到了前所未有的猛烈抨击。那么依据本书的立场，认为儒家思想在今天还能复兴的话，它将以何种形态展现在世人面前？

可以这样回答：我们有时候只看到了民主、自由和科学的结果而忽略了过程，有的时候看到了过程却又忘记了起源。西方的历史也不是从一开始就认同民主、就相信科学的。民主和科学是从某种文化内部经过了一定

第五章　自然宇宙论下的宪制发微

的过程发展出来的,而不能纯粹依靠外在的规定来催生。如果民主是规定出来的,那么就不是民主;如果自由是规定出来的,那么也不是自由。所以关键在于如何从一个文化内部培育民主、自由和法治的精神。那么,我们就应该反思在中国的文化中是否有这些因素;如果没有的话,我们是否应该培育这些因素。

于是,在今天重新思考中国的政治理想就显得非常有价值。每个民族的政治理想都是由其目标所决定的,这个目标在特定的时代决定了具体的方法。因此在我看来,使人民能够发展出政治能力并且积极参与政治,这的确是教育的结果。我们一般所谓的教育现代化,是指每一个人都具有平等权利,这在中国的传统文化里有所体现。《尚书》中就阐发了一种观点,即君主的职责就在于造福百姓,反过来百姓也应该信任君主、服从君主的权力。君主和百姓之间的这种相互信任必须经过一定的教育过程才能够实现。

我们应当相信,人生于天地之间,有自然求善的本性。所以儒家学说符合人类的普遍理想,但是它在后世却逐渐放弃了在制度构建方面的努力而依附于皇权的庇护之下。近代以来中国的王朝解体之后,儒家开始积极发挥它在制度构建方面的作用来影响现实的政治权力。我认为,今天的儒家从一方面来说是获得了解放,不再是专制政权的寄生虫,但是从另一方面来说则仍然是在建立之中。

所以每一个民族、每一个国家都必须自足于自己的文化，并吸收他人之长补己之短，来独立自主地实现自己的政治理想。因此儒家的现代化转化是一种内在转化，是充实自己的过程。

假如还有提问者针对本书此前提到的"内圣外王"问题发问：有德的圣人应如何实现外王？是通过道德感化还是制度设计？应该如何回答？

可以这样回答：人之成为人，在于人是伦理的动物，也就是说个人一定要和他人建立关系。人与人的关系首先是亲亲之情，而国家的建立就在于要打破亲亲之情。虽然亲亲是伦理关系的基础，但是并不是伦理关系的全部。过去我们常常把亲亲之情视为自我保护和自我发展的唯一方式，其实还应该从亲亲之情中推广出去，这就是尊贤。尊贤也就是分辨出哪些人拥有高尚的德性，哪些人具有杰出的贤能。只有在此基础上，才能讲贤能、讲尊尊。只有在亲亲的基础上实现尊贤，内部逻辑才不会发生矛盾。

传统儒家的最大问题就在于，一谈到亲亲就成了用人唯亲，忘记了尊贤。因为贤人不一定是亲人，要解决这个问题就只能不断地扩充亲亲的基础，不能只局限在自己的血缘小圈子里面。换言之，即使是皇帝也不能在任命官员时只选择皇亲国戚，而必须从天下人中"选贤

第五章　自然宇宙论下的宪制发微

与能"。甚至在亲与贤之间出现两难时，也要选贤而弃亲，这样天下人才会心服。

必须承认，要实现这一理想就需要借助制度的设计。比如一个有抱负理想和高尚德性的人，虽然可以得到周围人的认可和尊敬，但是在和其他陌生人共同参与选拔竞争时，就必须通过考试制度脱颖而出。如果缺少好的考试制度、好的文官制度、好的选举制度，真正的人才就没有正规的途径得以凸显。所以制度设计是通向普遍性的外王的途径，王其实就是权力。内圣外王所提出的问题也就是如何从内在德性中产生出外在的权力。权力也是影响力，当然圣王所产生的是积极的影响，而非消极的影响。我们总是希望有德之人能够居于上位，因为有德之人能够亲近他人、关怀他人。所以有德的圣王必然亲民。

人们在社会中需要和其他人有亲切的交往，如果政治权力能够营造出这样的和谐局面，那么这种权力就能够维持长久。因为只有获得认同时权力才是有效的，认同者越多，权力也就越强大。但是如果政治领导人失德，就很少有人愿意跟从。从另一方面来说，如果缺少了理性的制度设计，圣王的德性也行之不远。

第六章　孔子的两个模型

德化论与契约论的互补

今天我们强调中西政治哲学的对照性，在所发生的"效果历史"方面，中国与西方的政治哲学理念似乎有很多矛盾冲突的地方。中国哲学重视内圣，孔子说"修己以安人""修己以安百姓"，①做到这一点的话就可以影响他人，使"近者悦远者来"②。但这是太过理想化的理论设计，是小国寡民的理想。大家听说一个小国家的统治者善于进行自我修养、道德高尚，就会主动来投奔他，这个国君也会给归附者提供居所和耕地，给他们提供政治

---

① 《论语·宪问》："子路问君子。子曰：'修己以敬。'曰：'如斯而已乎？'曰：'修己以安人。'曰：'如斯而已乎？'曰：'修己以安百姓。修己以安百姓，尧舜其犹病诸！'"
② 《论语·子路》："叶公问政。子曰：'近者说，远者来。'"

第六章 孔子的两个模型

保护和经济社会福利，但这在今天的全球化时代是难以实现的。人的情性只能影响小环境，而人的理性则会扩大和改变大环境。儒家的推而广之、推己及人也需要一个方法和范围的限定。世界那么大，哪里的人需要被推及？他和你的距离远近、亲疏关系等都需要考虑。内圣和外王最后都必须结合于外在的知识与内在的德性之上。我们不能离开知彼知己、成己成人的基础。所以内圣必须要借助外在的知识和建制以使自身扩充，走进对万物情性的一种真切认识。就像审美一样，必须自己身心感应到那种境界，使自己得到扩充，才能够真正地影响他人。因此我们必须要考虑到整体的和谐，而非仅仅是局部的和谐；考虑到后果的和谐，而非仅仅是暂时的和谐。从民本走向民主、民有、民享的过程中，我们必须要思考民主和民本的关系。孟子常说的一句话是"无恒产者无恒心"，假如人们没有自己能够掌握的足够资源来养活自己和家人，他就很难有真正平和、平等的心态，所以我们这里说罗尔斯正义的两个原则，实际上没有给人们提供真正的机会平等。同样一个机会放在那里，我们怎样去接近它，远处和近处的人就有差别。中国有句俗话叫"近水楼台先得月"，因为楼台如有近水之便可以先观赏月亮。理论上每个人都有平等赏月的权利资格，但如果你不在近水楼台的有利位置，实际上仍然是不平等的。因此，我们要考虑到已经形成的权利格局中的机会状况。

很多国家由于地理空间和发展机遇的问题,在目前的国际格局中处于落后地位,那么是应当给它们一个发展的时间和空间,还是在"机会平等"的口号下任由富者更富、贫者更贫?这就要考虑到一个方法论的问题,考虑发展过程中实际路程的问题。不能只停留在理想中的起点平等,中间具体发展中怎样实现一种多元化的和谐,这是应该考虑的。中国人常爱说"殊途同归",同样还有一句话叫"同途异归",意思是同中还有异。所以即使群体有共同的价值追求,但是具体到每一个人还是可以有个性化的生活方式。德与法要合一,民本和民主要合一,社群和个人要合一,整体要和层级合一,人治和法治要合一。

如果我们用论述型的思路来分析孔子下面所说的这段话——"道之以政,齐之以刑,民免而无耻;道之以德,齐之以礼,有耻且格。"[①]——这实际上说的是社会伦理和政治伦理的不同需求。古人对不同层次的伦理之间的演化有清楚的认识,比如《易传》中从自然界的天地阴阳讲到男女的家庭之道,再从家庭伦理衍生出社会伦理。我还可以用图示的方式来表达这段话里所包含的逻辑层次。以往人们认为这只是两种平行的、非此即彼的路径选择关系,而且倾向于认为后者优于前者。但是我认为,孔子在这里的意思是两种路径各有其功用,只取前者固

---

① 见《论语·为政》篇。

然不好，只取后者而完全抛弃政与刑的规范威慑作用，同样是不可取的。合乎孔子期待的"德"与"礼"，应该是以"政"和"刑"为基础的，这个逻辑结构要搞清楚。如果我们把"道之以政，齐之以刑"称作A型，把"道之以德，齐之以礼"称为B型，那么B型是以A型作为基础的。不过，这层关系孔子并没有明确指出来，A和B不是选择的关系，而是发展的关系。因为他没有明白指示，后人的注解也就没有进展到这一层，所以说注解很多时候难以触及本体的层面。从表面上看人们倾向于选择后者，因为它和仁义等价值接近，但我们去考察历史实践时却发现不是这么简单。例如历史上的很多威权政体，实际上正是基于当时社会经济发展的需要而出现的，所以这里面还有孔子的深意，也就是微言大义。《论语》里也有微言大义。过去儒家批评有些政权只用政治刑律惩罚来统治人民，孔子当然也看到了政治刑律对于建立秩序的作用，但只用政和刑来统治是不够的，民众还需要被启发和开导，德和礼就能起到这样的作用。德本来就存在。作为一个领导者，他需要对天地和人的本性有一定的知见，进行一种整体的规范设计，这样才能实现有效的领导。这是对政治的正当态度。但是有了这种能力，设计出有效的政法系统后，并不足以实现政治的全部功能，因为这只是教会了人们别去做违法乱纪的事情，使民众免于受刑戮之辱。法律自身有可能不完善，在执行过程中也可能不严格，所以人们仍然可能去做一些法律尚未规定的利己害人之事，因此政法系统不足以在社会中维护公共群体的利益，不能使人们的道德趋向完善，而是在一种二元对立的模式中误入歧途。那么用我的观点来分析，一个完整的社会是A型和B型在交互影响中彼此促进的，B型实际上应该排在A型之前，能够使政法系统发生作用的，还有一些更起码、更基础的道德，在原始家庭和小型氏族族群形成的基础上，给更大的氏族群体联盟提供了再教化、再发展的基础。也就是说，在A型之前的那个原始的"德"与"礼"和A型之间还应该有个对话和相互刺激促进；而A型开始发挥作用之后，又要在更高层面上和B型的"德"与"礼"相互促进提升，也是一种旋转式上升、螺旋式共进的社会过程。这个螺旋上升的过程最后有一种目的，使人们既能有一种包容集体利益的德性，又有一种实现这种德性的个人能力，即获得德性的自由，也就是我以前讲过的德性基础上的民主和自由，也包含了平等和法治的因素，这一点十分重要。

自由与平等的东西方差异

自由在西方有特殊的含义。古希腊人和犹太人都曾经被罗马帝国征服，受到罗马人的奴役，他们的最大意愿就是摆脱奴役，实现自主。所以对他们来说，自由是一种内在的经验。再以美国为例，美洲大陆的早期移民是因为受到了宗教或当权者政治上的迫害才背井离乡来到美洲的。如果我们对英国的历史有所了解，就会知道英国在整个15至17世纪一直受到专制君主的压迫，所以17世纪时才会有乘坐"五月花"号的清教徒漂洋过海到美洲寻求自由的故事。正因为西方人对自由有深刻的内在体会，所以他们更不应该剥夺他人的自由，这就涉及个人自主权的概念。西方理论在这一点上有时比较矛盾，自己获得了自主权之后，经常忘记了别人也应该享有同样的权利。

而中国人的独特内在体验表现在对平等的追求上面。但是这种平等并非抹杀个性的平等，而是在整体中的各自定位。万物各如其性，物以类聚，人以群分。在这样一种整体的概念之上，各个族群的位置才能得以确立，这样才能相互沟通，与人为善。这是中国人的理想整体观。中国人总是强调融合，这是中国人在民族发展中的特殊体验。所以我认为每个民族都应该重视其他民族的效果历史，而不应该把自己的意志强加于他人。

这样我们才能够理解中国人由内圣而外王和西方人由外王而内圣的不同的内在文化逻辑。中国人的内圣外王是一种德化论的立场，由内在的德性来融合和影响他人；而西方人由于信仰上帝，认同外在的知识，所以主张维护自己的自由，保护自己的权利。尽管有诸多差异，但是就其共为人类的普遍经验而言，是可以融合在一起的。人既是内在的也是超越的，中西方应该相互加强了解。因为西方是二元论的哲学观，所以他们要采取政教分离的政策；而中国接受的则是发展一元论的哲学观，当群体不断扩大时，在道德的基础上就要建立法律。中国人的观念是从内向外推、由内圣到外王的王道思想，是在对伦理的信仰上建立信仰的伦理。而西方人则是在信仰的基础上来发展和规范伦理，所以伦理就变成外在的一种规定和要求。如果西方人只认定上帝是世界上唯一的真理，那么就容易走向霸权主义。但是西方人的上帝只是在他们自身历史中所设立的，并非世界上所有的民族都可以接受的，所以他们不应该借助自己的上帝来要求其他民族改变其本来的生活方式。而这就是霸权主义的最不合理之处。真正的世界统一应该是建立在大同世界的理想之上的。

中西方的政治哲学都很重要，不可偏废其一。中国哲学思想中本来应该是伦理与管理相互渗透，但是事实上我们的伦理思想中却缺少向外延伸、向上发展的管理思想。管理思想能够更加系统和有效地处理人与人之间的关系，而不陷于亲亲之隐的两难处境之中。中国哲学应该发展成为世界性的哲学，但是该怎么样走出中国文化的圈子，为世界其他民族所接受，这是今天的中国人应该思考的问题。只有当我们具有更雄厚的经济和军事实力，对自身的历史有了更深刻的理解，我们才能向他人贡献自己的思想，建立更好的软实力。同时，我们今天谈中国政治哲学的发展，这本身也是对巧实力的一种运用。

在《论语》里孔子曾说："学而不思则罔，思而不学则殆。"①我在这里要提出一个观点：德化无契约则罔，契约无德化则殆。

坚持中国文化主体性

或许今天我们看到的是西方对中国的巨大影响，但是在历史上中国也曾经深刻地影响过西方，而这种影响并未使得西方放弃自己。那么，今天中国也不应该因为受到了西方的影响而主动放弃自身。"五四"时期曾提出过"打倒孔家店"的口号，我认为这只是一种情绪化的反应。当然儒学也有它自身的问题，比如18世纪时戴震就提出儒学"以理杀人"。当儒学从仁学转变为理学、心学，并获得了政治上的支持时，儒家的代表者往往就会自以为是，披上礼教的外衣，利用手中的权力谋取私利。所以，近代以来对儒家的批评并非全无道理，而且在历史上儒家学说一直饱受来自内部和外部的各种批评，这也并非罕事。

---

① 《论语·为政》："子曰：'学而不思则罔，思而不学则殆。'"

儒家对人的自主性的强调对西方是有重大影响的，但是西方尽管得益于中国却没有丧失自我的独立性。这就提示今天的中国人，虽然我们可以从西方的历史和文化中得到很多重要的启示，但是仍然应该保留中国人的基本价值观念。我们必须尊重我们自己的经验，并从中延伸和推广出去。西方的思想为人类提供了一种发展的模式，我们中国人也应该如此。现代西方主要吸收了两种古代的思想资源，即古希腊的知识论和犹太人的上帝论。当知识论的理性主义和上帝论的宗教精神结合在一起时，就帮助罗马人建立了强大的国家。罗马人一方面要将上帝的王国建立在尘世之上，另一方面又利用对上帝的信仰来控制尘世王国。假如在尘世实现的真的是上帝之国，那么所建立的应该是人间天堂。但是从中世纪的历史事实来看，在尘世之国享有至高权力的基督教教会只不过在假借上帝的名义来满足自身的私欲。由此才会产生了西方的文艺复兴，也就是重新发现人，努力让人摆脱上帝的枷锁。

当初利玛窦来到中国之后，发现中国文化与西方文化截然不同但又自成体系，西方人思考的问题几乎都能在中国文化中找到与之相应的回答。当传教士将中国儒家思想传播到欧洲之后，儒家的伦理和政治思想对西方的启蒙运动产生了不可估量的启发作用。比如莱布尼茨就公开承认自己认同儒家的伦理观，而康德则认同了人

第六章　孔子的两个模型

的自主性和人性中善的意志。于是，在欧洲启蒙运动中就发展出一套理性主义的伦理哲学、政治哲学、社会哲学和世界哲学。所以在我看来，康德所主张的实践理性、公共责任、公共德性甚至自由权利，都是从中国的德化论中发展出来的。所以我在这里希望强调的是，今天的中国尽管需要接受某些西方文化，但是同时也应该坚持自身的独立性，而不能妄自菲薄。

我下面还要简单提一下禅让制度的重要意义。当我们谈到儒学和孔子在中国所扮演的角色时，通常会认为儒学依附于中国两千多年来的皇权之上，视之为一种维护皇权政治合法性的意识形态。当初汉武帝"罢黜百家，表章六经"时，究竟是出于权术考虑，还是为了教化万民，这是一个历史问题，我们在此不下定论。但是从儒学自身来看，它是以上古三代的政治制度作为追求的理想的。所以，儒学起到了一个承上启下的作用，它帮助人们相信过去的政治理想是可以在今天的现实生活中实现的。但是现实的政治权力却利用儒家的政治理想，使之成了一个政治的工具，甚至有时成了维护皇权专制统治的帮凶。今天的儒学既然已经被从皇权政治中解放了出来，那么它就有可能恢复自身的独立性，并且吸收西方文化的优秀因素，同时以过去不光彩的历史为镜鉴，整合出一套对世界具有贡献的政治哲学。我想这应该是最理想的一种结果。在下一章中我将会重点谈及禅让制度的可能性及其理想。

如果有人针对孟子的政治理论提出这样的问题：孟子一方面承认王权神授，另一方面又主张民贵君轻。表面上看来孟子的这两种立场之间存在悖论。而有学者认为孔子的德化思想可以化解这个悖论，使这两种立场统一起来，相向而行。如果任由这个悖论存在下去，必然会出现革命。那么依据本书的理论立场应该怎么看？

我们可以这样回答：这个问题的切入点是很好的，从契约论的角度看来，所谓的德化论只是没有明朗化而已。德化论是一种内在的默契，或者说是一种实质的沟通。很多时候人与人之间出现误解是因为相互不了解。但是由于从根本上来说，我们谁都不可能真正地了解对方的感受，那么就只有通过对方喜怒哀乐的表现，利用同情、共感来想象对方的感受。这正是所谓人同此心、心同此理。这就是为什么亲人和朋友之间只有在共同的生活中才能达到彼此的了解，而并不是因为在名义上是亲人或朋友就立即互相信任。德化论之所以能够成立，就是因为人与人在本质上是相通的。其实契约论成立的前提也是双方彼此要信任，因此从这方面讲，它和德化论有相同之处。

上文我们谈到，在中西文化的相互交流中，西方在

第六章　孔子的两个模型

启蒙时期受到了中国儒家思想的深刻影响。坦率地说，目前历史学界对这个问题探讨得比较少。从个人的角度来看，西方启蒙时期的思想家，从伏尔泰到洛克、康德，在中国文化中接受更多的是所谓"东方情调"，而非把儒家思想直接吸收过来。换句话说，他们为了确立"自由、平等、博爱"的思想，借鉴了中国文化中的浪漫主义情调。从历史上来看，西方人对于中国文化的吸收始终坚持"中为洋用"的原则。如果有学者认为反观现当代中国文化，比如新儒家在吸收西方文化方面还存在比较多的欠缺，本书应该如何看待这样的观点？

可以这样简要回答：本书认为所谓的"东方情调"是一种错误的说法。人们平时会提到"异国情调"这种说法，我不否认不同国家给人留下的感觉会有所差别，而且人们总会对不同文化抱有好奇之心。比如有些英国人喜欢收集中国的瓷器，有些美国人喜欢中国的山水画，中国的建筑艺术影响了西方人对拱门和拱桥的设计风格，这些才是"东方情调"。但是在18世纪，西方启蒙思想家面对的是摆脱宗教枷锁、发展人的理性的问题，这关乎的是人存在的本质。这个问题不是所谓的"东方情调"能够解决的。当初西方的传教士认为他们所从事的是非常严肃而神圣的事业，而不是像"东方情调"这四个字那么轻松随意。

如果有提问者针对本章所谈到的德化论发问，指出这里并没有向管理学方面做延伸和发展。我们该如何补充德化论对于管理学的意义？

可以这样回答：伦理是自我的内在管理，而德化就是要管理自我的感情和意志。管理和伦理都指向一种信念，即对人与人默契的认识。对于一个完全不能与之沟通的人，也是完全无法进行管理的。所以，管理和伦理都是建立在对群体共性的认识基础之上的。

假若有读者针对20世纪后半期在大陆曾经流行的"公"文化问题做如下评论：人们一般都会褒扬"大公无私"，但是人的私心是必然存在的。在有些学者看来，儒家是希望先肯定私心的合理性，然后对其不断地扩大。比如一个人先经过修身，再将私心扩展至家，以至天下。人与人在争斗时，私心最为凸显，但是在家族成员之间私心则表现得不那么明显。如果他就此提问：儒家会不会是基于此才主张将私心扩展？这和本章所谓的亲亲之情的扩展是否有相似之处？当这种私心扩展至整个天下时，大私也就是大公？

我们可以这样回答：德化论在扩展时当然有公心也有私心。我们将亲亲之情扩展至社会、国家时，以天地为家，以四海为兄弟，所获得的是内心的满足。至于在扩展之后，是公用还是私用则是另外一个问题。有的人进行扩展只是为了满足自己的私欲,那就不应该了;但如果是出于公心,则善莫大焉。我们需要有开阔的胸襟来充实自己的知识结构,来掌握自己的行为能力,以进一步挖掘出自己的求善之心。所以广义的扩展需要理性的自觉和认识。

如果有研究者针对管理、治理、伦理和信仰之间的关系提问:这四者之间是不是一个逐渐向上的次序?德化论是属于伦理学的范畴吗?儒家所提出"仁－智"模型和德化论的关系是什么?再进一步说,"仁－智"和信仰的关系是什么?"仁－智"这种思维模式是中国人现实中的主导思想,还是一种未被清晰揭示的潜在观念?

针对这些问题,可以做出如下回答:中国人在享受人与人之间的亲情和友善关系的时候,其背后是有信仰的。但是这种信仰是不自觉的、无法表露的,并常常不被当作信仰,甚至有时被视为一种缺陷。信仰其实是一种深刻的价值认同和行为表达。但并不是每一个普通人都能够对这种信仰有自觉的认识,并且在日常生活中一以贯之地实践之。今天的中国经济社会发展速度太快,人们没有足够多的时间静下心来反思自己已经习惯化的价值观,于是便需要学者来对大家进行启蒙。从这种意义上讲,中国需要一场新的启蒙运动。中国人不像西方人那样关心超越性的价值,我们把目光更多地集中在此岸的生活中，追求一种问心无愧的生活。所以中国人对于德和福的理解是内在统一的，这正是中国人的伦理信仰。它是以人与天的关系作为基础的。所以我认为中国人是有内在的信仰的，但是今天这种信仰被我们淡忘了。无论是中国还是西方，信仰原本都基于自己的特有经验之上，但是我们中国人却迷失了自己的经验。所以今天的中国在飞速发展的过程中，更需要时间来静心反思我们的内在信仰。而且在今天的全球化时代，我们需要的不再是过去那种默契的认识，而是一种概念更加清晰的认识，这样才有利于大家的互相沟通。

第七章　仁政与王道

今古文《尚书》与疑古问题

　　三重证据法，能用来帮助我们建立一个具有理论内涵的正式体系和一种历史观。今天，我们要特别提到《尚书》和西周的政治。清朝有考证和训诂学派，对过去的书籍真伪进行鉴定，代表人物是辨伪学者阎若璩，他读古书很多。其代表性著作是《尚书古文疏证》。《尚书》在汉初是通过老学者伏生（九十多岁）背诵出来，文帝让人把它记录下来，变成今文《尚书》28篇。孔安国在西汉的时候为官，当时有人献出了鲁恭王在山东曲阜孔子旧宅的壁缝中发现的用古代文字写的一些经典，称为古文《尚书》。后来在东晋的时候梅赜又献上一批《尚书》，据后人考证，伪造的成分很多，但是孔安国时代出现的古文《尚书》在汉朝就引发了《尚书》今古文之争。

今文《尚书》在汉朝是用当时盛行的隶书写定的，所以叫作今文经。秦始皇焚书，儒家书籍尽焚，只留下《周易》，因为这是卜筮之书，不会成为一个学派，对统治者构成威胁。那么今古文经到底哪个是真哪个是假，这是个问题。清朝的考证训诂之学，多是从文字学的角度来研究。关于文本的真实性有三个标准，第一是文字本身内部的协调问题，如《尚书》之争，就是看古文、今文的章节是否内在一致。第二个就是经传能否和历史事实契合。第三个是看能否与另外独立考证到的或者已被广泛接受的，如《史记》及其他经史的记载一致。这三个在方法学上是很知名的，但得出的结论完全不一样。今文经是背诵出来的，它的问题是背诵下来的只有那么多，而且可能会有疏漏。古文经是被发现的。到底哪个更真实呢？现在出土的钟鼎文超过一千多篇，可见中华民族是非常有历史意识的民族，跟印度人很不一样。印度人相信婆罗门教，信奉跟随婆罗门教的三尊大神，因而要把任何人用完后的东西都扔到恒河里——恒河是把印度人的生死全部包含在其中的河，所以不用保留任何东西。而中国人却是尽量保留任何东西，对历史的尊重表明中华民族是一个重视现实、重视实在、重视经验的民族，所以《易经》的哲学重视变化，变化里有不变。因此变化可以无穷，变化的痕迹基于经验和体验就要保存下来，作为印证，作为正确判断的基础。

第七章　仁政与王道

　　印度人信仰婆罗门教，认为一切都要回到婆罗门教的大梵天，所以生死只是一世之间的事。而中国人要保存历史，于是很多学者基于变故造一个历史。所以我们要区分制造一个历史和解释历史。今文经学是通过背诵经典整理下来的，伏生是个老学者，是在秦朝统治下生活过的学者。孔安国时代的古文《尚书》虽然多出很多篇，但究竟是怎么来的，存在假造的可能。后来又号称有一百多篇《尚书》，我想从这些文字上都可以找出一些古书的蛛丝马迹。然而人们往往为了自己研究结论的一致性而不惜编造证据，所以产生了古史辨派或称疑古派，这就是顾颉刚的问题。他在民国时期的代表作是《古史辨》，认为中国的古史根本不可靠，包括三皇五帝及夏的历史都是不可靠的，这样一来经传就是不可靠的。这是一个很严重的问题。如把一切还原到人类学的物质化概念，认为大禹是一条虫，而理由只是由于他的名字"禹"那个字是从"虫"字变化而来的，这样的推理可以说是不正确的。尽管大禹在治水时遇到各种虫兽是可能的，但是他被取名为"禹"并不表示他就是一条虫。重视语言的命名原则并不代表命名的原因必然如此，这些都是化约主义的表现。顾颉刚先生所处的时代受德国史学及史料学派的影响，以为把任何名称化解为物质对象就是历史，这明显是错误的。

　　中国的历史显然不是一堆史料，即便找到了可靠的史料，也需要恰当的解释，不然史料的意义何在。史料就如同生物的化石，怎么能代表进化的具体阶段呢？当然，通过科学手段可以检测进化年代的早晚，但是为何会有如此形状，化石本身是不能回答的。科学不是材料的问题，而是要借材料走向新的发现。我们要通过一种合理的理论体系来说明和解释这个材料的真实性。信古学派一味地相信古代历史是真实的，他们唯传统的资料是信，这也是有问题的。史家治史往往有时搀和自己的信仰在里面。如果这与历史事实之间有矛盾，当然也不能取信。必须要从事实考证和理论角度来建立一个高度可信的历史。从这个角度来讲，从民国开始，中国的历史学是在疑古学的统治之下的，直到1990年以后，李学勤先生主持的"夏商周断代工程"很具有时代性，建立了历史学的新格局，脱离西方人对中国历史片面的认知和议论，开辟一种独立的史学精神。

　　但是，我们传统的东西经过"五四"和"文革"的激进批判几乎被否定掉了，疑古学派对中国经传极端的不信任，尤其怀疑史学和哲学，认为中国没有哲学，没有史学，只是史料，甚至质疑文学，把它看成所谓东方性和东方的情调，这类似于一种西方视角下的东方主义的偏见，并没有学到西方真正的那种独立自主的精神。我讲授康德，讲到西方独立自主的基础在于理性，但是西方人却认为人来自于上帝。我们也可以讲理性，然而

第七章　仁政与王道

中国古人认为人来自于宇宙，本来就有独立创造的能力。可是现在的人们一方面理性地搜集资料，写思想史，另一方面却不能独立自主地做出合理的判断，这是不幸的。我的努力目标是建立中国哲学的独立性。

任何一个民族都有一个潜在的哲学思考。中国的经典通过名言表达出来，这与印度的经典是采取诗歌和咒语等形式，当作神话表现出来的不一样。中国经典即使有内部的矛盾，也不必取消矛盾双方，而是要找到其最大的共同点来解决问题。我认为这就是"夏商周断代工程"的现代意义。西方人认为我们无法证明商朝以前的历史，但是我们通过《诗经》中的颂以及《史记》《竹书纪年》等早期文献的记载可以了解到，商朝时已经存在较高程度的文明，而这种文明不可能是突然出现的，它必然是对前朝文明的继承与发展的结果，因而有理由说夏朝是存在的。找不到出土资料并不表示我们不能通过推理肯定它的存在。正如笛卡尔所说，我思故我在。从效果历史的角度看，有了一个前提，就能推出它的效果。现代人重建历史也是这种方式。文字记载并不应该被当成唯一的、最后的证据，因为还有第三个证据，那就是一个合理的理论和诠释的说明。

用以上第三个证据的逻辑，我们可以从与禅让制有关的资料中推演出中国古代有一个德化论的政治理想和仁政的政治制度。阎若璩的《尚书古文疏证》问世以来少有人能提出有力的反驳，这是因为他收集了大量的资料，如青铜器的铭文等，用来恢复上古史的面貌。这就是我们讲的三重证据法的作用。至于是否全部古人经都不可靠，近代康有为等人说古文经是刘歆伪造的，是为了帮助王莽篡位的，这就需要历史事实和逻辑推理来论证，不能就政治目的来说明。

高一志与《西学治平》

在中国，先秦儒家认为古代有一个圣贤制度。现在要问这个圣贤制度是怎么来的，我们就通过耶稣会传教士高一志（Alfonso Vagnoni，1568—1640）的著作《西学治平》来说明。高一志于1605年到南京，比利玛窦到达澳门晚了23年。其著作《西学治平》讨论的是西方有没有治国平天下之术；他认为有，而且比中国的更好。这是他的创见。显然他把西学看成主体，其所说的可以治国平天下的"西学"是指由基督教所接受的亚里士多德的政治学和伦理学发展而来的阿奎那的天主教神学。基督教最完整的神学，在我看来其基础是把古希腊，尤其是亚里士多德式的理性主义的形而上学、知识论、伦理学、政治学或者其他学科（修辞学、物理学）综合起来，形成具有逻辑体系的理论体系，提出逻辑的方法，归纳、演绎和整合。这可以说它是西方客观思想的呈现，

第七章 仁政与王道

被逻辑化地表达、发挥出来。这与中国孔子所说的"吾道一以贯之"不尽相同。孔子重视一贯与整体，不强调分化，甚至认为没有必要分化出来，而重点在实践即可。但是中西有可以相互沟通的地方。高一志认为，西方的治平之道在于有一个上帝，上帝知道并指导一切。在上帝的指导之下，一切走向美好。那么，由谁来代表上帝执行其意志呢？那就必须要有一个有德有能、信仰上帝、秉承上帝意志的君王。这样的人是上帝所任命的。

在犹太教《圣经》里，大卫能够成为王，后来又传位给所罗门，都体现了上帝意志之所在。与《圣经》相比较，中国的典籍中也有"天命"的概念。天任命君主来治理人民。中国的《尚书》和《诗经》中也都有天与上帝之名。但中国古书中的"上帝"与西方的上帝还是不一样的。德语中的"上帝"写为"Gott"，与希腊语和拉丁语体系中用于神话里的神"Deus"相当。但是英语中的"God"和德语中的"Gott"不一样，也不同于希腊语和拉丁语中的"Deus"。这个词的内涵是犹太人心目中的"上帝"。相对于犹太人而言，上帝没有名字，其表达方式为"YHWH"，没有母音，只有子音，读不出来，但可以拼写出来。犹太人把它翻译成"耶和华"。这与中国《道德经》中所说的"道可道，非常道"相似，道是不可名状的道，同样，"耶和华"也是不可名状的。一旦有了名字就不是道，就不是上帝了。这是西方超越性的"上帝"概念的来源。上帝没有明确的所指，却是一个对象性的存在，也是人对上帝神圣感的来源。再进一步，西方人又把上帝看成人的形状，有一个位格，这就是西方超越神学和启示神学的基础。

我们对中西根源的终极存在可以进行哲学的思考。西方宗教中的上帝既是超越的，同时又具有无上的权威，是人们可以崇拜与信仰的对象。重点在于信仰这样一个上帝。但在中国，天和上帝是人们可以认知和体验的。因为人有心性，可以知天命，把天命看成自己生命的终极认识，包括人自身的目标、追求的理想，以及一切事物的价值来源。人们强调天之所行。上帝的行为方式被称为"道"，与人的心性合成一体。在西方，人们认为天命是上帝的意志。为了凸显上帝爱人的形象，耶稣甚至认为自己是上帝之子，来到人间要为人类赎罪。后来他被钉死在十字架上，人们认为他做出了巨大的牺牲，认可他为上帝之子，并把他和上帝以及上帝之灵，即圣子、圣父、圣灵三者认为是三位一体的，将此作为基督教信仰的根本教义，形成了基督教的"三一教义"。信徒与传教士必须以此为最高信仰，坚信上帝无所不在、无所不能、无所不知，以此为世间政治权力的基础和来源。因此一个国家的君主可以拥有无限的权力，这就是霍布斯君主神权说的来源。这个学说包含了上帝与人之间的一种契约关系，使君主必须秉承上帝的意志来治理人民，

第七章　仁政与王道

同时也得到人民信仰的支持,并掌握着世俗的权威,形成政教合一的现实。但我们可以说政教合一不等于君主就是上帝,君主的权力仍然来自于他所信仰的上帝,而其他信仰者可以直接引用上帝,对君主的世俗权威提出挑战。因此必然导致政教冲突,形成后来国家权力和宗教信仰的分离。反观中国,天命对王权只表现为君主统治国家与人民的合法性及其治理能力。而且一国之君受天命约束,必须进行道德修持,其权力不是无限的。当然,天命也可以体现在个人身上,是个人的命运,一般称之为"命",而不必称为天命。

　　高一志认为政教合一是最好的政治体制。如果你真诚地信仰上帝,那你就有政治上的绝对权威。高一志比霍布斯早生但长期居于中国,他去世后霍布斯的学说开始在欧洲传播。霍布斯强调君主神权说,反对民本与民权,其是否受到高一志的影响不得而知。就柏拉图的理论而言,人民可以选出最好的君主。最好的君主应具有高度理性的知识和高度的判断能力,并接受了一个理性辩证的过程,已经具有最高的思辨能力,这就是柏拉图所说的"哲学王"。"哲学王"认识到哲学治理国家的重要性,能够理性设计出最好的治理方案,把国家带向美好的理想境界,即理想国。这与一般所说的专制政体是不一样的,因为专制政体带来的是私欲和恶,而"哲学王"带来的却是公心和善。虽然柏拉图仍然强调权力集中的统一主义，规定人民的分工而并不让其参与国家最高的治理。

也正是因此，亚里士多德认为理想国还不能算是最好的治理制度。他强调人民参与的重要性，认为应该从经验的角度来找寻一个更好的政治制度。从历史事实看，雅典的民主是人民直接参与式的。雅典城邦建立了五百人委员会，经过会议的集思广益，做出决定，因此并非专制。但是另一方面，雅典的直接民主也可以发展成为一种民粹主义，那就不理想了。毕竟专制君主制更多的是不顾人民，在理性智慧上也不一定完备。所以，柏拉图的理想国确有它的问题。柏拉图晚年强调法律制度，显然是一个补救。从中国来说，儒教的经典《尚书》强调的是民本主义，以民为主、以民为本，强调君主应该关心的是人民的福利和需要；而治理者的智慧也一样重要，必须不断地修炼，不断地充实，一方面对天命负责，另一方面对人民负责。孟子甚至说过天命即是民命。因此，这样一种儒学式的政治形式更为理想。我称之为德化论的政治理想。相关内容会在后面的章节有所阐述。

《尚书·洪范》篇很强调人民的参与和意见的反映，这就是德化论的政治模型的基础。君主治理国家不但要质询三公，还要参照一般立法，但也要遵照占卜的提示，询问人民代表，平常注意民间诗歌（"国风"）的反应，了解各地官员施政的情形。当然这比柏拉图理想国

第七章　仁政与王道

的体制更好。因此，中国传统中的圣王既是圣又是王。内圣外王，并不等于柏拉图的"哲学王"，也不等于高一志的神王。显然，圣王更接近于人民，而"哲学王"更为专断，神王则是神权统治。高一志的政教合一以神权统治为主，但他有想把儒家的观点放进去，要君主秉承上帝之意来爱人民。但这个上帝之爱来源于基督教所说的因上帝而爱（agapa），与儒家所秉承的以仁者之爱来爱人民是不一样的。后者是根据自己的感受和体验来推己及人，与民为善，与民同乐。比如，我们从《诗经·大雅·烝民》里看到西周官员仲山甫亲民、爱民、惠民以及尽职尽责的事迹；同时我们也注意到高一志所说的上帝之爱是先要爱上帝然后爱人，因为上帝爱人，要拯救人的罪过，这与从人的本性所发出的爱是不一样的。因为人有仁者之心，能够感受到天地生物是生生之德，引发我们重视身边的人和物，引发爱民之心。所谓"亲亲而仁民，仁民而爱物"[①]，"孝弟也者，其为仁之本与"[②]。爱民之心来自于对父母、兄弟自然的亲和爱护，这就是国家治理的模式。一个君主如果有仁心，行仁政，惠民而不失其中，讲求正义，判断是非，辨别善恶，重视人民的福利，不滥用权

---

① 《孟子·尽心上》："孟子曰：'君子之于物，爱之而弗仁；于民也，仁之而弗亲。亲亲而仁民，仁民而爱物。'"
② 《论语·学而》："有子曰：'其为人也孝弟，而好犯上者，鲜矣；不好犯上而好作乱者，未之有也。君子务本，本立而道生。孝弟也者，其为仁之本与。'"

威,遵守已有的法则,更为了考虑未来和大众,集思广益,拟定更好的制度和立法,推行仁政、礼义,这便是中国古典儒家的政治之道,与高一志的神权政治不可同日而语。

仁政与禅让

儒家政治理论与西方宗教相关理论不同的是,儒家不一定要有一个不可知的、万能的上帝,宇宙本身就有内在发展的能力,而人类是直接的参与者。周朝政制就是建立在人的仁者之心上,一个国君因其仁心所以能直接感受到人民的痛苦,因而可以自觉地去拯救、变革与更新,这个是中国政治的基本理论。不是由于上帝的要求,而是因为人性具有仁者之心的能力,以此面对人民才能感受到人民对仁政的需要。一个君主基于他的仁心就能实行仁政,建立正义、合理的制度,赏罚分明,推行各种好的政策来解决各种问题。而国家就像船一样航行,实行仁政的国君就是一个可靠的领航人。基于这样一个理解,我们认识到,在中国早期的政治制度中可以有推行仁政的自然理由。为了不断地实行仁政,发展和实现仁君禅让的制度是可能的。

如果说人具有基于天地产生的自觉的创造和判断是非的能力,那么人类的进化过程就是人创建能力的发展

第七章 仁政与王道

过程，因为自己的需要发展为家庭，再进而发展为社群，再到社会，以至国家天下。仁者之心要通过扩大，从情性走向理性，透过知识建立一套制度，这些需要安定的环境和发展的机遇。文化是累积起来的，不断寻求适合它发展的环境，制度需要不断修正，要看中国历史事实是否适合这个理论。

首先，我们注意到人能够观察天地，注意环境变化，也能深思，判断是非，吸取经验，形成知识。由此，人们形成一个群体，家庭也自然形成。经过理性的反思，为了避免混乱，把这个群体发展为一个政治的社群，推选出领导者。但谁有资格做领导者呢？可以想象，领导者必须是有能力之人，而且要自愿为群体担当责任，要付出自己的时间和精力为大家做事，甚至要有所牺牲，就像父母为子女所做出的牺牲一样，绝不自私，而且一定要让人民能够获得利益。再进一步，为了社群的利益和未来，一个年老的领导者需要找寻继承者，在社群中"选贤与能"。

然后就有一个问题：如果贤者不愿意继承君主之位该怎么办呢？历史上就有许由和庄子，因害怕自己的逍遥和自由被官位束缚，所以不愿意接受任何成为领导者的邀请。但是事实上，还是有人具仁者之心，能够负责任，而且不怕辛苦，愿意接受继承的挑战，已有的领导者也愿意禅让贤者。另外，我假设某些人有能力为他人带来福利,看到人民安逸快乐,其内心也是高兴和满足的。我这样说也就是肯定了孟子所说的"人性之善"的精神所在。所以在一定条件下,一个无私的、基于德性的政治体制的建立和禅让制度的建立是有可能的,这是在理想的条件下可以实现的。

另外,在语言应用上,"禅让"这个词不是编造出来的。"禅"字是"示(礻)"字旁,有显示的意思,右边一个"单"字,这样组合起来代表领导者的行为。"让"就是让出王位来,传承给贤者。我觉得这两个字代表了原始的政治理想的实现。

那么,人们可以追问:禅让制是如何变成传子世袭制了呢?这是一个重大的问题。由于禅让涉及民意的参与和尊贤的制度,超越了简单的亲亲尊尊,也就是超越了一家一姓的私利。为一个群体找寻具有公心的君主显然是以尊贤为主,亲亲为次。尊贤就是贵能,可以在尊亲扩大的基础上找寻贤人、找寻仁者,然后尊亲贵贤。也可以把公德和私德分开,尊贤不必抵触合理的亲情。而公与私相比较,还是公更为重要。但是一个懂得亲亲之人也可以扩大他的亲情,以公心为主,能够为治理天下而奉献,这样的人就是贤人。当然,也有人以亲亲为理由,做自私自利的事情,但这不是真正的亲亲。这样的人是纯粹自私的人,更无法成为贤人。从这个角度看,黄宗羲在《明夷待访录》中提到人性是自私的,似乎与他说的禅让制的实践有所矛盾。人开始是自私的，不想为天下做事。突然"有仁者出，不以一己之利，而使天下受其利；不以一己之害，而使天下释其害……故古之人君，量而不欲入者，许由、务光是也；入而又去者，尧舜是也；初不欲入而不得去者，禹是也"。这里有两个标准，黄宗羲没有说清楚。到底是许由、务光能力不足，还是他们有私心？他们若是仁者，呈现仁者之心，就不应该推辞。从黄宗羲的观点来看，难得有一个没有私心的仁者出现，去为大众服务。我认为这是一个政府的开始，有圣者出来，有能力又有同情心，不自私。古代有这种人，尧舜就做到了，后人却不能继续做下去，这是后人的问题。尧有舜继承，舜有禹继承，但是禹之后发生了大臣益和禹之子启为继位而争斗的事情。益是被推举的继承者，但启不服，认为自己也有贤能，于是杀益并取而代之。这也开创了后世世袭制的先例，禅让制就结束了。

　　按照黄宗羲的说法，人的本性是自私的。而且一旦当权则更加扩大了他的私心，用他的权和位来控制天下。这也是因为君主的权位带来了更多的私利，诱发了人的私心，无法将其仁者之心维持下去。所谓权力的腐败，必然导致政治走向衰败。君主因其腐败而被人民推翻是理所应当的。孟子也说过："贼仁者谓之贼，贼义者谓之残，残贼之人，谓之一夫。闻诛一夫纣矣，未闻弑君也。"① 所以黄宗羲指出，我们应该以君为客、民为主。民为天下，是主人，君主就是客人，是被规范者，也就是孟子所说的"君轻民贵"。古者以天下为主，君为客，主是规范者，如此政治才能走上正确的轨道。政治必须有制度、法律和教育，使得人民掌握权力，制约当权者的腐败，才能使天下稳定，国家安享太平。黄宗羲在《明夷待访录》中所提出的观点，主要是就明朝的历史来说的。

我与黄宗羲不同的地方在于，强调人本性不是自私的，自私与否是要在某种条件下来判断的。人在原始条件下要求生存，自私或者帮助别人是为了求生存，所以很难说是不是人性自私。人本身就具有一种能超越现实的考虑，能为了长久和推广关系而有限地超越自己的利益。私要分成两种，一种是必须维持自己的生存需要，另一种是超越自己基本需要而寻求过分的满足。可能因为知道更多和掌权更多而欲望更盛。老子说欲望过多，就会产生更多的私心；知识更多，产生更多的欲望。人心能产生公心，理性需要把情性发挥出来，在人之内来提升，但是人能否提升受到多种因素限制，至少作为一个君主应该提升，至少需要制度改进他、提升他，使君权受到约束。我认为人性并不就是自私。人有追求自己

---

① 《孟子·梁惠王下》："齐宣王问曰：'汤放桀，武王伐纣，有诸？'孟子对曰：'于传有之。'曰：'臣弑其君，可乎？'曰：'贼仁者谓之贼，贼义者谓之残，残贼之人谓之一夫。闻诛一夫纣矣，未闻弑君也。'"

发展的需要，但人需要理性和智慧或者情感来维护，一个社会必须要在教和学的基础上开发这种能力。人能够自律，节制自己过多欲望的发展。借助高一志的说法，为政的终极基础是禅让和天命。禅让制是基于内在的默认，天命则是一种外在的要求。

第八章 礼、信与王制的整合

孔子与宪法

禅让制度之后就是《尚书》和古代政治的问题，再之后就是说明孔子之所以为孔子的原因，这样我们对孔子的了解就可能更深刻。孔子为古代政治体系的潜在理念找到了基础，重建新的礼制。这是不是孔子表达出来的意思呢？在形式上说，齐一变而为鲁，鲁一变而为周。在霸权时代，列国如何称霸，如何找到一个真正政治的起点和发展的途径以及终极的目标。孔子写《春秋》是在探讨好的政治的可能。是不是能根据重新阐述历史来实现"新周"的目标？这是一种王权政治。孔子对偏离王公权威的行为大加贬斥，这样的态度是不是一种保守主义？事实上，孔子是借历史来影射未来的可能。

当然中国哲学思想具有综合过去、启发未来的特性，

第八章 礼、信与王制的整合

借助过去来说明未来也是很重要的。当然我们也可以问孔子写《春秋》到底是基于对过去的复古的留恋，还是对没落贵族命运的反思？孔子也可以是基于自己的体验对古代政治进行透视，希望有新的礼治产生。因此《春秋公羊传》可以被看成是孔子对未来的启示，而不只有它的历史意义。因为它不只是评论过去的历史，而是把它变成一套政治哲学，赋予这个政治哲学一个道德的出发点，来建立未来的政治体制，为万世开太平。

我们对孔子思想的了解必须建立在对过去的了解基础之上。孔子思想中是否有宪制因素？孔子虽然说"吾道一以贯之"，但自己并没有提出一套宪法。宪法是现代概念，英文是"constitution"，是一个构成法，具有基础性的界定性、指导性和规范性的作用。界定基本规则，并说明基本理由构成，这就是宪法的意思。孔子必须先解释人怎么构成，政怎么构成，治怎么构成，权力落实到什么地方。从这个意义上，中国不可能没有一个构成法则的认知。大家谈宪法的问题，往往是政治正确性的含义，而不是一个客观的研究和描述。好像谈论宪法是正确的，而谈论宪制就是不正确的，这是一个误区。

宪法是一种构成法，可以延伸出去成为一种指导法则，必须从事实和行为的结构找寻行为的规范。宪法可以提供标准。中国有宪制的概念，是"宪章文武"、宏大法则之意，中国也有一种历史上长期存在的规则，只不过过去没有把它描述出来，政治体系没有把它彰显出来。孔子说他自己是"述而不作，信而好古"，是继承原有的制度，后来又有所批判地更正，所以要重新界定合乎道德的行为。一个新的制度的产生是时代的需要，也是社会发展的需要。从西周到东周，西周的官僚制度已经无法应对实际权力的发展和人口问题的需要，治理的问题就出现了。生产力的发展导致新的生产关系的出现。谁更有权力进行分配，权力的此消彼长不是以个人意志为转移的。客观地去掌握现实，制定一个规范性秩序的状态。社会功能的发挥和机制调理的需要推动了变革的必要性。

第一，宪法体现了变中不变的原则。宪法要看得深，看得长久。第二，宪法应该变成一个法和宪章。大家要遵守作为行为的标准，能够作为权力规划的基础。孔子思想中存在潜在的宪法结构、潜在的规范存在，能够无形中逐渐推导出政治结构的发展，推导出社会的秩序化、条理化，这就可以变成一种宪制。宪法和宪制不是单纯的制度问题，我们不能忘记了法律与道德、实际政治和国家体制内在的要求与相关的价值关联。但是另一方面，宪法并不能完全规划现实政治的细节，只能用于维持和规范基本的秩序。因此，由于宪法作为基本持续的规范，我们应该深度理解其道德性、文化性和本体性的含义，以及它们所涉及的形而上学和知识论上的含义，也就是它们背后所预设的一套知识形而上学。如此，我们才能

第八章 礼、信与王制的整合

够理解宪法与宪制对社会行为潜在的规范性。

从这个意义上讲，可以从周朝的体制看出一种宪法精神、一种结构。武王伐纣，完成西周的建国大业。周公是武王的弟弟，他辅政成王，并无篡夺之意，而是用心于设计和规划政治制度上，为周之政权的发展打下稳固的基础。他自己也有一种天下舍我其谁的气概。他维护这个权，要继承这个权，而不要这个名。我觉得把周公看成圣人是因为周公可以取幼主成王而代之，但是他不这样做。他完全是为了权的理想，的确相信开国时代的美德是能代替殷商的理由。周公非常重视历史的教训。为什么殷商治国失败呢？这其中包括用人不当。周公并不是反对理性主义，并不是公私不分，实行暴行。周公若是把国政丢到一边，对人民大众不好，才会造成危机。把权力作为不当之用是不行的。周公为了维持政权，实现理想政治，摄行王事。他特别小心谨慎，他有个《康诰》，告诫康叔怎样来治理殷商旧地。《尚书·金縢》篇里的记载很感人，可以看出周公真正是大公无私的人。西周的官僚制度、礼制、宗法制，我觉得都与周公制礼作乐有关系。这么大一个体制，为什么走向宗法制？为什么走向封建制？封建不只是亲亲的宗法，也尊重非姬姓的诸侯的自主和自治性。所以，周天子封国是同姓多少国，异姓多少国。这是一种政治的需要，来统一各国诸侯的权力。在这种体制里，我们看到上下结构、左右结构，一种能够实行、推展的发展结构。西周东迁前长期没有内乱，一直传到厉王才出现"国人暴动"。周厉王并不是特别坏的君王，但是他面临很多危机，造反的人很多。如何使政权持久发展，需要一套规划和制度、一套理念说明。

《尚书》里的周制与宪制思考

西周体制里可以看到宪制的概念，更能体现宪制的精神，其精神的根源来自于《尚书·洪范》中所记载的周初武王与殷之贤臣箕子的对话。《洪范》是通过箕子来陈述政治理想体制的，以为为政必须要遵从一些基本原则和判断标准，包括对君臣行为价值的规范。我们在考察《洪范》的时候，看到箕子提出了一个整体性的政治框架，可以作为具有约束性的规范的前提，目的在于制定惠民政策的方向和方面。我这里特别强调《周礼》这本书的重要性。我要强调和发挥一下。《尚书》很多篇章是周公意见的发表，对重大政治事件（比如迁都洛邑）的评价，东迁时候对召公的勉励或宣告等。有针对为政的《大诰》《康诰》等篇。今文《尚书》28篇表达出早期的政治话语，所谓"典""谟""誓""诰"。对政治决策的重要谈话，就是"典"和"谟"；有必要做出坚定的承诺，因此必须进行誓言的仪式，比如征讨时必须发出誓言，表明征伐的原因、动机和目的，这就是"誓"；然后

第八章　礼、信与王制的整合

就是上面例举的针对为政重大决策进行宣布的"诰"。这四样东西包含了政治的理念和理想以及行为的规则。如果好好研究《尚书》，会有很好的发现。我们对《尚书》的了解就像对《易经》的了解一样，非常薄弱。这里有个吊诡，字好念的不一定是真的，不好念的书反而是真的。不能因为难念，就认为它是假的。东晋梅赜献出的25篇肯定是假的，字好念，但是假的。这与制度有关，汉朝已经把五经立为博士，经学成为官学。因为懂得《易经》，政府聘请你来做博士。今日的博士只是私人求学的证明，而在汉朝，博士变成政府的官员，具有很大的诱惑性。为了要做官，有人学问很好，就来假造经典，后来也有人说托古改制。康有为讲孔子为什么要当"新王"，为什么要写《春秋》，甚至基于《春秋》、基于公羊学来书写大同世界的建造。我们必须体会到，从事实来看，《洪范》篇突出了早期周初对世界的认识，作为为政的基础，是对为政规范的一种很有条理的陈述。

但这不是唯一的，《尚书》里还有很多诰、很多典章，都包含了很多治国之道。很多时候，周人在做事前都要说明为什么做、能够做什么、应该去做什么。有一篇叫《吕刑》，讲司法执法机构对受惩罚的人要宽容，要看其动机是什么。动机好做了大错，要更多的宽容；动机不好，即便没有犯大错，也要严惩。这样，我们就可以从《尚书》里看到西周隐形的宪制结构。但是对法律思想没有突出，作为法则、法规，只是一个大的原则，居然没有分化出来，是隐然呈现的。最大的法则是要敬德，敬德保民。敬德才能保民，敬德就要修德，要孝友，要仁民，要宽刑，要慎罚，都算为政之道。系统化起来就是当时的宪法。其来源不是人民开会得来的，而是从历史政治的发展得来的，是当政者的一种智慧的反省被搜集综合出来的结果。但事实上，有三个属于已经推行的实际措施：一个是官僚制度，一个是宗法制，一个是礼制。推行的证据可以通过地下出土的青铜器铭文看出，从地上的文献资料记录看到，是实际存在的结构。《尚书》里的诰、行政条例，或者《洪范》里的整体规划，甚至于在《周礼》中对礼制、官制和官职等规划，这些都是书面的规划，这两个成为一个文字系统，我们可以把它综合起来给它一个整体的诠释，那就更成为一个宪法的构造物。所以，它里面有个隐形的宪法结构。有这个结构，宪法就变成宪制，宪法和宪制不是可以脱离出来的。在西周体制里，这个现象要看重。

关于《洪范》的文字，大家自己参考，我要补充的是五行。箕子说施政要遵照九畴，可能被刻出来成为青铜器，是五个基本要求的调整。洪范九畴，是范畴概念的来源。宪法是一种范畴的说明，包含了范畴的说明和规则的提出。为了这个目标需要整体的规划，箕子说是上天的赐予，从大禹治水时就是天给他的治国大法。天

第八章 礼、信与王制的整合

有一个权威,是怎么给的,是耳提面命,还是亲自跟你说话?中国的传达方式跟犹太人不一样。犹太人认为天要说出来,只跟摩西一个人说出来,那么谁听得到上帝的声音呢?于是就养了一大批神庙的祭司,让他们与上帝对话。可是他们是怎么对话的,不会告诉你,只会告诉你上帝是怎么与他说话的。祭司就会代表上帝与国王说话:如果所作所为不合标准,你的子孙不得繁荣,你的王国会衰败。有一批人在旁边看着你,他们代表上帝和神权,但是上帝不出现,却已经有了上帝的权威。中国的天是自然产生的,天命给了大禹存在范畴的认识。"彝伦攸叙",能够形成好的价值,形成一个秩序的基础。就是说把所呈现的价值、机构里具有伦理的价值——人应该遵守的行为的价值固定下来,使其不会消灭。此一价值观就表现为"洪范九畴"。第一是"五行",一直到第九个,九畴不是随便说的。第二是"敬用五事",对行为要有敬的态度。第三是"农用八政",食货为先,司空、司徒、司寇要怎样做,等等。第四是"协用五纪",对自然运行要重视,假如用现代的话说,就是尊重和关怀生态。一曰岁,二曰月,三曰日,等等。古代为了农业的发展,必须重视大环境。这是一二三四。然后就是第五"建用皇极",皇极为什么放在中间?为什么不是先建立皇极?皇极前面四个是自然方面的事情,后面四个是人事和行为:三德、稽疑、庶征、五福六极,这些都与人有关系。对于《洪范》的思想，过去的人没有好好分析，没有突出它的结构。把皇极摆在中间，在自然行为中掌握人的行为，这是很重要的认识。皇极是什么？涉及"用中"的问题，里面有很多重要的思想。一个人在环境中怎么能够找到客观和终极的标准，来作为价值判断的标准？这个标准通过理想的王的正直行为来实现，作为一个示范，来达到作为民之父母、以为天下王的目标。自己的德推向政治体系，最高的权威是爱民的、惠民、保民的。必须从爱民、保民和敬天的角度来实行合乎中道和终极标准的行为。一个决策或政策制定行为需要符合这些标准，包括三德：正直、刚克、柔克。采取一个正确的判断，决定很重要，把《周易》建立的卜筮系统基于天道引进来了。由此刚好看到周初政治思想里有对《周易》的关注。"念用庶征"：什么是好的征兆，什么是坏的征兆，对农业生产很重要。"岁月日时无易，百谷用成，乂用明，俊民用章，家用平康。"这些都是考虑到风调雨顺的问题。好风好雨的情况下，生活资源充足，政治治理上实现康宁。爱民之策，为政之教在爱民、惠民，实现五福：寿、富、康宁、攸好德、考终命。又长寿，又富足，康乐安宁，德行圆满，寿终正寝。达不到就是凶，就是弱，问题会很大。在政治上有这个规范，就突出了一个隐形的宪法思考。

西周的体制，是一个封建国，比犹太国家要广大。

产生一个统治的范围,所谓五服:甸服、侯服、宾服、要服、荒服,逐渐推广出去。之后是管理机构的设置,公、侯、伯、子、男五等爵位,建立了一个李峰所称的"权力代理的亲族邑制国家"。在这种情况之下思考西周礼制的发展,我们看到《周易》与《周礼》的关联。《周易》是基于经验来凝聚天人合一、知行合一的思想,从一个广博的观察深入地反思对人之所以为人的本性的道德基础,以形成群体追求发展的一个政治智慧。这就是《易传》说的那句话:"知周万物,道济天下。"这是内圣外王的原典。《易传》是孔子后期的思考成果,孔子通过观察历史与自然的演化来了解万物。《庄子》中所说的"内圣外王",其实是来自孔子对《周易》作为占卜需要背后所包含的天文之学或者宇宙图像的认识。什么叫内圣,什么叫外王,我觉得坤卦是内圣,乾卦是外王。乾坤分开就不能成就一个好体制,也就做不到生生不已。权力的德性化,德性的权力化,这是任何政治哲学必须考虑的问题。我们说《周礼》的生生不息之道,所谓"观乎人文以化成天下",《周礼》本来是持续发展的书,通过对周公本身行为的了解,我比较倾向认为《周礼》的篇章跟周公有关。《考工记》(冬官)是在汉朝补上去的。春官、夏官、秋官、冬官,构成宰相制的基础。这些都是《周易》通过自然条理的认识、人的宇宙地位的认识而得到的。从这个意义上讲,天下大同的思想基础是来自《周易》的。熊十力先生在《原儒》中提到外王是什么，对内圣有些发挥，和牟宗三先生不同。牟先生作为现代的哲学家，认为中国没有政统，熊先生认为有政统，因为他有《周易》的概念。牟宗三倾向于西方，认为只有西方才有政统，那就是民主自由。这个说法有些偏颇，没有实际考虑到周朝政治和孔子道德哲学形而上基础的含义。这涉及如何从《周礼》到《周易》的问题。

《尚书与古代政治》

最后我要谈谈我父亲的一本书。1943年，我们住在重庆。抗战后期，为了躲避日军的轰炸，我们经常要躲进防空洞。有一次轰炸把防空洞的门炸开了，一下子两千多人死掉了。当时我住在嘉陵江边一个叫作蔡家场的地方，看到那个火漫天弥漫。那是抗战非常艰苦的时候，日本军队低飞的轰炸机经常来投掷炸弹，飞走之前还用机关枪扫射人和水牛。就在那个时候，我的父亲成惕轩先生写了《尚书与古代政治》，是正中书局1943年出版的，后来在台湾有翻印，我觉得有非常重要的参考价值。我父亲是一个对古典很有修养的文人。他一生写了很多文学的作品，像骈体文、诗歌，并且关心文官制度，几十年一直做台湾的考官，重视人才的培养。《尚书与古代政治》这本书可以从北京大学图书馆找出来，第一章讲

第八章 礼、信与王制的整合

天人之际,第二章讲食货为先,第三章讲建中与建极,第四章讲明德与明伦,第五章讲谨官常。李峰的《西周的政体》就讲官僚制度,从钟鼎文看出,好的政治不只是法制,不只是德治,还有吏治。官要有个伦常。另外第六章讲崇法治,战乱中也还强调法治,其中归纳出法的概念,当时必须要有的。封建宗法建立起这么大一个国家,必须要有法。第七章讲亲民与勤政,人治必须要亲民、廉政、勤政。第八章讲揖让与和平。我看这本书有新的观感。当时整理父亲的物品时没有特别注意到这本书。《尚书与古代政治》,1943年的版本,引经据典,非常系统,这里给大家推荐一下。虽然我父亲当时并没有看到很多青铜器铭文,但他说明中国的宪制在周朝已露端倪。李学勤先生主持的"夏商周断代工程"他都没有看到,他完全从《尚书》的研究传统来了解,当时没有现在这些资料,把《尚书》的政治体系揭示出来。我觉得他对中国的宪制发微进行说明,是重大的贡献。我要说明周朝的制度怎样达到孔子的理念。关于孔子,我有一个新见,孔子有两个模型,即政法模型和德礼模型。孔子并没有反对政法。透过对春秋战国的历史发展来了解,我们看到的是:义利之辩的问题,王道霸道之辨的问题。这些问题到南宋时还成为朱熹和陈亮辩论[①]的中

---

① 陈亮主张先霸后王,朱熹则理解为王霸并用、义利兼行。

心，其中有一些纠缠还有得进一步厘清。

按照上一章的问题，自然状态中人类选择一个比较有公心的人当我们的领导，之后采用禅让选出接班人。禅让制成功的前提是人是有公心的，如果失败的话，会出现严重的问题。从行政控制的角度来说，禅让制是单薄的，孔子更推崇尧舜，而不是武王。孔子的理论是从一个好的政体中选择，如何保证坏的状态变成好的状态？金观涛认为中国古代选人机制是一个稳定的恶性循环，不断形成崩溃性的瓦解，根据本书的理论框架应如何看待？如果有人要求解释政统的渊源和变化，如何能够兼容并包地吸收古代思想家有关这两个问题的智慧？此外，从历史文献记载来看，禅让制在历史上后来逐渐消失了，为什么会失败？一种制度能够延续下来，需要什么条件？

对于以上问题我们可以做一个总体的回答：关于禅让，它是一种制度，应该说这是尧为应对当时问题而做出的一个发明。他统一各个部落，成为中原的一个共主，减少了征战，他晚年政治中的大问题就是传位的问题。当时有很多问题，尧作为一个儒家说的圣王，有一种凝合力。尧很明智，行事考虑周到，绝不自私，具有这样道德的政治人物的典型不是不可理解的。历史上很多明君到晚年都面临一个传位的问题，当时有很多要解决的

第八章 礼、信与王制的整合

问题,但这个最重要。儒家说的圣王有一种凝聚力,不自私,是人格的典型,尧当政70年,形成了一种规范,自己以身作则。大家不想让他离开,最后只好找一个继承者,我想这不是不可能。不能找些歪曲的理由来解释,说他没有成器的儿子,这是以小人之心度君子之腹。我认为禅让是个理想,希望能找到有德有能的人。它的标准是有德有能,德能达到尧的标准。尧花很多时间来考察,舜被推荐出来后,跟随尧好多年。尧了解了舜的事迹后,认为舜与自己不一样。孔子在《论语》中说,尧像天一样,是一种更为完美的无私状态。尧的德好像日月天地一样广博弘大,这是一个道德基础,体现的是公心,预设人能达到圣人境界。舜以孝悌起家,必然忠于人民和社会。尧传位给舜,把两个女儿嫁给舜,用心在协助舜走向一个更为理想的德行,体现了天地公心。中国的政治理想中,成为统治者需要有高尚的道德作为基础。儒家对人性的假设是人们会自动自发地去做"修德"这件事。很早就有一种预设,人能成为圣人。舜传位给禹,禹即使父亲被处死,还要想办法去治水。鲧治水失败,也有很多原因,抗洪治水到今天仍是很辛苦的事情。制度维持下去是很难的。制度化后为什么一定要有圣王呢?率由旧章就好了,像汉朝的萧规曹随,可以随着旧制度。这里面有很多变化的因素,权力如何集中?因为人口增多,需要更好的制度来发展。更多的仁人出现,到底该选谁，该怎么选择？从现代理论来看，政治是一种沉重的冒险。选择人成为一种很大的冒险，这要求人们变得更理性，考虑得更周到，条件设置更细腻，情况考虑得更加细致。所以原始的禅让必然要改变性质。通过耳口相传，彼此推荐，当时条件下交往有限，甚至还要通过占卜。《洪范》里讲"稽疑"，谋及庶人，谋及卿士，达到一种宽松的共识，就是考虑怎么解决困难。谋及庶人，这里包含内在的民主精神。这就看我们怎么去掌握它，认识到它的现代价值。这是我们要仔细读《尚书》的原因。

这样的话，禅让制一定要发展，后来形成了长子继承制。没有绝对理由说继承就不行。按照周礼也没有这个说法。如果禅让转化为选贤与能的民选制度，就有现在我们说的议会制度、代议制度的意义。可能是从民族国家的形成开始，宪法就代表人民的立法。宪法的原始意义只是法，有谁来立？是天命神权，还是君权立宪，也不可知，要去考察。所以，是民主立宪，还是君主立宪，我觉得不一定要说得很狭隘。

宪法就是基本大法，规范我们基本的存在。中国民国时期有"五五宪草"（五权宪法的成文草案），是王宠惠等人起草的。《洪范》是西周体制的宪制结构，没有经过人民的认可，是有效的行政制度背后的原则，关键在于如何在政治行为上彰显它的系统性和内在结构。是否

第八章 礼、信与王制的整合

得到人民的普遍认同,这是另外一个问题。政统跟治统的关系是,政统关涉大的原则,治统关涉怎么治理国家,政治不能脱离目标感。政就是要找一个为政的目标。孔子说"子帅以正,孰敢不正","正"有其道德内涵。中国历史上的政治学说,多数包含对人性的自觉考察,与人民的普遍要求相关的德性,就是德化论,是作为政治的正的标准。什么叫作正?"名不正,则言不顺。"行为不正,就会判断不正,这是一种广泛的经验主义。

终极的政治理想是什么?中国的政治追求终极的民主、自由,不是西方说的那种意思。终极的,所谓止于至善的政治。至善不只是民主、自由,还包括了比之价值更高的东西。治国平天下,齐家,要发展仁。民主自由如何能建立在更深刻的价值命题上,没有民本就没有民主。民主有三个阶段,以民为本,以民为主,人民做主。中国人从来没把绝对的自由作为终极的价值,这是西方推崇的个人主义的价值。法国人、德国人需要从中世纪的束缚中解放出来。中国基本上还是强调国泰民安的那种和谐。所以孔子说"修己以安人,修己以安百姓"。自由不能妨碍和谐,和谐不能忘记自由;民主而民本,民本而民主。中国的"政"不能跟西方的混淆,和基督教的政治是不同的。

第三个问题是说政统、治统怎么变化,如果通过三重证据法来更好地认识先秦特别是西周的政治体制,就会发现其中蕴含了民主政治。有人认为我们完全忘掉了传统，移植一种西方的体制和模式，不需要建立另一个统。从效果历史来看，我持保留的意见。选人的问题有没有西周的风格，我觉得从效果历史来看，现在的选人体制还是受到了冲击和影响。因为"文革"动乱使我们彻底丧失了一部分好风尚，但我并不认同一些学者的说法，认为中国完全丧失掉了传统，我觉得还是保存了一些好传统的。今天为了一个理性的政治理念，就像当初西周所说的，众多阶层的百姓都来参与，集思广益。理想的民选当然是个大问题，是个理想，需要别的条件。只有等人民都彼此熟悉了，通过思考和交流，并且没有私心，才能形成好的民主体制。

现在还要思考一下中国传统的文官制度、考试制度，至少我们现在已经有了公务员考试。还保存了传统的监察制度精神，现在国家设有相关的监察机构，一般公司也有董事会、监事会，可以开展独立审查。所以我并不认同金观涛所说的一个不容变易的深层结构以维持平衡，但如何取得平衡还在于不同形式的监察机构。中国有革新思想，变也是一种常，怎么变要考虑各种因素，并不是以不变应万变，像清朝那样，祖宗之法不能变，把家法当成国法。在这个基础上，反观效果历史的经验，把最好的东西呈现出来，做出一个价值选择。中国现在的发展跟任何朝代都不同，是在一个充满机会和危机的环境中表现的。

第九章　政治体系化及其全球性与现代性

合内外之道

在讨论政治体系化问题之前,我们需要对政治权力的本质先做一个回归式的确认。政治权力来自于对外在的认知,有外在的根源,但是外在的根源同时也是内在的根源,外在的根源是天命,内在的根源是人在面对一些困境和一些灾难时需要帮助。当人们无助的时候,有人会自告奋勇来承担重任,这是人作为人的内在之德。人有这个能力,有这种自信,当然会做出来。这就是德,来自于天命,然后要说明为什么人有这样的能力和天赋。

"天命"这个概念我觉得非常重要。《中庸》开篇就说"天命之谓性",天命是外在的天决定的这样一种力量,但人也有自发自主的力量,要解决矛盾,最好的办法就是把人的天命看成人的性。人的内在具有天命，天命可以显现为人的德性，这样就内外统一了，这就是合内外之道。内是自发、自主、自愿、油然而生的，我觉得这很重要的。政治的起源有一种内在的神圣感、内在的使命感。为了要帮助他人、帮助群体，来毅然决然地担当。当然这里有一种危险，要准备受苦和牺牲。在孟子看来就是"天将降大任于是人也，必先苦其心志，劳其筋骨"。反过来说，这样一种担当，既是内在的也是外在的力量。因为是内在所以是外在，因为是外在所以是内在。内在体现，外在超越。他能够以内在之德化解外在的困境，同时显现其德性的深厚基础——天是生命的原始创造力。

德化能够启发他人，所以能够同心同德、万众一心，在紧要的关头产生协力，这就是政治的力量，它有内在的基础。不一定说是天命，而是内在的德力。德力能够启发跟随者的协力。这样的认识非常重要。西方认为是上帝的力量，中国过去所说的禅让制度，其基础就是德化论，政治的开始发自于内在的领导作用。世界广大的时空里发生群体行为，有人能挺身而出，我要说的是这种力量。政治权力本身有其正当性。因为它不是施予，是帮助他人，准备付出牺牲，正是公的理想、公的价值。为大家服务，也能够带来最后的福分。它能够化险为夷，能够找到一个方向，让众人能够更好地生活。所以中国的政治有一个开始点，是政者正也。政是有一个公意的，

第九章 政治体系化及其全球性与现代性

公是从对象来说、从效果来说能启发一个天下大治的局面。如何实现公的理想就是治，在古代的体现就是禅让。

天命是内化的天命，以天命为标准，当权者借助天命强调自己的合法性。以契约作为基础来说明政治权力的来源，就是霍布斯和犹太人的神权上帝。上帝是个目标，是所有政治权力的来源。耶稣要把地上的权和天上的权分开，恺撒的归恺撒，但恺撒最后还是要归于上帝，教权要高于政权。这就是产生政教冲突的原因。瑞典在21世纪初才解除了形式上的政治对教会的依赖，说明政治来源于所谓民主和民权。中国有另一种情况，以天命为民权的代表，以民权为天命的代表。

什么是上帝？尧之前有伏羲，能够统合民众，建立文化的共同体，也可以产生政治的结构和理念。圣贤要继承下去，禅让要找继承者。天命说一定要有个上帝来任命。在犹太教里有神庙、有祭祀，所以有任何事情都要问神庙，神庙在隐秘的情况下做出命令，只要人民信任这个古老的传统，也就具有无限的权力来决定谁来作为一个君主，《旧约》里有这样一种认识。在德化论里怎么体现天命？《孟子·万章上》提到尧要传位于舜，孟子说不是天命，因为天不会讲话，很早上帝就透过人来说话。但是从摩西看来，上帝说话的方式是很隐秘的，只有摩西才能与之对话。问上帝是谁的时候，上帝说我没有名字，我就是我。

《洪范》大法的解释

《尚书》里说"天视自我民视,天听自我民听",孟子说这就是要看人民怎么表达。占卜的方式随机地显示情况,也有利于通过解释进行选择。《洪范》第七畴"稽疑"涉及占卜。占卜是关于预测的事情,一些重大的农事,影响民生,都要占卜。占和卜是有分别的,占是口述,卜用蓍草,建立在长期观察的基础上。《周易》占卜的方式可能有哲学的内涵,主要是为了脱离主观的观点,结果时好时坏。哪些占卜得到好的结果,哪些得到坏的结果,长期观察归纳下来当作参考,最后就有一种符号出现,与某种现实对应——一种诠释的对应。占卜的逻辑,主要目的是怎么做出一种决策和说明。但"稽疑"里说,要参考卿士、庶人、卜蓍三种,有三分之二的多数才能决断,这就是决策机制与方法。众端参观,集思广益,既重视经验,又重视理性。

"天视自我民视",不是主观的自以为是,而是了解真相,做出一种公共政策。第八畴"庶征"说:"岁月日时无易,百谷用成,乂用明,俊民用章,家用平康。"要是不考虑这些,就有问题。可以说是一种生态主义。"庶民惟星,星有好风,星有好雨。日月之行,则有冬有夏;月之从星,则以风雨。"日月历法,风调雨顺,要了解这些现象。《周礼》所谓天官、地官、春官、夏官、秋官、冬官，都是依据生活中的需要而进行的人为的发明创造，考虑到环境因素而采用的一种政治治理方式。最后第九筹涉及"五福六极"，设定目标，一切都是为了人民的福寿康宁，民之秉彝，好是懿德，这就是所谓的最高目的。理想的政治目标是相当清楚的。最后实现《礼记·礼运》所谓的大同之治。

中国之政统

为了实现政治的目的，为政的方式很重要，包括三者：正直、刚克、柔克。孔子在《中庸》里提到南方强还是北方强的问题。南方的强是一种柔的强，北方的强是一种刚的强，最好的强是中和而不流，刚柔兼具，什么时候是刚，什么时候是柔，不能一直刚一直柔。中和之道是一种政治态度，表现为一个沉潜和高明的政治，既深刻又长远，有一种包容性、公正性，一种对事情的价值评断。什么是刚？什么是柔？在当初《周易》逐渐发展的过程中，刚柔是与阴阳、动静、进退联系在一起的。在形式上是一种对照式的表达。《洪范》作为一个方法，最重要的是第五畴。我前面说过前四畴是有关自然状态的描述、价值的描述。第一畴我觉得缺少一个字，我曾经在中国先秦哲学认识论方面写过一篇文章，谈到"次二曰敬用五事""次三曰农用八政",而"初一曰五行"的表述中"五行"之前似乎缺少两个字,什么东西用五行?什么东西用八政?五行是基于经验观察而整合出来的对自然运行方式的认识,所以应该说"知用五行"。知,从早期的周易体系发展来看,经过经验观察整合出对自然现象的认识,总结为五行相生、相克的运行体系,显然不是随意的。在西方,希腊人的事情有哲学的基础。五行也有一种经验的基础,甚至能配合八卦来完成一种符号体系。这里说的五行,是对自然的观察。说明什么是五件人们应该关注、尊重和信任的事情。

五行、五事、八政、五纪,第五畴摆在中间,刚好是"皇极"。治理的方法和考察的方法,如何适应环境,还有对终极目的的认识,这都涉及人事。前面是客观的情况。五事,人能说,能看,能听,能想,人的行为方式可以做一个归类。这也是基于现象的观察来说明人的行为模式。这样才能很好地判断,做出政治的治理。八政包括食、货、祀、司空、司徒、司寇、宾、师,构成六卿士的功能性的政府体制。第五畴"皇极"特别重要,里面特别强调规则的概念,作为标准,叫作皇极,是整体性、根本性的,人们能够遵守这个标准,然后才能有福。不照这个做就有祸。标准是终极性的法,善的意志表达。君民都要遵从,这是一种非常重要的建制。

皇极的思想是不是与宪法有异曲同工之妙,都具有

第九章　政治体系化及其全球性与现代性

必须遵守的终极性的规范作用？遵王之义，没有偏颇，正义的标准是一种可循的方法。人们能够"无有作恶，遵王之路。无偏无党，王道荡荡；无党无偏，王道平平；无反无侧，王道正直"。因为有最高标准，会长久发展下去，支持政治体系。皇极作为客观化的标准提出，天子也需要遵从。它是一个标准、一条道路、一个法规。"法"字的写法，西周中叶就已经在铭文上出现，这个字原来是"灋"。这个字通于"政"，原来政的意思是使之正。法与政相通，政一定要有个法。政代表《洪范》的基本大法。"天生烝民，有物有则。"可以遵守的规则，具有客观性，不正可以用它来匡正。孔子说："道之以政，齐之以刑。"不是用刑法，是开阔的皇极，宪法的概念。建立一个皇极，皇代表一种权威。它是能够包含一个为政的目标，对五福有帮助。君民应该了解皇极，它是通过大家的协商、誓约、占卜等获得治理。这是共识性的规范。一种德化，凝聚成为法治的概念。

　　我父亲的那本书特别强调法治。总结来说，《洪范》这套文化意识有重大的启发性。陈述的方式有客观的基础，又有施政的用途，确立其方法和目标，基于经验所形成的为政的理念。天命不常。德性不是空谈，要变成德政，通过一个法即皇极的规范来施行。我们再综合《尚书》其他篇章，用人要考虑到关系，刑法从宽，殷鉴不远。忠诚相国、制礼作乐，对政治更进一步，不只是国泰民安，更要让人的内在德性发抒，在群体生活中和谐共处。礼是基于情，有公共性、规范性。乐是发舒的，情感上的和乐。在法之外，还有进一步的生活安排。孔子后来说的，富之而后教之。周礼和《周官》是制度性、功能性的安排。马克斯·韦伯说政治有功能性。在中国，政治要考虑到大环境，天时地利。春耕夏耨，秋收冬藏，整体化的循环，制度有天时地利的安排。禅让本身就是德化，基于早期中国长期的经验，是对生命的尊重，通过智慧转化为管理的体制。周制就是如此，在周制之下，一个是周礼的官制。周克殷之后，有五服的说法。从甸服推演出去，侯服、宾服、要服、荒服，从"平章百姓"到"协和万邦"。

周制模式

在文明的世界，每个国家要考虑跟外部的关系，在周朝已经有了以天下为己任的观念。今日之全球化还没有一个整体性的概念。我常在想，政治家、哲学家和法学家能不能在一起探讨整体的体制，创建一个协和万邦、彼此尊重、相互帮助的制度。这不是单纯的联合国的体制，而具有道德和法规意义。哈贝马斯偏向全球国际法的建制，强调的是法规体系。但这能否与个别的道德体系联系起来，进而与个别国家的目标定位和战略手段不

第九章　政治体系化及其全球性与现代性

相矛盾，产生一个多极化的整体秩序，这是一个需要回答的问题。王国的制度，周制是通过宗法和封建实现的，可以看到权力结构的展开性。上下的结构性和展开性，从道德上看，是一种对人的尊重。周礼有一种功能，有地官、天官。地官掌邦教，基础都来自周礼；所谓天官，总管一切，百官万民，协和万邦。一种展开式的中间制度，还有春官、夏官、《考工记》的冬官。"三礼"的《仪礼》，是关于社会的制礼作乐的记载。如何祭祀，如何作揖，人情需要情感的基础。周制具有礼的一种目标性，礼之用，和为贵，产生一种安和的作用。乐在其中，感受到政治即是德性或仁德的推行。如此，社会就安定了。

宗法的管理，周的权力建立于对姬姓宗族的封建上，同时也封建外姓，以卫姬姓宗族的屏帏，这是一个聪明的做法。我说理念上《洪范》作为宪制的目标，在体制上周制突显了宪制的认识，不是现代人说的宪政，不能等同。所谓宪章文武，是中国人的话，不是西方人的话，为什么要以西方作为标准？理念上体现在《洪范》、天命、德化、禅让上。转化成特殊的情况，刚好遇到启和益的选择，长子继承制变成了习惯的方式。这是历史的发展。人们刚好选择了启，即习惯性地开启了长子继承制。孟子说这就是命，黄宗羲说这是时代发展，并不能解决问题，成了坏的一面。这是不幸的。汤武革命导向周制。周制建立了封建的道德关系，以此来促进道德政治或德政,其内涵是复杂的,因为它要容纳最高的典范、宗法关系、官僚制度和礼乐的设施。这些规范都必须通过一个规范体系即诰、谟、典、教来推进与发挥作用。

《诗经》的天命感受不是官样文章,《大雅》篇是在综合开国的理想和情感,有意思的是文王建国的理想和施政方针是通过诗歌表现出来的。外在的权威,叫作上帝。上帝是通过人的德性和意志来任命君主的,不以君主的喜好为转移。所以,当君主的做法和想法有别于天命时,就不能长久。因此《诗经》和《道德经》里说"天命靡常""常与善人"。但是,上帝的天命是发挥监督的作用,所谓监观"四方",了解人民在想什么,体会人民的疾苦。夏和殷后来没能做到客观的要求,所以就没有维持下去。最后上帝告诉文王"予怀明德,不大声以色,不长夏以革",发挥内在的德性。用《洪范》的思想来说明整体的概念。《诗经·大雅·敬之》曰:"敬之敬之,天维显思,命不易哉。"天命转化为德性,"不易"是不容易的意思,不是不变。不好好努力不能以德表现天命。描述一个官吏的行为,感受到一种美好。欣赏美德,对德行向往。《诗经·大雅·烝民》有对仲山甫的怀念:"仲山甫之德,柔嘉维则。令仪令色,小心翼翼。"仲山甫遵守规则,做事很严肃、很谨慎,清风一样的态度,让人很愉快。这是对中国天命的理想说明。制度上合理化的制度建构有封建制、宗法制,这里强调周制有

第九章　政治体系化及其全球性与现代性

一个洪范。从周代到孔子，孔子扮演什么角色？现代性的基础和本体论的基础，涵盖面很广，作为焦点的认识，作为哲学的表达，比较集中在儒家传统中。中国的政治哲学很丰富，下面仅就诸子百家来分析。

　　关于中国先秦时期哲学的流派，梁启超有四家之说：儒家、道家、墨家、法家，不一定完全与实际相符。既有理念的问题，又有实际的问题。由禅让到西周的历史发展，孔子上接为政的传统，下开新的认识。在实践当中，礼是变化的。武帝以后，罢黜百家。后来的体制是不是孔子所希望的体制呢？我个人认为不是的，虽也包含了孔子部分意思，但没有真正实现。道家也有一套理念，如汉朝的文景之治虽然体现了道家的思想，也没有完全实现。墨家是不是有个完整的政治哲学呢？事实上没有，并没有体现为建国的理想和实际。墨家作为墨家团体，是游侠的组合，有它实践的模型，可以去探讨。法家有它的体制，作为法家思想体现在秦朝的政治组织和权力结构上。由于急功近利、强制过度，在短期内形成暴政，以致众叛亲离、政权崩溃，这说明法家的体制无论在内容上还是实施上都有问题。儒家在探源这方面有原始点，就开启了诸子百家。《汉书》说诸子皆出自王官，本身就有官方的色彩在里面，探讨功能性的发展。与希腊人在苏格拉底时代所谓诡辩之士说明自己政治立场、求得真理的方法不完全一样。从官方观点来说，有历史权威权力的支持作为基础，最后能得到更好发展的就是儒家。

儒家从三个方面——上承西周德性化的禅让理念，又经过周的礼制建设，再通过孔子的阐述教化，形成新的认识，终于在其他诸家无法成为主流的情形下，找到了它具有重大历史影响的权力位置。这是儒家值得我们重视的理由。但儒家并没有真正地实现它的理想，《公羊传》作为寻求治理的方案，也未能解决实际的问题。书中提出"三世说"，即据乱世、升平世，再到太平世。升平世是以国家作为基础的小康，必须上升到天下太平。公羊学对实现孔子的期待有现实意义。它很关注现实，也有历史的基础作为参考经验。规范权力合乎道德的发展，转化现实，使现实更为理想。天下太平化就是全球化，因为天下太平就是整个世界的太平。孔子作为哲学家有他的理念和理想，并形成了一个思想贯通的系统，但这个系统在实际政治制度的建立和实际政治行为的实践方面，并非完全成功，有待新的发展和时间的考验。

再论孔子的两个模型

孔子的确是个政治哲学家。关心到政，关心到治，自己又来参与。儒学关心社会发展，促进其发展，产生好的教化作用。参与有特定方式，孔子希望能够表达理念。他希望得到一种认同,以行政的考虑来行道。如何来说明孔子的两个模型?两个模型是《论语》里孔子说的:"道之以政,齐之以刑,民免而无耻;道之以德,齐之以礼,有耻且格。"这句话非常有意思。

一个模型重视法律的控制,法在古代就是刑法。在《尚书》里有《康诰》《洛诰》,如果不迁都就影响国家的发展,你们若不迁,就要惩罚你们。我提出的是创新的说法,我认为孔子并不把两者分开,并非不能同时实行,不是非此即彼的,而是可以两者兼行的。这可以从孔子自身行为和话语中得到证明。明白这一点会对儒家的政治理想有更好的认识。第二个模型是德礼,第一个模型是政刑,两者可以结合起来,成为一个可实行的治理体系。孔子并不反对依法治国,但他不主张以刑治国。在政刑模型的体系里,他觉得治理效果并不好;当然社会能够安定,混乱可以消除,但人民却没有廉耻之心,显然无法与周制相比。如果把德礼和政刑同时结合,就可以实现一个比较理想的治理状态。德礼是社会发展的基础,政法是国家建构的基础。社会的教化和国家的治理同时进行,这才是好的政治。孔子尊重周礼并希望恢复礼制,但他也考虑到了当时的形势与国情的需要,主张政法并行。

现在说孔子反对法治。孔子之前有郑国子产把刑法明文规定刻在鼎上,公之于世,晋国叔向批评其行为与古制相违。晋国后来也铸刑鼎，孔子认为这是亡国之举。以上说到《洪范》的皇极作为终极标准，是不是要把它公布呢？这是一个关键问题。国家可以有法，但如果不公布出来就无法形成公共的规则，让人们无所适从。显然，被治理者应该知道法律条文，这样就会避免不知者不为罪的争论。所以一个刑法一定要在某种程度上让人民知道。但是知道的方式是书之于铭文还是通过一种教导，值得考虑。子产铸刑鼎，公布的问题是人民知道你想什么、规定什么，对治理者就没有敬畏、没有谨慎，丧失了对权威的遵从和畏敬。人民知道法以后，可以对抗，有争端产生。刑法出来后，置周礼于何地？礼和法哪个重哪个轻？刑鼎出来后，产生了争执之心，丧失了原有的政治的整体控制力量。人民变得狡诈，国家危险。老子在《道德经》也说"法令滋彰，盗贼多生"。为政者不应把法律作为规范人民的方式，不但不能执行，还破坏了礼制，造成人民的好争之心。

《左传》里提到的法家人物包括晋法家、秦法家、齐法家，三晋的法家多数重视田制和经济的改革，秦法家重点在整合国家实力，齐法家如管子，则主要讲人民的规划。孔子的意思并不是不能有法，而是不能把法对象化和客体化，成为固定化的存在，要求人们遵守，同时又限制了立法者与司法者的判断。把法变成铭文就限制了自己，变成客观对象固定了其自身，因而限制了人们

第九章 政治体系化及其全球性与现代性

主观要求守法的意志，产生一种心态上的冲突，即是固定的法、客观化的法对德治礼治是一种侵害。孔子注意到了问题，他相信礼治、德治，不愿意看到刑法变成客观化、外在化的规范。我认为这是孔子对法的担心，他并不是不尊重法。在《论语》里，他有一番与子路关于正名的对话："名不正，则言不顺；言不顺，则事不成；事不成，则礼乐不兴；礼乐不兴，则刑罚不中；刑罚不中，则民无所措手足。"把刑法公之于世，刑罚不中，人民又怎么知道安排自己的生活呢？

从这个意义上，正名的思想并不反对刑法，反而恰好是正名所需要的，把刑法变成大家可以尊重的规范。孔子是担心礼制消失。《论语》另一篇说："不教而杀谓之虐，不戒视成谓之暴，慢令致期谓之贼。"这些是孔子的正名思想。改之为贵，有规则的法，怎能不遵从？其他的法，比如官制、度量衡，没有法制的规定，政怎么行呢？孔子的意思是说我们虽然不能周知法，但法仍然是需要的。据说他53岁做大司寇，上任不久就杀了少正卯。当然这个有争议。后来在法律和道德的结合问题上，法家本身的变化有个记录，道家变成法家，法家结合道家所说的德是天地之德，不是孔子说的德。《黄帝四经》的《经法》《十六经》，标志着道家走向法家，强调法治，各种行为必须由法治来说明。在行政上有个规则，即所谓益损。道是法的基础，法根据道而来。早期法家思想的发展历史有客观的基础和实行的方法。法家并不要废除德,依据孔子的观点,德不一定要废除法。韩非子讲法,讲权和势的时候以道为依归,有《解老》《喻老》篇。关于经法的内容,我就不多说了。我已经发挥了德的意涵,至于德怎么成为性,德怎么配合义,德怎么形成仁,整个形成伦理的道德体系来作为德治的基础,这需要我们进一步了解。

没有对道德的认识,便无法了解价值判断的基础。在这方面,孔子用道德价值的判断来衡量鲁国的《春秋》。从隐公到哀公的行政评述,这是公羊学的开始。总结来说,孔子不否定法治,法治也不否定德治。在春秋时代,孔子的政治理想包含了这两个成分。他想要整合这两个系统。孔子的整体模式,今后还需要解释两个重要的问题,这个问题涵摄了后来的荀子。同时要考虑到整个体制的本体宇宙论的基础,不管是儒家的道德观还是法家的法律观,都有这个基础。此一基础再结合治理需要和经验思考,逐渐形成一个治理国家的制度。

最后需要做一个整体的说明,与现代西方再进行对比。德化论的体系到了现代,理想的政治发展就是以后世界的发展,顺便要说孔子这个体系就是结合了诸子百家的观点。我觉得儒家基于一个早期的为政经验,有德化论的理想。是不是有一种开放的态度,允许其他诸家对儒学的体制有更好的说明,这是我所关心的。对于孔

第九章 政治体系化及其全球性与现代性

子的德礼系统还需要从哲学上发挥，这涉及内圣外王的问题。

如果有学者提问：本书上一章谈到了《洪范》里的"皇极"概念，其中提出"无偏无党，王道荡荡"，再反过来是"无党无偏，王道平平"，只是字面上倒过来，还是蕴含什么深意？

我们可以这样回答这个问题：从字面来说，我觉得是要说明王道有些特性，只说它是平平，不够生动，这还不能说明政治的最好状态，要有一种力量，荡荡的活力、生命力，具有发展力的流波。这并不只是为了修辞的需要来说明这个状态。一定是有具体含义的，一定是有理由的。王道有最低限度的平平，另外有一种浩大的力量。无偏无党，无党无偏，我们可以找到一些实质的意义。党是大家主动的结合意见，所谓结党成群，在形成"皇极"的时候，个别集团的意见也不会妨碍王道的运行。那些具有个别意见的想法不会造成反面的作用。偏就是本身的行为不正，受到个别党见偏见的左右，本身不能持衡持中。需要寻求一种群体性的和谐，没有偏见，没有偏斜，这样就是浩浩荡荡。同样，民众心甘情愿，没有阻力，自己的发展也没有偏斜，这样的话就很平坦。先求自己无偏，再求别人没有反对，或先求别人反对，再求自己无偏。

如果用现代语言来说，就是寻找利益平衡点。用中道与和谐来创造平衡，具体落实到利益与道义的平衡、个体与群体的平衡，不一定立即与纯粹的利益挂钩，这是一种理想的追求。所谓"无党无偏"，在认识上就是以大众利益均衡为均衡，然后形成大众和当政者之间利益的平衡。

假如有人问：从本书理论体系看，"皇极"是要建立终极的准则，而《中庸》上说"极高明而道中庸"，又说中庸是非常困难的，所谓"中庸不可能也"。余英时先生在《朱熹的历史世界》中又探讨了南宋道学家们关于"皇极"的争论。朱熹特别反对把"皇极"解释为"中和"，而把它解释为"君极"。那么依照本书的理论，中庸跟皇极有什么关系呢？有关儒家历史哲学的时间观，在比较宗教学里，通常会说基督教有耶稣的创世、受伤、受难、升天、再来、审判、世界的终结。与之相比，儒家的时间观却有不同的说法，以三代为黄金理想社会，是一种远古追溯的时间观。《公羊传》有三世之说，有点线性，是指向未来；另外还有一治一乱的循环论的时间观，甚至说道生生不息，这是完全开放式的，没有终结的时间观。我有点迷惑，时间观到底是什么样？《推背图》所反映的关于历史或者政治观念的方法是什么样的？本书在建立政治和历史的模型时有理论佐证观点吗？也可能有读者会问到儒家政治哲学之普遍的方法论

第九章　政治体系化及其全球性与现代性

和世界观基础，孔子的两个模型——政法、德礼，尚中贵和，政法之间怎么贯彻？德礼之间怎么贯彻？政法与德礼之间的关系如何贯彻？还有一个问题是关于《洪范》的政治理念。政治体系中的主客体，主体是天还是人，统治的客体是天下的万物还是百姓？这可能是最基本的问题。再回到宪制的问题。谈到宪制我们一般倾向于跟西方对比，是建立在契约基础上的对王权的限制，中国主要是宪章、大法在道德上的制约。规范君主的道统要落实在具体制度层面，马上得天下，通过武力取得政权，然后胜者为王败者寇，用天命的转移来论证合法性，没有用政统、君道、绝对精神开出一个制度化的路径。

对于以上问题我们可以做如下总体回答：首先关于宪制，是要跟西方对照，追溯到契约论、德化论的原因，不能简单地对照起来，牟宗三先生认为西方人有政道，中国人没有政道，牟先生没有很好地反思，出土资料有对西周之前禅让制的实践。假如把契约当成理想的状态，犹太人怎么知道他们跟上帝有个契约？是他们自己感受到有这个契约。同样在中国德化论看来，尧、舜站出来为政是种大公无私的行为，是可以想象的，他们要担当大任，具有责任感，这需要高贵的德行。所谓宪制，按照原意是要关注治理之道的基础。这个基础性说明体现在《洪范》皇极篇中，来自于天命。

在西方，英国的《大宪章》《权利法案》，从13世纪开始都有了发展，好像就是在规范皇权，确认人民的权利。中国是更深刻地考虑到政治的基础及其发展方向，并不排除人民有其一定的地位，《洪范》篇的宗旨就是为了人民，人民可以说话，庶民可以乡举里选。人民可以发出声音，如《诗经》所载的相关篇章。从《孟子》来看，汤武革命有其合法性。君子大公无私，《易经》的革卦，顺乎天，应乎人。改革和发展新的制度也是大公无私，并没有否定民权，不能以英国的《大宪章》《权利法案》为唯一标准。洛克的自然权利构想有中国儒家哲学重视自然权利的理想因素在里面，美国的《独立宣言》和1787年《联邦宪法》也明确了人民应该有的地位，通过民选实现政府治理、发展和权力转移，只是中国没有发展到那种状态。乡举里选，选贤举能，咨询民众，古老的传统包含这些，只不过没有明确提出来。早期中国的理想政治不能说没有这些规划，问卿士、问庶民，卿士是不是有代理人的意思和代议制的成分？百姓是怎么表达的？谁来表达？有为民说话的机制在里面。监察史说明要从人民立场监察皇帝的行为。古代的巫、史都具有限制皇权的作用，但没有发展出来。

皇极是要避免汤武革命那样牺牲人民的大变革，和平安定地持续发展，后来变成打江山，是一种历史的变态，是离开理想政治、离开《洪范》规划的畸形发展。以天下为己任，以天下为重，首先要无私，有德有能。

第九章　政治体系化及其全球性与现代性

政府既然有责任，人民当然有权利，权利与责任是相对应的，是相互联系在一起的。我对你有责任，我对你做事，你有权利要求我承担责任。子女不明确提出，但他们有权利要求父母尽到看护的义务，这是源于自然的权利。父母对子女的责任，就是子女对父母的权利。孝道也是，父母有权利要求子女履行孝道。权利的实行跟自然法有关系。如果有一天孝道不需要了，责任由国家来担当，养老院来养护，子女就没有权利了。中国并不是没有权利观念。民权、代议制的精神原理，通过《洪范》等《尚书》篇章的论说体现出来，没有反对人民的权利，不能用西方很具体的事例来反对中国一般性的认知。

关于主体性和客体性的问题，政治的主体性就在于有什么样的主权，主权来自于什么。来自于人有德，把天命转化成为自己的内德，表现在人民，施惠于人，这就是主体性，能够管理人的能力和德性。对象当然就是天下，不是天作为主体，而是德化成为人的主体。德礼能够感染大众，尧、舜、禹自己不能违反德礼的要求。要达到目标，还有一种制度的保障，走向政法制度，守中贵和。

德治与法治，都可以说是基本的目标，长治久安不是自己产生的，把法治变成德治，把政法转化成为自身能够持续发展的和谐社会，不是外在因素所形成的，是通过一种内在德性维护形成的。不是每个人在经济上得到很多实惠才会有和谐。按照儒家的观点,君子固穷,但还有德,还有亲情。"和"有多面的意思,有法、德、政、治的意思。至于皇极是不是中和,应该把标准与标准的应用分开,终极的标准,客观的认识,不断深化。宪法本身也可以改变,美国1787年《联邦宪法》到现在,修正案有26条,宪法本身可以修改,要实事求是,与时俱进。实际是会变化的,生态环境不一样,有些法要改变。怎么去用这个法,用的是否合乎"中",要考虑具体的情况,天时地利,具体问题具体对待,一方面法的精神没有丧失,另一方面法的应用也恰到好处。是人在用法,人的素质不行,就会乱用法。用法就是彰显法里面潜在的德性,用就是"中",既不是极端,又不是缺少,而是恰到好处。因为这是特殊时代的问题、特殊紧急的问题,要解决关键的问题。宇宙的变化,与人的关系有复杂的联系。用到好处,建立范例,不成文法就是建立范例,法律的解释是靠大法官,法官要是滥用就会伤害人民。我觉得中庸主张从具体情况考虑法的应用是有价值的,也就是说不考虑恰当不恰当,就把法直接用上去那是不合理的,所以中庸就是中用,实际的考察、调研和审理,然后做出判断。

至于说儒家的时间观,我要到最后提到政治的本体性基础时再说。有两种时间,人所规划的时间和自然呈现的时间,还有一个本体论的时间。从中国易学和对生

第九章　政治体系化及其全球性与现代性

命的理解来说，时间是正面的，不会用完的，不断生息的，每次都有生命力，是太极时间，是让生命不断的改革，都有机会，很乐观的生命哲学。但这种情况下，你怎么规划自己的时间，怎么在生命的有限时间里来发挥自己的德，是个人的德性修养问题。这个时间是自己定的时间表。在政治里要发展群体人民的利益，赋予其发展的形态，作为行政者，要去定一个时间表，整体时间之下，发挥自己发展的可能。所谓生生不息，无往不复。从太极时间来说，如果这个定不好，历史会重演；如果定得好，就会生生不息。

我曾经研究过刘伯温的管理思想。刘伯温辅佐朱元璋开国，后来传说中他有《烧饼歌》的预言。从易学的眼光来看，历史有一定的发展轨道。从人的一种变化来说，看到下一个状态，才能有预说的可能，是基于需要所做出的诠释。关于皇极，它是极点，可以形成"中"。皇极既是高明又是中庸，皇极的思想是很高的理想，也是作为标准的衡量的尺度，用的时候要考虑到具体的情况。这是用的智慧，不然就变成实用主义，任何时候都是利益最大化了。中庸是一种过程和方法上的要求，两者并不矛盾，是相互激荡的。

第十章　本体基础的接引

大中之政

针对这个主题,我自己写过一个文本。近年来,对于这个问题的探讨又有了新的发展,是自梁启超以来最新的发展。

我们谈到中国哲学的六大特性及其发展方向,现在有个"跳动",即辩证的、创造性的转化。天下变成民族国家,全球化中的大一统之后又分权,民本向民主发展的趋势,社会分配是在社会资本主义和国家资本主义之间的一个调适,是伦理和法之间的一种发展。我认为中国政治哲学是动态的,在两极之间建立一个和谐、一个平衡,是天命与民命、天下秩序与民族国家、大一统与分权、民本与民有、社会资本与国家资本、伦理和法律之间的平衡。重点是研究方法的创新,国学研究、中国

第十章 本体基础的接引

政治哲学的建立都需要有新的研究方法。

回顾疑古与信古的问题，怎样找到中国哲学的原型与典范？今天把中国政治哲学摆在中西哲学比照的视野下，其实最主要的是知己知彼。西方主要是契约论，梁启超只考虑到霍布斯和洛克，其实卢梭并没有完成自己的理论，并没有统合霍布斯和洛克及其"囚徒困境"。把梁启超作为一个起点，到我这里做了新的哲学推动——契约论在全球化时代的应用，与德化论进行比较、发挥，这涉及权力的内在超越性与权力的外在超越性。西方启蒙哲学与儒学有关系，西方是从信仰到伦理，中国从《周易》到《周礼》，体现出中国政治哲学的发展轨迹。

禅让制度是中国社会的起点，为政的最终基础在禅让与天命——唐虞之道。从马克斯·韦伯的观点来看，功能越来越细化，从尧到舜，选贤与能，建立在民主化的基础上。权力的转移都有一个客观化、扩大化、群体化的趋势。德化是中国主流的思想，《尚书·皋陶谟》、楚简《容成氏》、汤武革命，表明为政者以民为天。这就是我们的政统。西周的体制掌握了民心，掌握了天命，天命之谓民命，天视自我民视。从《周易》到《周礼》，建立了一个政治体系，表明了政治权力的分化。我们重视西周的体制包括其官僚化与宗法化，产生一个宪制的概念，其中有客观的法律，也有主观的认同，并在二者的基础上产生了功能不同的政治措施。

我们再回到《洪范》，作为一个宪制模型，叫作皇极，即宏大的规范，是施政的基础。这是孔子所说的政法模型的理想化模型。我们可以把它叫作孔子为政的第一个模型。但考虑到农工、国防、外交、军事的问题，这是基本大法，承先启后，是天道与人道的生态沟通。然后再实现一个人民的德性，听从为政者的劝告，了解民情，做出决定。《洪范》提倡追求一个包含丰富内容的幸福：长寿、富有、康宁、攸好德、考终命。考虑周遭环境的走向，贫弱忧疾恶，天命不为常，在孝友，在惠民，重视法律、历史经验、天命感受。《洪范》不止是个历史文件。董仲舒提出"天人三策"，《春秋繁露·深察名号》中有曰："治天下之端，在审辨大。辨大之端，在深察名号。……名号之正，取之天地，天地为名号之大义也。"这个传统是发展洪范大法的基础。洪范就是大中、中道，一直到唐朝的《尚书正义》都沿袭这个说法。后来朱熹提出新的看法，认为"大中"不能完全掌握洪范的意义。朱熹强调变中之不变，强调洪范的终极性和客观性。治政以规范为先，人君以皇极为准。南宋的真德秀把皇极看成太极。我认为把皇极看成太极，是为了说明君主掌权的合法性，但是君主如果不是修德有为的人，就会变成君主的独裁。洪范不是为了君权独裁，这不是朱熹的原意。我想朱熹的原意是皇帝要遵守"皇极"，如果把"皇极"只是看成"大中"就太主观了。

综合来讲，应该说洪范应该有大中之政的意思，这当然就是一个相当重要的宪法概念。在客观性上是一个政的标准，用的话要求中，要求正。从天命到禅让，从西周建立礼乐制度到洪范的建立，孔子进一步产生两个模型的认识。政刑——道之以政，齐之以刑，孔子并不反对刑法；道之以德，齐之以礼，孔子是怎么样的思维呢？这是两个行政的方式，他并不认为只有这两个方式。有的诸侯国以政刑为主，秦国为代表。把刑治扩大，成为晋国、齐国的法家。只是强调政与法，不能完全把人的生命的价值实现出来，孔子批评把刑法公布出来。郑国子产，把刑律刻在鼎上面，这样人们就会以刑鼎作为标准，谁还尊重君主呢？谁还谋求道德上的修持呢？只求免而无耻而已。如果没有对人的价值追求的动力，没有一种责任心，就无法提高人的品格，实现做人的价值理想。如果仅是完成社会要求的底线目标，这样的人就非常被动，变成梁启超所说的机械化的人了。

法治与德治

孔子并没有反对法治，他的政治理想及其对政治哲学的认识往往考虑到传统的含义。孔子的行政经验显示他对法治很重视，但并不局限于一个狭隘的刑罚上面。刑罚作为匡正社会不良现象的手段有其一定的重要性。

尽管我们仍然无法证明孔子因为少正卯造谣生事而杀死了他，但此事却说明孔子对刑罚的重要性有着清楚的认识。他做了大司寇，也许他更强调每个人都应有一种自我管理的德性来维护社会秩序，而不必依赖刑法。法是个正名的问题，刑法必须考虑到合适不合适。法律意思，不变之法，人格关系，社会需要这样一个架构，需要责任与权力的定位。怎么惩罚？怎么奖赏？善恶是非，最后就是关于界定权限和名实。异名乱世，异世乱名。有些国家法律很多，实行起来很困难，彼此推诿，这是一个正名方面的问题。为了沟通和条理，为了社会有序的发展，需要法律。

政法是在宪法的基础上规定存在结构。孔子重法，但并不以刑罚作为治理的首要条件，他是反对滥用刑法的。我觉得中国法律观念基本上有两个发展方向，基于道，基于个人权利或者秩序的掌权。法家的法，韩非要把道与法、德与刑联系起来，都是基于刑和名相配合的考虑。汉初黄老之术，考虑如何把道法结合起来，法是方法的法，是主观的，但是有目的性。治理之法，实现一个目标，是基本的标准。变成一种制度的法，再变成一种根本的法、基本的法，有丰富的内涵以及不同的层次，就会把法变成法治。汉初鉴于法家的失败，考虑到法的重要性及其意义。韩非把老子作为法家的基础来源，对法家的认识有不同的层面、不同的主体性与客观性。

《洪范》把主体的法与客观的法结合在一起，客观的法与自然的规则结合在一起，形成一个大法的客观法的基础，客观法作为主观法的基础。

第二个模型就是德礼。礼基于内在的同情心而产生外在化的优势，所以"克己复礼为仁"。礼不是靠外在的权威，而是有内在的人性作为基础。外在化往客观方面发展就变成法，就变成一个外在的权利规定，礼是双面的，外化建立在内化的德的基础上。所以治理很重要。孔子的一个基本认识，有耻且格，耻是自我管理、自我约束，是个人的社会人格，是内在的道德意识。没有格就是没有把它看成某种价值成就的存在，无格就是禽兽的状态，有耻且格是中国哲学中所掌握的一个对人培养的要求。政治哲学离不开道德哲学，是内在的学问，是整体的学问。伦理的逻辑性，理性与心性的关系，心有一个感情的基础。心是情的内涵，是对理性情心志的认识。必须对心性哲学加以认识。心性哲学是中国道德哲学对仁、义、礼或法的认识的基础。

孔子模式是什么？深度的标准，前面有个正的理想、法的规范。法里面包含了刑法。政法的框架上强调德的重要性，实际上是个道德的基础。德往上有规则，外在化就变成政法，内在化就变成礼与教。教的问题是富之教之，能够安民，修己以安民。安是让大家安定下来，老百姓能够繁荣富有，受教育，有礼有序，建立道德的秩序。刑法是针对完全不能改善的人的处置。我认为孔子的政治模式是结合了政法与德礼，加上《论语》关于政的提法。深度背景就是历史呈现孔子自己的关心，首先有个天命，孔子说"五十而知天命"，天命的客观世界，宇宙的秩序的认识，这是个变动的秩序，具有内在的合理性。《周易》的眼光，是个生生而有条理的宇宙。遵循天地规则，人们可以发挥它的创造力，突显出自己的一个权力，受到人们的爱护，当仁不让，为民解决问题。这里有创新的意念，走出家庭，走向社群，基本上是无私的行为方式。天命的背后有个《周易》的基础。《周易》或《尚书》到《周礼》，就产生洪范和大中至正的观念，形成基本规范。

  这个基本规范外在的是法，内在的是德，有体有用，内在的是体，外在的是用。从洪范九畴来看，皇极是最高的，处于洪范九畴中间的位置。从易学来看突显出太极的地位。这是运用易学系统中自然创造化和自然条理的精神。既用于君，又用于民，皇极统合君与民，君民有基本的平等。君惠民，民尊君，都建立在洪范的基础上，这样才能产生一种礼乐，都在洪范的一个法的架构里面。规范君和民的关系，这是很好的认识，体现法与道、法与德相互关联的一个理念。这个理念，从孔子来说是不是做到了，这是一个问题。孔子作《春秋》，以鲁国的历史为标准具体地描述臣与民的关系，给具体的历史一个基于天命、洪范的道德和价值评判，这就是所谓《春秋》之义。

后来孟子说仁政、王道，仁政是惠民利民的措施，王道是系统化的建设，代表了一种道德情感或道德理性以及工具理性的运用。把亚里士多德的伦理性转化为政治伦理。问题是如何认识孟子的王霸之说。霸有两个含义，禅让不是霸，禅让是一种天理。君子以天地生物之心为心，没有私欲，目的就是为了民。王道区别于霸道。霸道有私心，依靠纯粹的武力、外力的制裁。王道要服人之口、服人之心，不用武力强力达到目标。所以霸道的出发点是私心，行为的方式是武力而不是德化。孟子非常反对霸道，甚至认为晋文公、齐桓公都是霸主，有私心在里面。很奇怪的是，为什么孔子认为管仲有仁的一面。很复杂的是要考虑到一个霸道的行为，如果能够产生一种仁义的结果，基于文明道德的动机，我们应该给予承认。汤武革命也有道理，不管是桀还是纣，首先降低了自己的人格，他们已经不是君，只是一介之夫，诛杀其并非弑君之罪。从孔子到孟子，儒家不是不讲究法，法与法的应用都有道德的含义。

人治与法治

法家的法没有考虑到出发点，法没有一个道德的目标和动机，不能使人们感受到一种利益、一种福慧，就像苛政，苛政猛于虎。苛政是无法逃的。法讲求一个动机结果和目标和方式，必须以人为本。人治与法治分不开，人治也是梁启超强调的，法没有人无法推行，好的法没有人，"徒法不足以自行"。那么人治就很好吗？再回到王霸的问题，陈亮认为不能只讲王道，要讲霸业。朱子听了很不高兴，儒家怎么能讲霸道。陈亮说要义利兼行，王霸并用。朱子写信警告陈亮，不要谈霸业和功利，这有害于大道。当然，朱子对中国历史中政治的发展是持消极和批判的态度的。他认为三代之后没有王道，三代指的是禹、汤、文武，其实这三代实行的也不都是王道。因为这三代发展出来的政治格局是长子继承制的家天下，不像尧舜时代的禅让制表现出来的是公心。那么我们怎样解释朱子仍然维护其所处的政治格局，强调君权之治呢？显然朱子的政治哲学前后有说不通的地方，他批评陈亮讲霸道有问题，也许他并不了解陈亮。陈亮主张霸道，说用武力恢复中原，不能用王道对付金人。朱子提到恢复失地，说我们要行王道，团结人心，但这样不能使金人来顺服。说的神一点，有这个可能性，就像孔子说的天下大治：远者来，近者悦，不战而屈人之兵。在没有达到这种境况前，如何实现正义之战？

我觉得国防——政治上的一种防卫，为正义而战，并没有离开王道。现代人不知道儒家王道的内涵，历史本身是善恶混杂的，孔子称赞管仲还是从效果论来说的，不是说人们不考虑立德立功的重要性。儒家在这一点上认识更应深刻一点。王道涉及公私的问题，私心，往往有道德的含义。私人的行为，个人的一种隐私权利或者个人合法的私利，这个不应该与公心矛盾。但在传统中，一谈到私就是坏的，需要正名。孔子认为君臣、父子都有潜在的要求，承认人有基本权利，必须维护合情合理的个人权益。人的价值要求反映在生活的情感和欲望上，就是对权利的维护。私心有道德上的贬义，但必须要有私人空间，这是基于自然生发的权利。内心的表达、审美的需要，个人表达也有道德权利和道德内涵。还有一点，即使人们有私心私欲，在一个生活的世界里，有一个反面的效果。如果把私心私欲限定在一个框架中，这种私心私欲也有促使人们向上追求的作用，也许能够被社会所接受。就像我们今天处在一个开放的市场经济环境中，人们基于私心的竞争也能为社会所接受一样。在儒家传统的历史发展中，以原始的易学为背景，到《尚书》所记载的三代，再到作为集大成者的孔子，最后经过孟子到荀子，展现了一个内容丰富的过程，其中的矛盾与扞格也是可以说明的。

　　荀子把法治看得很重要。从德到法，《荀子·王制》篇提到以圣人来规范。一个人出来，有勇气，能担当，不自私，这个人能得到人们真正的信崇，为人民立法，建立道德秩序。这就更好地发挥了孔子谈的礼。礼是基于德的,时代不一样,人们能不能更客观地掌握比较不变的礼,保持基本的持续,通过礼法来完成,防范人的自私和贪欲。经过圣人的开化和教育,人们也能走向善。孔、荀并不冲突,有个制度性礼法的规范,有教化作为基础,人之善的性才能表达出来。荀子假设人在表面上是自私的,没有经过教化是自私的,但经过圣人的教化和礼乐的洗礼,人们也能走向善。其实荀子与孟子并不绝对冲突。因为制度性的礼法规范有教化作为基础,人的善性才能表达出来。这与西方基督教和契约论讲的人之恶是不一样的。在这个意义上,孟子更像尧和舜,荀子则更像周公和孔子,荀子要为大家立法。我的看法与传统不一样。孔子曾问,天何言哉。我的回答是,孔子以为天不说话,只是显示它的生化包含着万物的功能。荀子认为天既可受到崇敬,又可加以利用。我们读到《大学》中有关人之修身的发展,以及《礼运》篇中有关大同世界的描写,说明人既可以主动又可以依照天理来完善个人与社会。这可以看作显示了中国哲学发展的方向和中国政治哲学全球化的一个理想。

天人合一——本体论的接引

接下来,我开始讲中国政治哲学本体论的问题。中国哲学跟西方哲学的不同，就在于它有宇宙论的根源性和基础性。西方人的哲学基础是超越、超绝的形而上实体，中国哲学是内在的超越。西方从早期就信奉犹太人的宗教，认为上帝是耶和华，而且上帝是超越的，是看不到的，他的话只能通过祭司告诉人。祭司掌握了传统，建立了基本的说辞。所以解释权在祭司。在中国，《易传》有对宇宙论和存有论的说明，体现在天命说的创建，这是靠巫和史来解释的。由谁来解释上天的意志就决定了中西哲学不同的走向。中国没有走向神权，是因为中国的天很接近人，天人合一，人是天的一部分。只是看你个人发展好不好。天受人民的拥护，人要替天行道，所谓"非道弘人，人能弘道"。人若发展的不好，就要不断地修行自己，约束自己，自我完善。人永远自强不息，因为有天道在里面。所以《周易》哲学提供了天道的基础，这不是神秘主义，不是宗教的原始信仰，而是一个由观察天地到反思自我的过程。我这样来说明《周易》的产生。人的产生有世界性，他与一般自然物不一样，他能自觉和他觉，他能看世界。在没有认识自己之前，先要认识世界。有了对世界的知识，就能够认识自己。这个要对宇宙的本体有基本的认识。宇宙是如何发展出一套体系的？《周易》是"三易"最后累积起来的体系，它是我们的认识论和价值论的基础。

　　《周易》带给我们本源性、体系性的存在解释，就产生了一个和谐的总目标,万物并流,道并行,然而殊途同归。原始的概念再加上天命的本体发展,是元亨利贞的,是一种生命力的创化。"乾道变化,各正性命,保合太和,乃利贞。"自己发展的能力就是掌握宇宙的能力。只有坚定地涵养性命,才能继其善,成其性,把宇宙的富有价值内涵的道理经过我们的体会和反思化成自己的一部分。这是"我"建立"我自己"的过程。人本来是懵懵懂懂、没有内涵的,只有观物,只有与宇宙化为一体,才能明白太极是什么,才能拥有自强不息、厚德载物的生命力,进而产生人文化成的理想,形成一体多元的格局。宋明理学讲理一分殊,就是很好的说明。从乾坤和合、一进一退、一开一合的变化中,从世事变化到日月运行、正反交替的过程中,我们仿佛看到数学上的二进制运转,这是自然最原始的规则,也是存在的基本规则。由此可以了解事物依据这种循环往复向前发展,阴阳再阴阳,再再阴阳,川流不息,形成了个别的物类和性别,生成各具其性的万物,世界变得丰富多彩。

然而这个过程需要某种整合,当中有很多不完美。要相互沟通和整合,来弥补自己的过失,就是所谓的创造性转化。然而这种转化不是毁灭性的,而是在途中找到积极的创造,提升自己,因此不能用黑格尔三段论的辩证法来理解。黑格尔的辩证法很机械主义,很僵直,反就是对正的彻底反叛。我提到和谐化的辩证法,比黑格尔的三段论更有生命力和解释力。恩格斯把三段论当成自然的辩证法原则,然而把它应用到人文领域,就不是说反就能反的,人类历史不能一笔勾销,不能把人重新彻底改造,人不可能完全的变化,还要保持自己原来的一面,所谓变化气质而已。这是一个有机性的内外感通、正反离合的过程。反不是彻底的反面。从这个意义讲,人类不断地发展。所以《周易》里有"既济"和"未济卦":既济表示已经达到一种美好的境界;未济表示还有一个更好的未来,好上加好,所以这是向未来无限开放的。我们现在对孔子讲大同世界存在误解。孔子的大同世界是从《礼运》篇来的,孔子讲周礼也是从《周易》来的。从《周易》的世界来讲,大同世界就是一个理想的产物,是受到西方乌托邦的影响,尤其受到柏拉图的影响。乌托邦要求把一切都打破,打破了所有界限,这是消解的辩证法,这就走入了佛家的境界,成为了非色非非色的一种玄妙境界;这就把所有人变成玄妙的非有非非有,这与存在的原则是不合的。存在的原则即是个体化的,不断变化的,生生不已的。而柏拉图的理性世界中理念是绝对不变的,这就形成了鲜明的对比。康有为的理想世界打破所有阶级,变成纯粹的乌托邦,这与事实的存在原则、与《周易》的世界是相冲突的。

从《中庸》的文本来看,它是比较晚出的,然而作为思想早就存在了。《中庸》基本构成有两部分,大多引用了孔子的话，其基本思想是天命和性不能分开。孔子说"五十而知天命"，知道天命就是知道自己，"天命之谓性"，不知道自己就不知道天命。过去对儒学的了解不够深入，我们要掌握这些话的内在含义。所谓"修道之谓教"，自己以认识自己来认知他人与世界，在与他人的互动交往中相互发展，教育最终以道为目标。人应该有创发的能力，即个体性创造性的能力来完成人的自我教化，实现人对生命的认同。因此说，中国人更接近自然和人文。大家只要学就能有成就。西方的学要通过上帝作为中介，要经过很多年，从摩西到耶稣有几百年。耶稣出来说他是上帝的儿子，就没有人敢再说这个话，人们就只能信不能教。中国没有超越的上帝，其信仰是伦理的。这里可以看出，"唯天下至诚为能尽其性"就是要认识自己。然而，这与苏格拉底的"认识自己"还不一样。苏格拉底要突显一个超越的神庙的神灵，是超越生命之外的东西。苏格拉底讲哲学是对死亡认识的学问，而中国儒学是对生命的体验和阐发。孔子说"未知生焉知死"；孟子讲尽心、知性、知天，存心、养性、事天，尽己之心就能知其性，知其性则知天。尽物之性，就能参加天地之化育。这是**整体的生态宇宙**。

孙中山先生提出从自然进化论到道德进化论，他有一个创见，认为近代西方充满战争。我认为中国维持了文化的整合，在民族融合上很开阔、很灵活，在文化上像长江、黄河一样体现出一种气势、一种道德和谐。西方强调弱肉强食，达尔文提出生物进化论，影响到哲学家的心态，包括纳粹企图征服欧洲。法国和英国有宿怨，德国要征服欧洲。日本把进化论作为基础，学德国来蚕食、侵占朝鲜半岛和中国，想与美国一较高下。这样的进化论不是原来霍布斯的意思，这是现代把政治手段化理解的结果，是一种私欲私权的发挥。从中国德化论的角度讲，这是绝对的私心，不合乎人之自然内在的人性要求。更多人感受到人心与天道有内在的结合，并不因为少数人的雄心野心就能消失掉。

进化论认定生物之间是弱肉强食的竞争模式。虽然人并不是禽兽，但人与禽兽的差别是很小的，瞬间就可以从人性堕落到兽性。人性也是要自然发展，在更大的宇宙发展中，人之为人不是那么容易，也是进化而来的。这是一种创化，其根源在于能掌握宇宙生存的价值创造力，能发挥自己实现这个创造力。就是孔子说的"人能弘道"的意思。孙中山说的道德进化论就不是零和游戏，是共生共存、共同繁荣的精神，以强济弱，以富济贫。大家有一种共性，来追求更高的存在。不是在争斗、争食物，科学创造都来帮助解决人的问题，人类应该了解个人的成功代表他有能力去帮助他人。孔子说："近者悦，远者来。"人需要互相帮助，在经济学上，阿马蒂亚·森提出穷人经济，产生一种信念。诺贝尔和平奖得主尤努斯发明"穷人银行",提出我们要有一种信念,不但要帮助穷人,而且要相信家人。因为人性无论穷富,都能进行道德的提升与净化。道德进化的实现,无须把霍布斯契约论作为基础,无论洛克还是卢梭、康德,逻辑思考、契约论精神,主要是彰显人的共生和互助的需要。今后实现全球化的两种力量,一个是霸权的意志,纯粹由暴力实现私欲;另外一种是通过正义的力量实现道义。了解天道和人道,让人们更好地掌握人的本性,实现人的生命的价值。

谈到圣人出,是个假设。墨子也是这样说的。天意是自我的感受,天志是外在化的权威所在,代表它的是巨子。荀子说我们可以崇拜天,也可以利用天。圣人出,儒家才有了禅让制的产生。人有关心其后代的本性,成立家庭是自然的路向,也有道德的含义。由于中国生活资源十分丰富,并不需要事事进行生存斗争,但是为了消除自然的灾害和抵抗外族的侵略,必须要有人出来担当领袖,这是圣人的来源,也是一个自然发展的过程,从而导向国家的发展。从民族文化的发展来看,燧人氏发明了火,伏羲氏驯养了羊,就自然变成了部落领袖。这种文明的发展显示了人的发展和动物不一样,并不是自相残杀的。然后才能够逐渐进入道德性的建立,圣人由此而生也成为自然的了。

我提出德化论的社会起源说是有道理的。从德化论

第十章 本体基础的接引

眼光看,德化的一个程度一定要立法。禅让应该规划出来,洪范就是这个规划。通过汤武革命,有了一个君。理想与理念一旦有了之后,作为一个价值标准,还有一种重要的影响。探讨中国政治哲学的源头,要看到效果历史的重要性。在这个过程中,每个族群的发展都有历史的因素,也有因环境不同而形成的不同生态。

第十一章　中国政治哲学的贯通：本、体、知、用、行

《大学》的体系化

《大学》可以看成是孔孟伦理与政治哲学的一个体系化系统：格物致知、诚意正心、修己与齐家、治国与平天下。它的前提在何处？仁义的心性哲学以及维持仁义的生生不已的《周易》哲学，我们可以发挥之。

西方人很需要深入了解中国。我个人认为，从唐朝到宋朝，大家已经认识到传统儒家主流的核心思想，认识到传统政治哲学的重要性。当然要真正认识传统，会受到每个时代环境的制约。在朱熹的时代，"四书"变成正式文本。朱熹把洪范看成是治政之道，真德秀把它看成太极，太极与大中之政，当时提出的是自然法的政治哲学。他们把洪范的解释与皇帝连在一起，认为皇极可

第十一章　中国政治哲学的贯通：本、体、知、用、行

以作为礼法的基础，然而事实上很难做到。把皇极变为君权的一个工具，那就更麻烦。君权超越洪范，就丧失掉了洪范的大法意义。中国政治哲学传统在寻找天人之道，人不只是君，还包括客观的上下左右的百姓，它要发展人的创造力。这样看待，中国是要在政治上找寻一个目标价值。与西方对比来讲，中国政治哲学有自己的特色。两相比较，西方政治哲学的重点在于他们有神权的基础和契约论的方式，而中国有德化论、天命观和人性发展的方式。

《大学》的体系据说是曾子写的儒家道德哲学纲要，我们可以发挥再发挥，我把它看成就是孔子政治哲学的体现。孔子在《论语》里谈心性都是通过潜在的方式。他不谈心性仅是外在的不谈心性，他说："仁远乎哉，我欲仁斯仁至矣。"发自心，发自性，这不是空穴来风，而是要掌握人之为人的本体性存在。孔子谈心性是潜在的默认，"己所不欲勿施于人"，"己"难道不是人之心吗？人之心有感受和体验的能力，我的心是主体。我们认识人是通过观察、再反思、再观察的普遍性的心性概念。要注意，心性之学不是心理之学，而是道德心性哲学、心性本体哲学。西方有道德心理学，但是他们没有道德心性学。他们把"性"物质化，认为"性"是由物质产生的生命力。而中国人理解的"性"是一种道德精神，是生命的创造力，就像孟子说的性者不是命，而物

质性的东西属于命，性是物质之上的生命力。荀子说人之性是血气心知之性。人生而有知，知而有义。我们不能忽略人性，把人矮化。

中国有政统

牟宗三先生的基本认识是认为中国没有政统，政统只存在于西方的政治哲学中。然而我要问，没有政统怎么会有治统，治统是根据政统而来的，治就是管理，政统就是管理的目标。政者，正也。西周时期的"法"写成"灋"，这是个会意字，《说文解字》上说它从"水"，表示法律、法度公平如水，从"廌"（zhì），即獬廌，这是神话传说中的一种神兽。据说它能辨别曲直，在审理案件时，它能用角去触理屈之人。所以法的根本大义就是"使之正"。正的意思是"归之于正"，达到价值目标。表明我们在规范上应该去接受正义价值的指引。中国有政，怎么会没有对政的认识。有政即有"统"，至于说理的规范，每个国家都有不同的实现程度。牟先生对《大学》不重视，唐君毅是重视的。我这一代，倾向于认为中国有政统，《大学》可以体系化。这里牵涉到朱熹和陆象山的区别，即理学与心学的差异。政治哲学会出很多歧义，因为有些前提没说清楚，后来一种结果蕴含的意义就没有发挥出来。我们今天处在把思想更明朗、更逻

第十一章 中国政治哲学的贯通：本、体、知、用、行

辑表达出来的时代。只有在沟通了解之下才能产生和平的心态，避免误解。如果不沟通，就容易造成不必要的冲突，包括文化冲突，这都需要经过理解和认识。

在理学中，格物致知是非常重要的，然而对它的理解却因角度的不同而产生差异。物是外面的世界，是客观的。按照《周易》的传统，外物是始终在变化的，变中有不变，物是个体化的存在，属于种类的存在。后期墨子对物之理发挥得很清楚。可以说，物、类、理，事物均有统类。王阳明可能没搞清楚，格竹子格了半天，他不知道要触类旁通。他首先要了解物是个统类，了解竹子要了解它的统类，进而把了解推扩之。若有这样的认知和视野，他就不会把物限定在一个固定的竹子上面。须知竹子由竹笋变成，而竹子可以变成器物，它是动态的过程。所谓诚意正心，反身而诚，就是先要认识到自己的心性。人一生下来就是怀有诚意的，传统的"小学"概念强调洒扫进退，就是要培养幼儿的"诚心"，而幼儿对待父母也有亲亲的感受，这是对世界的实感，能分辨什么是真是假，所谓"冷暖自知"，这是认识自我的开始。在认识自我的基础上面，才有《大学》所说的"在明明德，在亲民，在止于至善"的追求。《大学》首先提到格物致知作为诚意正心的基础。所谓格物致知也可以看作"小学"教育的一部分。从格物致知的观点来认识世界，不是把竹子只当作竹子，而是把它看作植物的分

类,体现科学认知的观点。同时,也通过竹子的生态看到君子人格的表现,是因为它有节、有直。通过对这些外在物理的了解和贯通性的牵引,才能由物及我,进而了解自己的欲望与品性,才能建立基于经验基础上的知识。然而知识是否能经得住经验的检验,还是需要进一步考证。在这方面,很多人是妄想主义,在缺乏经验基础的时候,就妄加追求浮华的知识。反过来,基于知识建立欲望和情绪也是不对的,这有害于身心。

只有有了对人性人心基本的认识,才能谈论修齐治平。在《大学》里,仁义的心性哲学要求先掌握什么是人的存在基础,再来讲仁义礼智信。这是把心性哲学跟道德哲学分开,没有心性就无法说明人的德性与德行。人永远是世界的一分子,不能离开世界。世界是个道,是动态的存在体系,把人的存在纳入世界的,是自强不息的所在,是生生不已的生命力,绝对不是空谈。这点在宋明理学中发挥得很好。朱子说以天地之心为心。我有这个心,我就能从情感上建立跟世界的沟通与对它的认同。我们看到美好的景色会感到快乐,处在危险的状态会感到危机,从内外交通的感应中会产生如何管理自己的体验,将之推广到他人,就是絜矩之道。要推广心的感受:"所恶于上,毋以使下;所恶于下,毋以事上;所恶于前,毋以先后;所恶于后,毋以从前;所恶于右,毋以交于左;所恶于左,毋以交于右。此之谓絜矩之道。"就是说，前后左右都要照顾到，都为他人着想。如果把心大而化之，扩而充之，对动物也会产生一种怜爱疼惜的感受。大而化之，扩而充之，就是心的透视能力。

人治为主，法治为辅

梁启超在他的《先秦政治思想史》中讲法治讲得很好。他的基本说法是我们要走人治的道路，把法家作为参考。我基本认同这个观点，只是说他对法家怎样成为人治的基础和方向，没有进一步的发挥。在这里，我提出了孔子的两个模型，在德礼的统摄下，事实上就已经有法的概念，不过有一些模糊感。主观地说，法就是方法的法，是要变成一个客观的法，就要正名。法是个规范，要规定这个法是用在什么事物上，法的管理范围是什么，都需要正名。因此把法具体化就涉及刑名的问题。这当然不能等同于公孙龙子的诡辩之术。他说白马非马，这是另一种"刑名"。他的逻辑是：白是颜色的名，马是形状的名，形状加颜色怎么会是形状的名呢？这样的逻辑给人们带来很大的反思。有人把公孙龙子归为墨家，当然他也有法家的意识。墨子很讲究法，所谓三表法，即法怎么去考证，人民怎么用，有什么效果，就是三种判断标准。到了《墨辩》，他提出"效法"的问题，把

"法"变成一套逻辑的原则。所以说，中国很早就有法，方法之法（正名之法）和法治之法，一个是逻辑的推演过程，一个是对象化的治理办法。

这里我们强调中国政治哲学的一个根本大法，就是《洪范》中所表达的基本法，这是界定存在的终极之法。法家很强调法，他们认为人性可以很好，也可以很坏。法家的路子就是要寻找一个客观的标准，使得每个人都承认，都有权利使得它承认，"法家不别亲疏，不殊贵贱，一断于法"（《史记·太史公自序》）。作为君主掌握法术势，才能巩固权力，统驭臣民。韩非子认为君主的法有两个工具，一个是惩罚的法，一个是奖赏的法。掌握这两个法，天下就能掌控在手中。然而，这个法与君主权力密切联系在一起。有君主的权，才有君主的法。梁启超之所以批评法家，是因为他们所谓的法不是由民选议会来立，而是由君主一人制定，且君主立法还会带来坏法、恶法的问题。即便法很好，也要靠人来实施，法离不开人。有法而无人，是空的；有人而无法，是乱的。所以孟子说："徒善不足以为政，徒法不足以自行。"

人治是什么呢？它有哪些好处与坏处呢？首先，从好处来讲，人治很灵活，很有智慧。圣贤为之，人民会感到一种亲切，如沐春风化雨之中，有种天下大治的感觉。人治可以自由伸缩，不同于梁启超说的法治的机械化，法治容易走向死板，不考虑情和理。最理想的法治

第十一章　中国政治哲学的贯通：本、体、知、用、行

是情理法，照顾到情，也照顾到法。所以人治能发挥特殊化具体化的作用。在坚持原则的情况下，必须考虑到某些特殊的情况。在这方面，儒家就做得很好，因为它有经权之说，经是一般的规定性的原则，权就是在特定情境下对具体情况的斟酌。这涉及人性的问题，作为规则的法是可以变的，人也可以更好的提升。梁启超偏向于人治，我认为两者可以兼顾。人治的修养需要一个道德观，可以遵从道德观的"经"，同时要考察有没有特殊的情况进行补救。对法不断地修订，使之趋于完善。同时，人也要更好地提升，人必须不断教育自我。这样就形成人和法相互促进的良性互动。人在实践过程中，加强人法之间的依附。所以，我讲"道治"，包括了人治和法治。所谓道治就是德化论在政治上的行为方式。

生态道德政治经济体系

我们讲要致中和，就是达到生命的平衡。"致中和，天地位焉，万物育焉。"① 天地也是中和的状态，表现在阴阳乾坤的运转，万物也生发、生育。一己之性发展的结果，能够通晓三达德、五达道。以天下九经作为治国之道，都是可以成为现实的。所以在中国哲学中，理想的

---

① 《礼记·中庸》："喜怒哀乐之未发，谓之中；发而皆中节，谓之和。中也者，天下之本也；和也者，天下之达道也。致中和，天地位焉，万物育焉。"

社会不是乌托邦，是可以实现的，不是要废除人的个性，消除人的生命力，而是要把家庭、社群和全球化整合在一个和谐的宇宙中。人的存在是有差异的，《周易》考虑到了具体的实施，有差异才有生命的多样性，才能继续发展下去，彼此配合才有交相融合的可能，就是所谓和而不同。

《中庸》《易传》《周礼》三个经典与《尚书》都有密切的关系。在孔子看来，《尚书》和《周礼》是历史体现的制度的见证。《尚书》所说的夏商周的发展体现了那时的政治，尤其是周的礼乐天命观和政治条理化，表现为宗法制度和封建制度，形成了礼乐之教的基础，而其思想核心则是《易传》和《中庸》的精神。《易传》代表《易经》的思想。《易经》里有潜在的宇宙观。通过《易传》表达出来的思想是《周礼》的基础。从后期追溯，《周易》的符号体系发源于伏羲，经过六千年的发展到了周的时代，再到文王，那是很长的一个过程。所以这么一个发展关系形成了周礼，这是一个逐渐由天道落实到人事的过程。中国的易学成为中国宇宙论、人性论、伦理学以及政治哲学的基础。体现出来的就是孔子以及孟子、荀子的思想，即所谓一贯之道。

《礼记·礼运》所谓的"大同"怎么解释呢？我们要解决一个问题，尤其是《礼运》与《春秋》的关系。梁启超在《先秦政治思想史》中没有细看这个问题。小康

第十一章 中国政治哲学的贯通：本、体、知、用、行

是相对于大同。然而大同并不是走向乌托邦，不能把它太理想化了。大同是可以做得到的，天下为公。禅让代表为公的表达，"选贤与能，讲信修睦。故人不独亲其亲，不独子其子，使老有所终，壮有所用，幼有所长，矜、寡、孤、独、废疾者皆有所养，男有分，女有归"①。不要浪费公物，大家好好利用，物尽其用，地尽其利，不必什么都要出于自身。所谓大同，虽然理想，但很现实，是有一种可能性。我强调这个理想与禅让的德化论是相配的，尧舜时代做到了，我们就不能做到吗？这里有个效果历史，有过去的影响，有正直的愿望，不是柏拉图所设想的乌托邦。柏拉图在《理想国》中设想的哲学王，没有《易传》所说的中国哲学的生机、多元和情趣。相对于西方崇尚的科技文化，《易传》展示了深刻的生态的人文世界。这里不太清楚的是怎么由大同变成小康？什么是小康？从小康怎么建立大同？孔子并没有回答。因为这是子游问孔子的话，孔子只是有感而发。然而这可以代表孔子的理想，能在《论语》里找到一些根据。所以可以以《论语》为主，以《易传》为背景，来鉴定儒家的理想。我认为孔子的大同思想是有理想性的，让人们有更大的信心，大道既隐，为什么变成了天下为家，各亲其亲，各子其子。这很可能是老子的话，从大

---

① 见《礼记·礼运》。

同到小康，是老子所说的太上有道，后来由于知识的增长、人口的增加、科技的发展以及铁工具的使用等，人们就忘了天下的大道。大道为天下裂，各自为政，每个人的私心开始膨胀，还是有一定的规律。"礼义以为纪。以正君臣，以笃父子，以睦兄弟，以和夫妇，以设制度，以立田里，以贤勇知，以功为己。……禹、汤、文、武、成王、周公，由此其选也。此六君子者，未有不谨于礼者也。"这一段对小康世界的描写是很儒家化的。讲仁义有错吗？孔子说讲仁义才能够进入大同。中间具有道家化的作者就说："故谋用是作，而兵由此起。"他的意思是大家同样有私心，要争夺更多的土地、权力和货物，争夺心就出来了，自然无法发展成为历史记载中的圣王。当然尧、舜、禹、汤、文、武都是儒家所相信的圣贤人物，他们以德治天下，消除争夺心，维护儒学所说的五伦关系，形成一个和谐的群体，这就是小康社会的基本精神。推小康于全天下，推社会和谐精神于全天下，就成了大同世界。小康与大同当然有差别，但彼此是相互融通的。小康能够有这个基础，大同就不远了。重要的是，没有到小康怎么办？战国时代没有达到小康。本来周朝恢弘的礼乐之国突然变成诸国纷争，各自为王，这里有一种对历史的感叹与哀悼。从儒家来说，人有弘道的精神，人有伦理，努力可以恢复小康。《论语》强调的不是单纯的小康，也有大同思想，所谓仁民爱物，推己及人,所以大同里有小康。孔子说,由齐国经过教化变成鲁国,鲁国变成周,周再扩充就至于道。儒家基于人性的实际可能性,来比对大同跟小康之间的关联性和转化性。人可以堕落,失去自己,世界可以大乱,但人也可以基于人的努力恢复更好的状态。

中国政治哲学的当代运用

后来,孔子很忧虑人有向下的力量才写了《春秋》。《春秋》三传意义何在?说明事实之后,能够看出为君者的问题在于私心膨胀。看出问题之后可以加以改正,存在采取更好的行政方式的可能性。孔子是想加以提防,来表彰、来谴责。这样人类就有一个防止自己蜕化的、失落的可能。孔子作《春秋》而乱臣贼子惧,又说:"罪我者,其惟《春秋》乎?"说明孔子的雄心是想从历史事实梳理大中之政的理想,产生继往开来的愿望。这是什么理想呢?需要从《论语》《大学》《中庸》体会这个理想。从历史来看,就有公羊学之说。怎么去了解孔子最后的理想?历史哲学展开成为一套政治哲学、伦理哲学、道德哲学。《礼运》《大学》《中庸》三个文本怎么协调?以《论语》为本,可以做到小康;《礼运》就大同来描述;《春秋》说明过去历史有好有坏,我们可能走向衰落,需要在制度和道德上加以改正。

熊十力在《乾坤衍》中谈到，乾坤最后走向一个大同只是乌托邦。这是一种过分的说辞。我认为，其实天地乾坤，《周易》出现的和而不同，保和太和的说法是以尊重个人的存在、能力和应有价值为基础的社会模式。我曾经有篇文章谈到，道德的前提来自于一个天地的生态，政治哲学的发展需要加强生态的道德哲学的认知。我们所说的生态道德政治经济体系，必然以天地的生态为主，发展到道德方式来发展经济，双方可以互相促进。儒家认为，因生态而道德，因经济的发展产生好的道德。没有一个好的环境和生命力不行，道德与生态必须双管齐下。

中国的政治哲学很有意思：全球国家，国家全球。这是一个我的诠释。最后的一个重点是中国政治哲学的未来。中国政治哲学中的理想已经内在形成了本、体、知、用、行的政治体系，成为当代政治理想和理论的基础。中华民族政治理论的主体价值，是为人类的发展提供中国的贡献。对于以契约论为基础的功利主义、自由主义，中国政治哲学应以德化论、以和谐正义促进自由的发展。任何发展都要看到其反面，都是整体的相互运转。一个整体的人类政治学必须要以整体的道德哲学为基础。梁启超在《先秦政治思想史》中提出一些问题：统一运动，寝兵运动，把政治学运用到现代，民生问题，环境问题，中西融通问题。各种实质性的问题都可以提

第十一章　中国政治哲学的贯通：本、体、知、用、行

出来，需要大家探讨。从根源上和整体的理念上，提出对现代问题的认识。

我提出最后两个结论，中国政治学与全球化。

我们探讨的目标是找寻中国政治哲学的根源与统绪。第一，我提出三重证据法，不能因为长久不能说出来，就认为中国没有政统，如果没有政统就没有治统。中国也有道统，《周易》作为源头活水，大家达成认识，中国是有哲学的，和西方的犹太、希腊以及东方的印度一样，是非常具有生命力的哲学道统，但不是说每个时代都能明朗地表达出来。中国强调默示、默认，往往有时候没有把话说清楚，实际上这个统是有经验性的，可以找到历史显现的一面。这些都显示出人性、德性和知性的宇宙观与生命观，禅让和圣贤是对人性的肯定、相互性的肯定。我们现在缺少对人之贤能的善性的肯定。我们需要彼此沟通，掌握人类最好的发展方式。基于对中国经典的认知，我们可以提出自己的经验和理想，进行深入的研究和沟通。张允起教授提议成立一个研究会，主要是为了探讨总结从梁启超以来对中国政治思想或政治哲学传统的新认识，我认为是绝对需要的。西方人也认为你们要拿出这套东西来。

中国政治哲学的德化论，在全球化的语境下，需要和西方契约论相互沟通与采纳，需要更多认识外在环境和需要。西方人更应内化人的德性，认识人的共同内心

的需要。善良意志变成外化很难。真正爱护百姓的领导人要信赖百姓,我们应该同心协力,建立和亲九族、协和万邦的关系。这是一种契约论和德化论的相互关系。契约也不能取代人的善良意志、良善的内心。西周的宗法和封建制度为礼乐提供了良好的制度环境。我们很需要更好地恢复对西周政治的认识,这不是空想。在这种情况下,我们才能将孔子两个模型整合,体现政道的本源,发展为《大学》的体系,昭示其形而上学的基础。《易传》很重要,《易经》很重要。中国现代政治体系依然是在这个基础上建构。理想化不能抽象为乌托邦,要认识实际的人性。不是每个人都能成为圣贤,但每个人都有圣的一面,我们要尊重隐私权、个人基本的权利和自由。我提到中国哲学六个特征,中国政治哲学有个重要的发展,创造的辩证的转化,从天命到民命,个体性、群体性相互为用。

对于本章所阐述的内容,有相关研究者提出如下方面的疑问,依照本书的理论框架可以怎样回答?

问题一:2005年成先生的有关C管理的一本书,用英文单词构建了生态道德的政治经济学。成先生出生在南京,硕士、博士阶段接受的是美国式教育。当前在处理中美关系时,有亨廷顿的文化冲突理论,后来又有软实力之说,中国2004年提出和谐社会,又提出和谐世

第十一章 中国政治哲学的贯通：本、体、知、用、行

界。按照本书的理论框架，未来60年左右，在处理中美关系的时候应更强调和谐思维，还是霸权思维？到底哪种思维更符合中国国家利益的最大化？

问题二：本书讲到德化论的理想，在现实中不是人人都能做到的，多数人能够做的就是为己，不可能大公无私。契约论能够保持更长久的稳定性，因此具普遍性。德化论能让好人去做好事，契约论能保证坏人不做坏事；德化论有点空想性质，契约论更有保证。按照本书的理论框架，怎么看待这个问题？

问题三：可能有些人困惑，1894年甲午战争中国打了败仗后，中国很多知识分子认为中国落后是因为制度落后、文化落后，就产生了文化自卑。中华人民共和国成立后的教育体制，"文革"前仿照苏联，后来又借鉴欧美的标准，于是也造就了受苏联或者欧美教育体制影响的一代人。对于这一代人而言，他们对于中国政治哲学的知识是缺失的。那么按照本书的理论体系，可以读哪些基本的著作来补充这些知识？

问题四：普通老百姓很多人信奉实用主义，不关心国家大政方针，跟百姓生活密切相关的实用主义策略似乎有更大市场。按照本书理论，实用主义是不是对解决老百姓生活问题有更大的贡献？

问题五：本书的理论脉络由生态而道德，由道德而政治经济，又可以反过来论证。前面由生态到道德，阐

述宇宙创造力是怎样展开的过程。有些读者之前读过成先生的《易学本体论》一书，该书中讲到《周易》里有"观"的精神，在观察的过程中实现天人交合，对自然的观察是不是能产生内心的道德感？观物的过程中，是否能生成囊括人类社会政治经济变化的智慧？

问题六：当今是信息化时代，大数据、元计算、互联网等前沿科技受到很多人的追捧，传统的道德教育似乎就不那么吸引人，在信息时代新知识技术的挑战下，如何贯彻德化论并使其发挥影响力？

问题七：按照本书的理论框架，传统中国政治哲学与欧洲政治哲学比较起来，以儒家学说为主干的政治哲学最显著的特征是什么？有学者把儒家思想归纳为大河农业文明，面对全球化趋势下现代工商业文明的勃兴，儒家文明如何适应时代做出调整？农业文明向科技工业文明转化过程中，如何实现思想的创造性转化？

问题八：钱穆先生认为"天人合一"是中国哲学为世界哲学做出的最大贡献，杜维明教授认为"仁"是中国哲学为世界哲学做出的最大贡献，还有些人认为对世界哲学最有启发的是"知行合一"。这些理念很多人感觉亲身实践起来都特别困难。对"天人合一""知行合一"是否真实有效也感到困惑，依照本书的理论体系该如何解释这种矛盾？

对于以上问题可以做如下概括性的回答：首先要说

第十一章　中国政治哲学的贯通：本、体、知、用、行

的是，信息时代人的意识怎么转化？信息时代透过网络影响到每个人生活的方方面面，它很复杂。网络是个工具，它的作用像人的心。什么是心？心是中和，朱子的致中和就讲到这一点。心是什么？我提到六个心的功能：心统性情，心知性情，心感性情，心主性情，心本性情，心贯性情。网络事实上是无执的心网。通过电子就能与任何人建立联络。我在写这个东西，对方就看到。就像我们的心能够彼此了解。你能看到我的心在想什么。这是心网，不只是信息网。心网很复杂，七情六欲，高尚的、不好的都在里面，而且有记忆性，不会消失。很需要一个对心的关心，对心的重新认识。中国的所谓政治哲学基本上是基于人心或道心的分开，人心活动力能不能找到道心，才有十六字箴言；只有人心，没有道心了，这是我们的问题。包括对网络的控制。

　　儒学就是道心之学，从生态到政治到经济，这样的发展是一贯而下的，怎样做才能不丧失人性的善良意志，又透露出一个天命之性，这是哲学问题，但也是时代需要，同时这也是西方道德哲学所面临的问题。所以，我想信息网能够更好地体现人的一种关怀、一种正义、一种道德情感。因为人可以有很多道德情感，美与善意能够沟通，非道德依然能够得到教训。心有个方向，可以实现人与人的沟通，不是作为一种私心，不是一种伤害他人、宰制他人的工具。自然的知性能不能有道德性的

问题？网络伦理、环境伦理，前者的基本原则就是人心、道心。政治性问题、环境哲学，能不能离开那套价值观念？中国的政治哲学命题、道德哲学命题有重大意义，不能规划，网络要自发的自我管理。儒家的文明体现在现代化、信息化上是多面的。回顾过去，回顾历史现象，还有就是在现象中掌握着含义。

梁启超强调的是历史性的文本，但掌握文本后还要掌握道德和哲学意义。这是超越文本，是现代的人心可以感受到的。我们看霍布斯、洛克的契约论，也可以谈《大学》之道、《中庸》之道，去看《洪范》篇。儒家文明的现代化就在于对这些的关怀、了解和整合，不是把它定在平面上。任何哲学都有共通性和普遍性，基础就在于有好的语言和表达方式，需要发挥它的感通性。文明也是在学习、在发展。这个学习和发展的过程是在扩大自己的认识，使认识更好地体系化，不能僵化，不能变成意识形态。要变成沟通的方式，使概念更为清楚，发挥生命体的创造力量。

说到实用主义，当然从小的方面是可以解决问题。但是实用主义并没有告诉你解决问题的根本原则和最后目标是什么。实用主义可以有效地解决问题，至于有效性有多长，是头痛医头、脚痛医脚，还是说能够产生一种良好的综合效果，则不好说。我的学生在美国受到实用主义的影响，他们认为实用主义能解决任何问题，但

第十一章 中国政治哲学的贯通：本、体、知、用、行

往往没有道德原则。在知识论上有好的应用，可以检验知识是否合乎经验，但用在人的价值上，不经过价值原则的认识，往往就变成相对主义。对实用主义要看在什么程度和方向来了解，它是个用，不是个本体，是实用，实用后面有没有本、没有体。美国的本体是什么？主体性是什么？美国的历史、美国的一切背后有更大的体，背后是欧洲文化，其后又是犹太文化。

中国并不反对实用，体用关系中的"用"不就是实用吗？体用兼并，体用不二。体还是有体的一面，用是途径和方法，用可以当成体，体可以当成用。有本有体，有用有知，我没有反对用。用也分大用小用，考虑时间、空间和人，适当不适当，需要深思熟虑。自己有修养，没有私心，又有知识，才能避免弊端，对人的发展和民族的生存很有作用。至于说儒学最大的贡献，我不反对把它讲成仁。从今天来讲，上承天命，天人合一，然后再德化的道德行为，不只关心人，而是天人合一，中间没有隔阂。不是把天孤立隔绝起来，别人不能解释它。因为天人合一，人才能像天一样仁爱万物，以仁作为，这是重要的贡献。我们要加强，是天人合一，内外、知行合一，形成人的完整性，透过易和诚。

生态和道德，生态是我们对世界的认识，《周易》的特点是观天察地，观乎人文，以化成天下，中国人很重视天，天的变化，人与天的配合，外在的配合与内在的

配合。天心是什么？天地之心，以生物为心。具体的天带给我们的变化，是要适应的。通过观察和深思，产生对世界的认识，对行为的制约，把人摆在里面，形成一种道德观，再来谈政治，《洪范》篇就是先掌握五行——代表天地的阴阳五行。有这样的认识才能进一步考虑价值问题。我虽然不了解当前一些政治措施，但也可以讲管理哲学。我是讲实际的用，有伦理不能不讲管理。要伦理与管理并进，都需要教育来支撑。

中国现在还没有完全建立一个好的教育体系，还在积极的改善中，努力建立自我教育的自信心。好的教育必须以知识为基础，在基础上结合历史、文化和人心的反省力与人性中德行的实践力，建立一个德行的价值观。以往中国强调学习西方，政府派遣留学生去美国、苏联和欧洲，没有重视对传统古籍的探讨。"五四"和"文革"前后，认为中国没有可以继承的文化价值，没有中国哲学，没有中国思想，因而形成了中国文化的虚无主义。我在1965年去欧洲参加世界哲学大会时就感到这种观点甚为普遍，因此导致许多西方学者漠视中国哲学与传统文化。其实，我在抗日战争期间就感觉到了这样一种文化的虚无主义，当时就立志探索真相，为建立中国文化与中国哲学的真实传统而努力。有主体性才有信心，没有身后主体性的生命力来源，如何发挥价值的理念？中国长期的历史经验得出很多教训，结果是西方人来开

第十一章 中国政治哲学的贯通：本、体、知、用、行

发中国。中国人不去看，然后再告诉你为什么不看，自己丧失了自己的主体性。中国的教育哲学可能需要重大的改革和革新。有一年我参加了国民教育研讨会，我希望教育从根源上考虑我们对历史和哲学源流的尊重，以及对人的认识、对天的认识，从而构建一个新的教育体系：从伦理和实践中找到信仰。我们的教育缺乏引申为信仰的资源，我们需要自觉地掌握信仰，与西方人展开论证，交流沟通，提高我们的国民认识。

德化论能够做到什么？我强调契约论是很好的工具，但德化论最强调一个行为的根本目标是人之德行的发展。今天中国发展企业不能没有契约精神，而积累社会资本是一个道德的行为，是基于家庭的亲和力、人与人之间的关切，把基本的信任转化成一个发展的共同信念，这就是一种德化。个人成功要感恩社会，社会成功要感德个人，所谓饮水思源，以德报德。因此，我们也可以把契约看作德化的工具。如果只把契约看作利用他人，那是很恐怖的，会导致家庭的悲剧和个人的失落。在莎士比亚的戏剧《威尼斯商人》里，人们交易打官司唯契约是瞻。当初以上帝为保证，作为中介，今天契约要发展成为法律，但一定需要有内生的对德性的信仰，两者并驾齐驱。不说四海之内，至少中国内部成为兄弟吧！不是否定契约论的工具性和重要性，没有契约怎么转化成市场经济？对契约本身的信仰，德化的思想已经内化了。

最后关于中国文化的发展，我在1979年和谐化辩证法会议上提到从文化中国到文化和谐的问题，应该看到和谐里可以包含一个冲突的过程，不能把它看成终极的目标。文明的冲突都是某方为了自己的霸权和利益，习惯了权力，罔顾天下人。我们要知道这个道理，基督教本来也没有这样的心理应用。德化论可以包含契约论的意涵，另一方面，我也知道没有力量就没有话语权、就没有保证，德化论的基本前提是自强，不能把别人变成契约奴隶。中美关系要解决这个问题，中国要讲和谐，还要自强。道德进化需要硬件也需要软件。道德力的发展一定依靠硬实力、软实力和聪明的运用，才能产生真正的效果。中国现在还需要发展。

第十二章　合道性与三统之辨：道统、政统、学统

在这一章里，我将围绕中国政治哲学中几个核心概念进行辨析，这些问题表面上看似乎可以与西方政治哲学的若干主题做一种诠释性对接，例如有些学者认为我们古人评价政治状况的"有道""无道"，古代小说里常见的"替天行道"中的"道"，就是西方近现代政治里的合法性（legitimacy）。实际上两者之间仍然存在着很大差别。有些人就说我们进行一个创造性转换，于是造出一个词"合道性"，似乎这样一来传统与现代两面便兼顾到了。

道统、政统、学统的关系

关于道统、政统和学统之间的关系，我在《中国哲学当前的核心和周边问题》中提供了一种解释："**学统**可

以看成是**知识理性**的活动空间与规范,而**道统**则可看成是**价值理性及本体理性**的活动空间与规范,而所谓**政统**则可看成是**决策理性与行动理性**的活动空间与规范。"按照此解释,政统比"政者正也"的价值规范式定义更倾向于实践指向(如仿照该句式提出"政统者正统也"则内涵变窄)。即政统的建立及其争论主要是具体历史情境中的决策行动操作方面的,与关涉价值正确的"政治正义"关系不是很密切,这与饶宗颐先生的《中国史学上之正统论》大量选录针对具体王朝合法性争论的思路有重合(即政统表现为在现实政治决策和行动中的理性依据),但二者也有差异。饶书中也有不少篇目论及王朝合法性与道统之关系,称"政"为国家社会群体统一价值目标,且政统与群体政治同时起源,似乎又包括了"道统"的价值理性内涵。(美国汉学家葛凯用"orthodoxy"表达"正统",当代中国有政治学者认为"legitimacy"在传统政治语境下应译为"合道性",该词另外一种译名就是"正统性"。)

这些问题我后来做了一些系统思考。以前我讲中国哲学核心问题的时候曾提过学统主要关乎知识,是关于理性知识体系的。现在我看的稍微广泛一些,《论语·子张》里面说:"君子学以致其道。"这是一个认知的过程,也是一个反思的过程,通过"学"可以认识外在的知识,或者说外在的世界、天地万物都是学习的对象。但是在

第十二章 合道性与三统之辨：道统、政统、学统

认知和反思人的存在状态的过程中，人类也认识自己，学统还是建立知人、知性、知天的系统知识的凭借。《中庸》就说过："博学之，审问之，慎思之，明辨之，笃行之。"将所学的知识思考理解后，还要经过反复的学习和践行，才能够获得一种正确的认识。对真实的认识、对自我的认识，这不是一种单纯的知识，还有一种充实自我、发展自我的功能，也可以说是一种"为己之道""知己之道"。所以"学"应该比较广泛，我最近认为"学"至少应该包括两个层面的含义：一方面，它是对外在事物的认识，是一种知识体系，通过经验不断学习而实现发展；另一方面，通过"学"之后，能够认识到一种价值和理想的目标与追求，甚至于成为自我充实的一个基础，这与德性有关系。在考察圣人言行的过程中，在具体的实践中得到启发，是在德性方面获得启发的一种过程。

这是学统中的"学"字。至于学统的"统"字，它是一个规范，也要重视在这个规范之下形成的一些具体内涵。无论是关于知识方面，还是关于德行方面，都不是单纯的"闻见之知"，还可以有关于天地的本体知识，也有刚才所说的德性的启发，像后来张载所说的"德性之知"。我所说的关于知识的规范，是指关于"什么是知识"以及获得知识的方法的典范与标准，是一种规定，所以学是一个很重要的过程。

现在我回过头来说道统的概念，它的内涵很丰富，道统也有各个层面的内涵，包括对外在的，比如天地万物的一种认识，也包括对社会人文关系或者说人文价值的一种认知。这是一种高度的文化意识，当然这里面包含对道德的认知、对德性的认知，也包括对社会伦理规范的认知，是从天地万物到人文价值，再到社会伦理，是在个人观察天地和修心养性的基础上建构道德与政治，再发展到组织众人成为一个政治群体。群体共同发展有一个目标、一个规范，使得人类共同体的生活更有序、更有条理地和谐发展，就是在治理群体的过程中，追求一个善的目标。应该说从学到关于德性的知识，到最后去实践一个理想价值的追求，使群体的生活得以持续，这就涉及什么样的制度、什么样的组织才能实现一个社会的良好治理，才能达到人性内涵的充分展现。因为对儒家来说人的存在可能是一个过程，在德性修持的基础上去嘉惠他人，奉献群体，使整个社会有所发展，实现发展的安稳和均衡，也就是"均无贫，和无寡，安无倾"，这是在《论语》中孔子讲到的很重要的命题。"不患寡而患不均，不患贫而患不安"，安而不倾，和而不寡，这就是从一个社会安和的目标，走向《礼记》所说的世界大同。

这就是人们所说的"政"的内涵，我所说的道统包含了学统，还包括"知统"与"德统"，在以"学统"等

第十二章　合道性与三统之辨：道统、政统、学统

为代表的知识的基础上，在追求一个终极价值目标，追求一种统一的、最高的善。我以前说政统是决策理性的活动空间和规范，可能是针对牟宗三先生当时对政统、道统和学统的划分，我倾向于把政统、道统和学统看作一个整体的、开放的活动空间，以及具有不同层次和发展过程的结构。它包括学以致其知、学以致其德，在知和德的基础上实现善的治理，也就是从亲亲、仁民、爱物直到世界大同。就像《礼记》所说的"人不独亲其亲，不独子其子"，也有《尚书·尧典》所说的"百姓昭明，协和万邦"等内涵。用现代语言来说就是自由、平等和繁荣。这是一般学者所理解的内涵。但是我这里不想把道统、学统和政统分开，它里面有层次，而且彼此之间有有机的联系，这就超越了牟宗三先生的说法。另外像有人提到的关于饶宗颐先生的正统论研究的问题，这次在成都召开的会议上，我就"正统"和"政统"这两个概念也做了区分。"正统"主要针对一种政治权力的统治合法性，强调正当统治者的权威，法家也强调这个意义上的"正统"。这种"正统"主要是指继承法统和继承的合法性，它是以既有的法为基础的，法就是原有权威所支持的制度。所谓"政统"是基于终极价值（也就是道统）所产生的政治权威和统治权威。"政"作为动词的意思是"正之"或"使之正"，那么"正之"的根据是什么？就是道。而道统应该是指法的一种精神基础与源泉。

《老子》说:"人法地,地法天,天法道,道法自然。"那么,天可以说具有这种道统的权威,因此道统是最高的,它超出普通的世俗法律的管辖范围。因此道统就像智慧一样,具有多方面、多层次的内涵。我提出五个内涵,是学的层次、知的层次、德的层次、治的层次和政的层次。政是一种"正之"的理想,但是我特别强调决策这一点,从管理学的方面来看,所谓"道之以政"的"政",是作为一种推动力量或者领导力、管理能力。在我的C理论中可能区分还更细致一些,包括五个方面的功能,即组织、领导、推动、统合、革新,也达到对社群的沟通、整合与调适的作用,而且这中间的每一个也包括阴和阳两个层面。我在《C理论:中国管理哲学》那本书中有详细的介绍,构建了十个部分,这样我们对"政"了解就更为丰富了。如果在政治哲学中能把这方面的内容补充进去的话,将会有一种新的阐释方式。

梁涛教授认为礼乐刑政可看作政,此政在历代的实施、转让可称为政统或治统。《论语》中有"道之以政,齐之以刑"的说法,"礼乐刑政"这个说法当然也可以成立,孔子所说的"道之以德,齐之以礼",德与礼也是很重要的,但他们都没有提到这个学统的问题。实际上,中国古代把这个德性修持的学问看作道德和政治的基础,是支撑两者的一种功夫。我觉得在这里可能要引进和重视荀子的观点,他有很多篇目专门谈知识和方法

第十二章 合道性与三统之辨：道统、政统、学统

的问题，比如《解蔽》《正名》《劝学》，对这些方面都说得很清楚。所以，我觉得对于这个学统要进行充分的讨论。我是很重视这个学统是怎样形成知识的过程的。我认为学是一种经验，是一种认知世界的能力，包括知识和理性的内涵，这是对人的存在的一个初步的认识，可能是假设的认识。"君子学以致其道"，是很容易说出来的一个原则，像《三字经》里面说："子不学，非所宜。幼不学，老何为？"在这种蒙学书当中就贯穿了学习的方法和原则，也可以参考《礼记·学记》。宋朝理学家朱子就很重视"小学"，认为从洒扫进退开始，到熟悉辞章训诂，再到《大学》的阶段才去"明明德"，人性中的德，是可以昌明开发、利及他人的德，能够亲民或新民，能让人们止于至善，所以学就包含了一个"知"的体系，这个问题还可以详细讨论。我觉得我这种分析思路的好处是层次更多一些，展现的内涵更为丰富，也比原来传统的训诂更具有现代性。

韩星教授特别提到了教统。当然《中庸》里面说的"天命之谓性，率性之谓道，修道之谓教"就提到了"教"，有学就有教。我写了一篇文章谈到孔子之学与孔子之教、儒学与儒教，里面系统地分析了学与教的差别，这种分析是我的长处。当然从这里面也可以看出中国文化的统绪，也就是它的价值统绪何以与西方不一样。我的主要感受是，西方人重视知识理性，中国人则重视价

值尤其是道德价值多一些；在政治这个领域，中国人更重视的是一种开放性的"民意"，重视作为民主主体的民，这个是由历史条件所决定的，在历史上也是可以考证的，到后来美国独立革命和法国大革命也同样有一种重视民意的传统，与中国这一传统有某些相似。像我以前讲过的，莱布尼茨可能受到了儒学的影响，开始强调重视人类理性的自主性；另外，像卢梭重视对权力的限制，孟德斯鸠提出权力的分化和制衡，这是针对法国统治阶层过去对权力的滥用而提出的，这种滥用程度不亚于甚至可以说超过中国历史上的专制王朝，因此他们就产生了一种更多的个人化的、自由化的思考和思想。卢梭更强调公共意志（general will），其实可以说相当于中国古代的"天视自我民视，天听自我民听"，是对这种古代传统的细化和深化，把它具体化为一种方案，后来导向了一种政治化的自由革命。这里当然是我们古代的政治观念现代化的一种方向，我们也并没有排除它。我要强调的是，在政统这个方面，中国古代政治哲学涉及天地宇宙的秩序性及其发展的动力与功能。在《尚书·洪范》篇里面，我们已经看到一个对政治秩序与结构相当系统化的表达，我把它看成一种构成性的规范，同时它也提出了最高的政治价值标准，包含着与重视民意的现代政治传统相通的内容。因此并不像牟宗三先生所说的那样中国古代没有政统，或者说缺乏民主自由的价值内涵。

第十二章　合道性与三统之辨：道统、政统、学统

当然，中国古代政治的这些积极价值内涵，需要在知性和德性合一的基础上实现。从治统上来说，就需要一个内圣外王的明君，按照传统的说法，就是"以先知觉后知，以先觉觉后觉"，这是一个教育过程，也是一个教化民众的过程，教化成功之后，就自然会达到一种民主自由的状态。我认为它分为三个阶段，首先是个体自身的"内圣外王"。并不是要求每个个体真成为圣人，或者有外在公共权力的君王，而是你有一种能够统帅自身，也能够启发别人理性的能力，这样一种实践叫作内圣外王。以天道为行动的终极依据，实现人的一种本质性的发展，然后再去对其他人实行教化，所以说"天命之谓性"，这个"性"既然已经发展出来，它展现的就是天的内涵。第二个阶段"率性之谓道，修道之谓教"。也就是说会有一种思想言论或者宣教方法出来，用它来教化大家。第三个阶段，是民知其化而"从其化"，也就是民众都知道这种教化的价值，并且自觉地参与这个过程中，都来参与这种社会自由秩序的建设，这就是一种理想价值的实现。

现在有一种说法，认为中国古代没有民主自由价值观，我认为古代还是有这种价值观的，而且非常重视。但是要实现需要很多条件，只有道德基础，没有知识基础也不行，两者都要具备，两者同为必需品。

就美国来说，我们看到其民主制度的道德基础并不

深厚。虽然它的知识基础尤其是科学基础相当不错,但是它对人性与文化的知识却有缺失,常常自以为是,带有种族偏见与权力傲慢,陷入自我中心主义而不知,丧失应有的世界眼光,对世界其他文明不能有一种鉴赏或者平等对待、相互学习的心态,这就导致美国有些价值陈述立意很高,但在现实实践中却是漏洞百出。比如,它的法律制度规定十分完善,但在通过教化提升民众的文化道德基础方面却很不够。而且我觉得,它这种法律有时候仅仅为了保证底线的问题,在某种程度上反而会促进道德败坏。因为只要不违法就可以做,人们从事一些社会活动,经常会用聪明才智来钻法律的空子,反而败坏了道德。一些蔑视道德的人和事反而成为人们的榜样,这是西方社会的一种缺失。我说关于中国人的道德社会构建的三个阶段,这个阶段和程序在我心中是很清楚的。

韩星教授的观点认为道统作为价值系统统摄教统、学统和政统,不是一个层面,而是一道开三门。我认为这里说的还更本质,就是五个层次、五个内涵——学而有知,知而有德,德而能治,治而能政,政而能教。至于这样一个过程的细节,在此我就不加详述了。

中国政统的起源与形成

我在政治哲学讲义中提到人们为着共同的目标而聚

第十二章　合道性与三统之辨：道统、政统、学统

集起来形成群体，这就是政治的起源。这种目标或者说价值，也许最初并不被所有的参与者充分了解，但是群体一旦形成，那么就可以说人们拥有了基本的目标，而这也就是政统的开始。是否可以将这个过程历史化？即"中国的政统"究竟是从哪个历史时代开始成立的。

首先要谈到"中"的问题，最近整理出来的清华简有一篇《保训》，专门讲"中"怎样从具体事物转换成抽象的政治哲学原则。"中"在《尚书》和《诗经》里面都曾大量出现，可能是当时一个意义已经比较完整的概念，"中国"的概念也应该主要依赖于"中"。关于中国政统产生的历史时段问题，我可能持一种类似文明进化论的观点。就是说，人类若处于野蛮时代，弱肉强食，那是不可能产生政统的。当然，这中间也有一个缓慢的进化过程。我最近做这样一个学术推定，人只要从一个直立人（homo erectus）转变为智人（homo sapiens），就有了组织群体的可能。因为以往匍匐在地上行走的时候，他的眼界和视野都受到限制，而站立起来之后，他能够眼观六路，耳听八方，虽然还不可能达到观天察地那种程度，但已经是"智人"的时代。直立人可能还保存着很多动物的习性，当然他能够直立之后，经验慢慢丰富了，可能具有一种人的知觉，也就是把各种经验统合起来形成统觉，形成了天地的概念，认知到上有天下有地，万物并生，也就是《周易·系辞上》提到的"方以类聚，

物以群分",能够对事物进行分类,从而也能对自身属于哪一类有所认知。智人逐渐认识到万物之间的差别,这时候的差别认知程度可以说"几希",这是一种知识上的描述。因为当时他只能进行有限的或者条件性的归纳。人在这时产生天的概念、地的概念,还有人的概念,而且能够在这些概念之间进行关联,将天地关联起来,人在天地之中,有天地人三才之道的认识,这是很了不起的进步。这时候,他就会问人能够做什么?应该做什么?这就真正成为"人"了。这时候人作为一个统觉的存在,不但意识到自己能做什么,而且对这个过程有一种反思。当然不一定掌握得很清楚,但可能进行一种尝试、学习。他开始变成一种"learning animal",也就是学习的动物,而且是不断学习的动物。当然不可能说是无限学习,因为即使对现代人来说,也是学习到一定阶段就会产生饱和。可能早期的动物学习的有限性更大一些,慢慢从鸿蒙初开的一种朦胧态进入学习的一种状态,然后才开始有初步理性,这些只有通过学习才可能产生。哪一种做法会更好,就是有了一种预判性,也得到经验性的证明,获得一种实践性的认知。然后逐渐就具有一种人文的知识,或者说人性的知识,有了对价值和理想的认知。从这个发展过程来看,我认为伏羲是一个划时代的人物。对于这个问题,过去没有一种特别肯定的认识。因为从文献上来看,伏羲观天察地,远取诸物,近

第十二章 合道性与三统之辨：道统、政统、学统

取诸身，能够归纳事物成为不同的类别，而且能把它抽象成为不同的卦象，这涉及易学的形成，在这里不再细说。因为卦象使我们可以更深入地把握这种形象背后动态的认知，"象"具有"象形""象征"的意思，有些形而上的东西是通过"象"来表达的。能够认识一些形而上的世界，探索知觉触不到的规则，这是文明的一个标志。了解和认识形而上学，那是另外一种意涵，不过《周易·系辞上》中已经说到"形而上者谓之道，形而下者谓之器"，这两部分并不是彼此独立存在，是通过形而下的"器"来认识其中蕴含的理路或者合理性。今天我们说的科学也是这样，是通过一种穿插的反复实验来认识其中看不见的规律性。这种规律大家都有体会，问题是传统的说法不够准确和精细，讲求精确和系统，才能和现代社会挂起钩来。

在这个基础上，如果问什么时候开始产生政统的观念，具体是在哪个时代？也可以有解答。合理的假设之所以合理是因为它也是从观察中得来的。我们现在考察石器时代的文化，比如说在旧石器时代的后期，开始产生精细的石器，在中国称为玉器。玉器是细石所制，中国人还在其中看到一种美感。这个时代的人们已经知道怎样去狩猎，后来就慢慢进入羊文化的时代。我们现在使用一种本体知识循环的认知方式，通过过去了解现在，也可以通过现在了解过去，这是方法学的一个要求。所

以你看早期人类为了打猎的需要，就开始驯服动物。动物中马是最好的，跑得很快，也比较容易驯服；后来接着驯服的就是狗。所以在狩猎时代，也就是后来所说的游牧时代，主要的动物工具就是马和狗。农耕开始之后，人们驯养了水牛和黄牛等，后来又为了肉食的需要驯养了猪。以现在的科学知识来分析的话，猪与其他动物相比是温性的，提供的能量比较稳定，可以圈养，体积也比较大。相比之下，养鸡就比较麻烦，而且很容易产生各种疫病。牛尽管体积更大，但在古代经常作为劳动工具。马也是劳动工具，而且肉也不好吃。猪的食物来源比较杂，圈养容易，而鱼在北方不容易获得，所以可以说农业时代是牛和猪的时代。我所说的马和狗的时代过渡到牛和猪的时代，中间就有一个羊文化的时代。因为羊的群体性及其温顺的性格，使人们得到一些抽象的概念。比如，羊大为美；羊肉可口之谓善。善为什么和羊有关系呢？因为人人称赞叫作善，这是一种公善，本来大家对自己的口味各执一词，但是羊肉大家都说好，这就实现了共同的认可。还有什么是义（義）？因为羊的性格温顺，彼此和睦相处不打架，谦让不争，小羊又很孝顺母羊，其中可以看到羊作为动物的很多品质，值得人类效法，儒家后来的很多道德观念，都和羊有关。根据我在草原上的观察体验，如果是一群羊在一起的话，只要有一个很好的领头羊，单匹狼一般是无法攻击得逞

第十二章 合道性与三统之辨:道统、政统、学统

的,除非是一群狼。羊群要是组织得当,可能狼还没吃到羊,就已经被撞死了。这也给了人类很大的启发,就是要组合成为社群,社群还需要有一个"君",来组织大家有序活动。我这个推测是有相当的观察经验作为基础的。二十年前在内蒙古考察的时候,我就已经提出这个观点,伏羲文化就是羊文化的时代,具体来说就是纪元前6000年左右。比如说,你现在去查那些早期的文化考古成果,如龙山文化、齐家文化,还有河姆渡和大汶口文化等,都有羊的骨头。我当初也拿这个问题问过张光直,他说"你说得很对",认可我的这种羊文化假设。所以说,我们的农业羊文化在公元前6000年就已经开始了,距今有8000年的历史。从我个人来说,伏羲是从观天察地的过程中,建立起一种形而上的系统,形成了中国哲学的一个开始,也是一种源头活水,成为永远都可以用来反思和回归的一个思想源头。

这样的话我就说明了一个问题:中国的政统观念什么时候开始?我认为是在先民从羊群领悟到善的概念、认识到群体价值目标是善的时候,也就是在伏羲时代中国政统就开始了。后面又有神农氏和轩辕氏,以及他们两者之间的争执和战斗,轩辕氏又要抗争南方苗族蚩尤的侵袭,这样中华民族的统合过程就逐渐形成了。而在这个过程中又体现了一种阴阳之道,因为有伏羲的阴阳之道,就会有一些龙、凤之类的图腾象征,这里面的细

节我就不一一展开了。

在这个过程里,"中"具有重大的意义,民族就形成一种中土华夏的意识。华就是花,开花结果,华是开花灿烂繁荣的意思,融合成为一个灿烂丰富、像夏天一样明亮的多民族文化。华夏民族有很丰富的内在包含性,也包括一种融通平衡性,这个融通平衡性就是"中"的基础。所谓"中"就是有一个中点,也就是一个平衡点、融通点。"中"不只是把它平均而已,它的重点在于融通,是融通之后的一个支撑点和立足点,别人可以借助这个支点来用力,它在中间扮演一种融合与统合的力量。在这个过程中又产生了政治领导人作为力量组合者的问题,产生了"君"的概念。"君"字从字形上看是"尹"的口说,尹是一种官职,也有管理的意思,通过说话来实现管理,因此它是一种很高的道理的体现,让大家维持一种适度的、融通的关系。这种关系体现在氏族的联盟上,比如说炎黄联盟时期,代表了中国早期文明的一种进化,所以说"中"也有一种邦国联盟的含义。有学者说"中"是一种旗子,象征着中心点,是立足点、融通点和权力中心,因此正统的概念是以中心为"正"的,中心的领导力也蕴含了一种融通能力,如同《尚书·尧典》所说的"协和万邦",能够使人民都达到一种安和、乐利、满意的状态。能达到"中"的这个过程或者这个方法基础,就叫作中道。这样我们就要回到伪古文尚书

第十二章　合道性与三统之辨：道统、政统、学统

《大禹谟》里面的十六字"心传"："人心惟危，道心惟微，惟精惟一，允执厥中。""惟精惟一"我觉得特别重要，因为"一"就是这个统合点，"精"就是找到这个融通点，就是精华所在，大家以它为模仿和向往的对象，以它作为主导和统领，形成一个统合的共同体，中国的政统就在这个共同体的价值追求中体现。我们说伏羲文化是农业文化的一个高点，不但是中国哲学的一个起点，可能也是中华文明统合为一体、成为一个社群，以及自觉成为一个邦国政治价值共同体的原因。这样，中国的政统就具有它的历史性，也有它的哲学性。这一点我不知道葛兆光教授是怎么讲的，我的陈述就是说明中国政治哲学中的政统，是在这个意义上成立的，不知道和他的分析异同如何。（此处王水涣补充说，葛老师的《宅兹中国》可看作针对"中国"共同体观念的"成熟期"，即从西周青铜器铭文上最早出现"宅兹中国"的明确表述，到春秋时代《左传》中出现"非我族类，其心必异"的明确价值共同体意识，是一个"中国观"从确立到发挥作用的实现过程，而成老师分析的是"中国"共同体概念的起源和形成期，两者各有所长，但强调的是不同的时段。）

中国政治哲学六大特征及其动态演进

梁启超说，中国政治哲学的特征有三个：世界主义、

社会主义和平民主义,这三者之间当然有联系,我们要找到一些新的角度,我开发出来六个特点:(1)天命思想;(2)伦理主义;(3)大一统思想;(4)民本主义;(5)社会正义思想;(6)天下主义和大同思想。我想把它的内涵丰富一点,然后把它体系化,同时形成一个动态的过程,允许技术的发展,这是我的一个思想方法,过去的学者多数都没有注意到。天命思想可以说是政治主体秉承了天意的存在,以及这个存在所包含的生命力和创造力。天命的概念是很重要的,"天命之谓性",那么命是什么?命不是决定你的发展,而只是给了你一个发展的内涵,这个内涵是你必须要接受天赋予你的才干,而且要接受发展的能力。天命自我民命,"命"就是叫你必须去做你应该做的事,可见人可以有独特的能力去做事。至于怎么去做,依据什么规则,以什么样的劲头或状态去做,不一定完全包含在"命"这个概念中。这个概念从《尚书》《诗经》《论语》中可以看出,天命和天有关系,天是最高的规范,天命是上天的创化能力之所在。"天命之谓性","性"就是要彰显天命中的合理性,或者说所谓道德性,也就是说,人的自然性能要符合道德,也就是符合天命、符合天地的规则。天地的规则再实现为人类社会的一种自觉的道德规定,名之为人在社会中实现的德性,使得人与人之间关系的伦理化,五伦的人际关系也就因此建立起来,作为人的再发展的基础。

第十二章 合道性与三统之辨:道统、政统、学统

天命是自然观,人伦是一种生命伦理,还要从家进到国,再到天下,实现一种整体化。我们还要推广这种理性,使人们之间不再争斗,能够有一种相互协调的关系,这就是大一统。大一统当然首先是指天下人的大一统,也可以指天地人的统合。在天时地利条件之下实现人和,也可以利用人和来实现天时地利所赋予的一些优势条件,这样才能够更好地建构社群。个别的人或者个别的群体,在大的社群的良好治理之下,实现个人的安定和个性充分发展,社会资源也得到公平的分配,这就是所谓正义的框架,然后大而化之就是天下一家和世界大同的实现。这些观念之间的关系,我认为它是一种推演、回馈和再发展、再集合的一组概念,关键在于如何实现天和人之间的一种共通,荀子说"天能生物",孔子说"人能弘道",天人合德,人可以"与天地合其德,与日月合其明,与鬼神合其吉凶"。

天不是抽象的天,还能够"天视自我民视,天听自我民听"。一方面人掌握了上下关系,能够实现下而上、上而下、左而右、右而左的群体关系发展。这个在《尚书》里面体现出来了,在《大学》里面被称为"絜矩之道"。不但能体现上下左右,而且能体现前后次序,所以最后整个历史也融化在一种生命的整体和谐之中。这是中国人关于政统的一套想法。政治要"与民以便"。天下人民如何能够和谐相处、安定幸福,这在中国古代经典

《尚书》中就已经有了描述。在《大学》中，儒家认为通过人的发展，通过敬畏天命和个人的修持，能够实现一种逐渐扩展的稳定秩序，也就是《论语》中所说的"修己以敬""修己以安人""修己以安百姓"。

这也是一种普遍主义的观点。当然这里普遍主义也有一个歧义："universalism"假设一个超验的理念，比如柏拉图所说的理念世界具有普遍性，而且是一个超越的普遍性，是一个抽象的标本，是无法实现的；比如在现实经验中不可能完成一个绝对的圆，只可能在数学理念中实现，这是西方的特产。中国是发展的普遍性，与西方超验的普遍性要区分开，要实现抽象的普遍性只有一个办法，就是假设一个上帝，超越地从外在、从上而下地来规定，像欧洲中世纪神授的绝对君权，就是这样一个东西，君权的合法性来自于神，是上帝规定大家必须信仰君权的神圣性。一个人或者族群的信仰是无法完全规范的。而中国则是一种开放的、包含的，以天作为开放的对象，不特别规定明确，也不把天人格化，使它成为一种位格。位格的神就很麻烦，成为一种超越的标准。当然从法律角度来说，西方人会讲这是他们的特长，因为在上帝面前人人平等，有利于增加法律的权威性。问题是每个人有不同的上帝，比如说基督教、犹太教、伊斯兰教这三教都来自于亚伯拉罕宗教，但是他们的上帝概念都不一样，所以很难平衡；但是上帝的声音也通

第十二章　合道性与三统之辨：道统、政统、学统

常表现为人的声音，所以很难保证不会有人假借上帝的意志来实现个人的专权。中国的儒学和易学是从对经验的观察体验开始来发挥人的一种自觉性，或者说自主性，结果成为一种社群，人君必须要成为一个君子，能够尊重他人，能够重视民意，他的目标是以惠民为主。从这个角度上来说，我们的政治传统，君是为人民服务的，为人民服务是最重要的。

至于天命演变为民命，是中国政统的重要理念基础。这个演变过程是否可视作一种沃格林所讲的普遍主义的"突破"？即政治哲学脱离与某一古代特定民族文化形态的直接关联，而将其适用对象扩展到全人类。对这位政治理论家沃格林的"突破"概念，我不知道它的确切含义，但是他讲到规范的普遍性，在我看来任何具有普遍性的理念都可以成为规范，比如说超验理性。这里的解释又说到能够把它推广化，扩展到全人类，这在中国古代政治哲学中也有，比如说推己及人，涵盖古今，惠及天下，这是轴心时代一种普遍思想的要求。他讲的"突破"这个过程含义不是很清楚，也许可以看作一种"超越"吧！

集权分权与治统平衡

本书第三章中提到，权力的集中还有一个很重要的

原因是为了应付各种天灾人祸。中国在历史上外患不断，一直受到北方游牧民族的侵扰，所以为了抵御外部威胁，权力集中的趋势也不可避免。不过由于环境的变化，也出现了对分权的需要。所以集权与分权应当尽量达到一种平衡。这个问题在中国历史上非常重要，可以这样看，从汉到唐，可说是中国历史上一个分割权力的时期，这里可以参考钱穆先生的著作。因为当时统治的地域很广，中央朝廷的统治机构无法延伸到基层。唐朝的节度使具有各方面的管辖权，相当于一个地方大员，形成地方坐大，也就有了安禄山叛乱和后来军阀割据的混乱。后来鉴于这个教训，北宋开始削减地方的军事权力。中央和地方的这种权力结构变化，就像我所说的，是一种历史发展的形势需要。比如一开始在周朝，分封了很多诸侯国，有一百多个同姓和异姓诸侯国，这就是一种分权。从历史来看，华夏民族和谐相处，这种和谐是自然形成的一种生存状态，通过黄帝的统合，实现中国文明的这种合一状态。黄帝之后，尧舜时代基本上是合，但是也有分的状态，是当时部落自然的合与分。夏商周三代是统一基础上的再分，边疆都有一些大的诸侯，到周后期分得很厉害，就出现春秋战国纷争不已的状态。虽然秦始皇实现了大统一，但到汉朝又有了分封诸侯王的分权举动。当然，朝廷内部也一直有集权的要求。因为假如不能做到平衡伸缩的有序分布，可能因为边境外患或者

第十二章　合道性与三统之辨：道统、政统、学统

内部的一些社会危机，会出现统治者政权的倾覆崩溃。所以说分久必合、合久必分，是中国政治史上一种独特的循环状态。从汉到唐，是一个由合到局部的分，再到大规模分裂，后来又重新统合的过程。而唐朝统一后不久就又重新重视分权的问题。每一朝代都有分权，不过是程度不同的问题，不是只合不分，这一点需要强调。唐朝建立有藩镇制度，节度使权力很大，到后来分得一塌糊涂，出现五代十国的割据局面。到宋朝开始集权收权，宋太祖杯酒释兵权。到明朝就更集中了，宰相都不要了，变成了极端的集权。清朝秉承了明朝的集权模式，这个影响甚至一直延续到现代，现在还是要在集权和分权之间取得某种平衡。当然中国历史说明，国家是一体的，权力主要在中央，但是如何实现中央地方权力分配的这种平衡，包括经济利益的平衡，这是一种很高的统治艺术，把握得好才能长治久安。

从权力哲学来说的话，肯定应该存在道统对政统的制约。权力是一种工具，实现功能化，权力要用来做事，但是你不能做所有的事，一些情况下需要分工。这一点孟子说得很好，其实这也就是他批评农家许行的问题，你又要去种田又要去治理，还要去打铁制造工具，这是不可能的，需要分工，就有了"群工""百工"的概念，这是很重要的。《周礼》最后一章是"冬官考工记"，《周礼》当中的司马、司空等都是分权的，后世的六部也

是分权的。但是分权不能形式化，中国古代的政治理论和历史经验是很值得探讨的。权力的目标就是为了"分权"，为了实现它的功能，不同的功能再结合成为一体，达到共同目标。从管理哲学来看，有一个共同的起点，通过不同部门的分化、分辨、分门别类，再整合成为一个共同实现的价值目标，这是管理哲学的一个基本模式。不同部门的利益要整合起来，不能让他们相互攻击，所以一个好的总经理很重要，在市场开发等方面才能够收到有效的成果。分而不失其为合，合而不失其为分。

中西互鉴与道统的当代阐释

关于道统与政统在近代中国的继承、断裂与重建，1922年在广西桂林，孙中山回答第三国际代表马林提问"先生革命之基础为何"时说，中国有一个道统，尧、舜、禹、汤、文、武、周公、孔子相继不绝。他的思想基础就是这个道统，他的革命就是继承这个正统思想来发扬光大。孙先生也确是以道统来指导现实政治的政统的。革命继承了现实政治秩序制度方面的政统，是为了发扬光大道统，显然这与古代政统受道统制约的结构相近。然而，后来这一设想并未为国民党所展开和实现。孙中山逝世后，戴季陶在挽联中称他"继往开来，道统直承孔子"。1980年代，这个由新传统主义者所塑造的

第十二章　合道性与三统之辨：道统、政统、学统

"从孔子到孙中山"的新道统在中国大陆也得到了学界的认知。目前的政治话语体系中，中国共产党是"中国优秀传统文化的忠实继承者和弘扬者"；继承"优秀传统文化"是承认优秀文化传统的价值。传统文化中的道统涉及政治理想的层面，近代所关切的是方法和路径，是怎样"弘扬"传统，但是并没有否定"道统"这一概念。

2016年10月，四川师范大学举行的"道德思想与中国哲学"国际研讨会，特别讨论了中国古代道统论的谱系人物。在此次会议上，我在论述儒家道统时指出，孔子在《论语》中提到了尧、舜、禹，也间接地赞颂了文、武、周公。孟子则加强了对舜和禹的认识。他特别标榜了舜和禹的德行，又进一步说明了孔子作为圣人的特质，从而开辟了后来韩愈和朱熹对儒家道统这个说法的维护。至于道统怎么解释，简而言之就是个人通过修持德性而"知道"，能够齐家治国平天下，能够成己成人，形成"道"能够发挥作用的基本条件。道不但能使人知己、成己、成仁，而且能够致太平、致德于天下，把德性权力化，把它推广成为现实。德性权力化要求兼善天下。孔子虽然是素王，他也兼善天下，通过他的弟子后学，以及后学建立起来的汉朝儒学得以发展。孔子之后，后世的君王不再具有尧舜禹那样的圣德，道统与政统出现了分离，韩愈和朱熹都强调这一点。韩愈本身并没有主张权与德的合一，朱子把这个问题明确化，意识到"三王"

之后的君王不再是道统的继承者，并且提出要由谁来承担道统的问题。孟子有其志，也有很大的影响，后世则连这种志向也没有了。现在至少要继承这个"志"，继承这种眼光与理想，这是一种政治上的理想主义。学而后德，德而后治，治理可以达到天下平。孙中山认为他的革命就是要实现这一套理想，这套理想作为标准，就是政统，具有历史上的权威性。要以此作为目标来匡正现实政治秩序，设计政治制度，建立一个道德政统。中山先生去世早，没有机会去实现这套设想，后继者能否继承其道统理想值得探讨，因为后来蒋介石重视的是宋明理学的一套词汇，所谓内在的那种心性哲学，在致德于天下、转化民意、整合文化价值等方面有一些作为，也值得探讨。

目前中国的文化发展趋向，也重视传统文化价值的复归与重建。至于未提及道统是否因为道统与政统存在紧张关系，这个问题要具体分析。因为与道统相关的还有治统，就是用什么样的政治社会手段来实现政治理想。中国近代以来从辛亥革命到共产革命，要求中国在世界强国之中的平等地位以及国家主权的完整性等问题。有部分革命者有一个想法，就是用马克思主义的这种方法实现中国的富强和中国文化的传承，这是一种发展方向，也是一个新的开始。虽然没有提到道统思想，但实际中也是以"弘道"为主，用什么主义来弘道，用什么方式来弘

第十二章　合道性与三统之辨：道统、政统、学统

道，是新的创造性思维，还是模仿西方？目前谈到要有方法自信、道路自信、制度自信，我觉得并不是要否定道统，而是以道统作为基础，来实现传统文化的复兴传承。

最后一个问题，关于马克斯·韦伯的三种合法性概念，从其所立足的西方文化背景来看，作为君王要有一种号召统合的能力，或者说卡里斯玛魅力。比如说古希腊时代有人要当政，必须口才很好，能言善辩；罗马的演说家也是一样，要通过演说的魅力对人民施加影响，通过声音、表情和热情，以及一种行为方式来表达这种魅力。但是这种魅力影响范围是有限的，所以逐渐把它转化为一种宗教性的统治方式。在西方历史中的具体实现过程要去探究，但是在我看来，这只是一种分类，没必要把它刻板地和现实对应。比如说中国政统中对统治者而言当然也要求有他的魅力，但是还要看他的魅力是什么形式。比如说是否出于信仰，像欧洲历史上的查理曼，他就是以基督教徒自命，魅力可以说来自他的虔诚。但是中国的汤武革命就未必是卡里斯玛，因为汤武革命的基础是当时是否有一种败政，使得老百姓不能不起来反抗，汤、武号召革命的时候、号召百姓起来反抗的时候，当然也有一种魅力，但不能就说是卡里斯玛。

至于怎样把这种靠革命号召力取得的权力传承下去，中国古代有禅让制度，也有子继父权的继承制度，这当然是一种例行的统治方式。因为传统型的意思是说，我

们已经有了一种统治形态，要继承下去，那么谁来继承？当然是儿子来继承最好，可以保持一种血缘的连续性，这一点我觉得中外都是一样。当然，中国历史上也存在假的禅让，这是一种形式问题。

最后说到合理化的问题。中国古代的合法性来源是天命，但是后来有些人觉得天命比较遥远，内容是什么也不太清楚，所以有哲人赋予它新的内涵。于是，成功的政治革命可以称作"承天改运"。这里很重要的一个依据就是《易经》的"革"卦，仍是以天地作为模型，因为天地是要变化的，生命的循环有利于生命的发展，不能克制、虐待或压迫生命，而人民就是天地生命力的代表。压迫或虐待人民的现象出现时，就需要一个"革"，所以革卦有这样一个基本的内涵。革命在这个意义上是顺天应人的，孙中山把它说成是"世界潮流，浩浩荡荡，顺之者昌，逆之者亡"。当时的"天"是世界潮流，"人"是人民的需要，这个解释就符合了传统的革命观。当然，中国后来的革命也有一个外部条件，就是苏俄十月革命的成功，人民也仍然有改变现实状况的需求。这些革命都是在传统的道统变革理论中可以解释的。儒家强调，革命要满足人民群众的需求，是完成人民意愿的一个重大改变，这可以称作现代的"民命论"。用它来作为道统观的一个实现者，可以解释中国传统改朝换代"革命"的动力。古代改朝换代的时候，往往也打着人民的招牌，

第十二章 合道性与三统之辨：道统、政统、学统

用了三代那种圣王的道德号召，改朝换代成功后，往往要用道统来进行论证，有时还诉诸周礼。中国的政治改革、进化、进步等种种变化，还是在一个大的道统之下，在这样一个概念之下来实现的。至于具体方案和目标，每个朝代的情况不一样。今天，中国已经是世界强国队伍中的一个重要成员，不但要把握历史的潮流，还要掌握世界的潮流，一方面要有对历史价值和发展动力的认识，另一方面也要有世界眼光，对世界的和平和人类的繁荣做出贡献。一方面是道统可以制约政统，另一方面政统也要回到道统的理想，因为它在历史上有标志性和示范性。也可以这样说，现在的政统是用来实现道统的理想，相互为用，道统的理想目标和制约职能对现实政治的发展也有所帮助。这是我的道统理论的一个基本观点。

第十三章　羊文化、伏羲时代与《易经》卦画符号系统

中国政治哲学的起源问题往往会追溯到作为现代学科的"中国哲学"的起源问题，应该尝试突破民国以来几种"中国哲学史"著作用西方概念体系裁头剪尾的思路，在综合传世文献、考古发现、本体诠释观念的"三重证据法"相互作用下，探究更为长远的源头活水。从游牧文化向农耕文化过渡的羊文化时代，中国先民通过观察自然形成了较为系统的宇宙观和人生社会哲学观念。这些成果起初通过卦画符号系统形式流传，汉朝学者通过对伏羲时代历史的重新认知记忆而建立起系统的《易经》哲学阐释体系，并创造出伏羲画卦的历史叙事文献，揭示这个过程有助于认识中国易学古代起源与后世继承发展之间的连续性。

有关中国哲学的起源问题，在晚清民国以来已经进行过长期探讨，直到21世纪初，我记得中国学术界还发

第十三章　羊文化、伏羲时代与《易经》卦画符号系统

生过"中国是否有哲学"或者叫"中国哲学合法性"问题的讨论。以往受限于胡适、冯友兰等学者依据西方哲学概念体系所做的裁剪，认为中国到春秋诸子时代才开始有较完整的哲学思想，此前不过有一些零散的鬼神、术数和天地等观念。此后，任继愈等学者注意到《易经》和《洪范》中包含的哲学思想，并结合文献断代研究，认为《易经》哲学观念的形成时间是在殷周之际。而我经过多年的思考研究，尝试结合人类学、考古学、哲学解释学等多学科视角，在以《易经》作为中国哲学源头的基础上，进一步将这一起源时间上溯到传说中的伏羲时代，并利用传世文献、考古发现、本体诠释观念系统相互作用的"三重证据法"，为探讨中国哲学的源头活水问题，提供一个视野比较开阔的新视角。

哲学与中国政治哲学的起源

本章探讨中国哲学的起源和发展，并揭示这种发展过程是如何形成一个自觉传统的。我们可以认识到中国文化有一个长远的农业文化背景，那么中华民族是从什么时候开始成为一个具有定居农业文化的民族的？在这个过程中，一些动物的家庭饲养究竟是从什么时候开始固定下来的？对于这些问题，现在研究得还不是很清楚。比如对马、狗、牛、羊、猪的圈养，从人们对历史的观

察来看，游牧民族和渔猎民族饲养的动物就有所不同。在温度适中的环境中，马就得到普遍的使用，在一万年前，人们就为了打猎的需要而骑马，狗也是为了打猎的目的而驯养的。那么，可以做这样的一个假设，以马和狗的使用为主导的文化，可以称作"马狗文化"或"马犬文化"。但后来定居农业出现之后，需要发展种植农业，需要使用牛，还有圈养羊的出现，牛羊都是作为可靠的食物来源使用的。羊文化和农业的初期发展有着很大的关系，这一点已经讨论过很多次。从20世纪80年代中期开始，我提出"羊文化"这个概念。那是在1985年，在那以前很少有人谈到"羊文化"这个名词。此后出现了很多的文章和论述，可以说是我最早提出这一概念的。这个概念是1985年我在山东大学召开的有关易学研究的会议上提出的，在我看来这是对中国哲学和中国易学起源的一个创新性的见解。人类文化由此进入一种自觉的思想阶段，人类需要观察天地，也就是需要以人和自然的互动作为前提，要具有对自然现象这种认知、识别和总结的能力，有提出一种包含变化和发展的观念，通过对自然现象的观察而得出人类行为应当如何的一系列认识。通过感官经验的积累整理，人类认识到自身对群体有一种依恋，对家庭有一种忠诚，融合人们的一些感受或感触，逐渐产生一种自然群体意识或者人类意识。

刚才讲通过对人与自然互动的观察，产生一种群体

第十三章　羊文化、伏羲时代与《易经》卦画符号系统

意识，而牛羊等动物圈养活动在其中起了很大作用。这个话题还可以再充分讨论，下面回到下一个问题，农业定居文化的出现，是人与自然成功互动的一种生活形式，而人对自然进行固定系统观察的前提是，人类的生活必须要稳定下来，于是开始思考需要怎么样的一个生产力或者怎样一种制度形式，才能使人类社会持续地发展？要思考这个问题，首先需要一种稳定的生活方式，那么我就提到羊的问题。羊群圈养是比较稳定，虽然也不是完全稳定，因为羊群要吃草，有时候要迁徙，农业民族通过与游牧民族和渔猎民族的交往，发现羊群有一些特殊的品质或者说品性，产生了一种以羊作为象征的文化社群。在西方也有类似的情况，比如以色列民族就很重视羊，以管理羊群为例说出很多哲理。当初以色列人在两河流域多次迁徙，主要衣食资源就是靠羊群，但如果说需要定居下来观察羊群特质，就要考察两河流域是不是已经蕴含了一种农业发展的趋向。以色列人即使从埃及出走后到水草丰美的迦南圣地，也是以养羊为主业，而且可能有条件进行耕种农业。这一点和希腊人不同，因为埃及人在与希腊人交往的时候，发现他们面临恶劣的自然条件，在农业上没有什么成就，只在航海和商业交易方面有特长，沿地中海东侧的殖民开发带来了希腊的繁荣。相比之下，古埃及的农业技术可能对以色列的影响更大，以色列民族历史上有一段政治社会稳定

的时期，也就是他们传说中的大卫王时代，充分发展了对耶和华的信仰。反观中国的话，游牧民族过渡到农业民族，原来的那种生存空间仍得以持续，没有受到希腊人或以色列人那种来自外部的挤压，主要是一个种族融合的问题，形成了一种以融合同化为基础的交流模式。从游牧到农耕是逐步发展的，古代经典比如《诗经》里面有牛羊成群的这样一种描述。实际上，牛的驯化要比羊晚很多，牛可以说是定居农业的典型动物，而羊文化则更容易作为游牧文化过渡到农业文化的一个代表。如果把犬和马的使用作为游牧民族的一个主要工具形态，完全过渡到定居的农业社会耕作之后，牛和猪的圈养又作为主要的工具形态，羊文化则可作为前者向后者过渡时的主要文化形态。

从1993年以来发表的多篇有关羊文化的文章来看，各种观点有一些差异，但多数受到了我的启发和影响。比如，黄杨于2005年发表的文章，他也说羊文化开始得很早，并将其与中国农业的早期发展联系到一起。关于中国的农业化，我把它假定在距今8000到10000年之间，因为那时候有考古学上所说的细石器，而且我还有一个直接的体验，在内蒙古看到草原和农业发展过渡的关系。我觉得黄杨这篇文章彰显了我所说的羊文化的意义，但他还没谈到我所说的从犬马过渡到牛羊，再到牛和猪的农业化这样一个过程。我是从张光直所讲的新石器时代

第十三章 羊文化、伏羲时代与《易经》卦画符号系统

的意义上谈的。关于具体的羊的驯化，起初驯化的是什么品种？最早在什么地方开始驯养？这些问题都要讨论，比如说，目前的农业考古成果说中国的绵羊驯养要比山羊早；山羊驯养技术可能是从中亚西亚传过来的；羌族在中国古先民驯养羊的过程中起了很重要的作用。又比如说，姜太公这个姜姓也和羊文化时代的古老氏族有关。那么，中国古人是从什么时候开始通过造字表达特定事物的概念呢？我在《尔雅》里面看到很多早期古文字材料。细石器时代距今8000多年，黄杨在2002年发表的一系列文章可能受到我的影响，如黄杨《羊文化与"善、义、美"的原始内涵》等论文涉及羊文化的主要特点。这里还涉及我在《齐鲁学刊》杂志上发表的一篇文章，里面就讲到德与法的关系，这篇文章本来是用英文写的，1990年代后期我在德国开会，文章又被会议主办方组织译成了德文，后来山东曲阜师范大学有位学者将其从英文译成中文，发表在《齐鲁学刊》上。[1]这位学者如果事先看过我那篇英文文章并受到了启发，应该加以说明。

羊文化与伏羲时代

下面要谈羊文化与龙文化的关系。关于龙头的形象，

---

[1] 当指"A Confucian-Kantian Reflection On Mutuality and Complementarity of Virtue and Law"一文，中文译文发表在《齐鲁学刊》2009年第3、4期上。

目前学术界有牛首、鳄鱼首、大蛇首等多种猜测,说像羊头的比较少,只是有胡须这一点像羊,但角又是鹿角,龙确实是多种部落图腾动物特征拼合的结果。那么龙在中国古代作为一种生命活力和创造力的象征,也代表了从游牧文化到农业文化过渡时期先民的一种自然力想象。从某种程度上说,龙可以是人类自身的代表,因为是人有能力综合各种动物所代表的自然力,可以观察和利用天地自然的规律并为我所用。而龙这种综合性的特征,应该说是农业时代对前述游牧和渔猎等多种时代的综合。①当然可以说龙文化的确立是很晚的事情,但是考古挖掘出来的成果则表明,与《周易》有关的阴阳爻的符号是很早就出现了的。比如,张政烺很早提出过古代青铜器上的"数字卦"的问题,包括半坡陶器上的刻画符号,也可能是早期的中国文字。也有学者认为数字卦是中国古代文字早期发展中的一个阶段,起码在商朝之前,而我认为更早,阴爻、阳爻这种符号记录要早于形象、声音和数字的表达,最早的这样一种体现自然生命力的符号是逐渐建立发展起来的。阴阳符号有意刻画的时候,有了这样一种符号体系,用来象征一种自然变化。这种刻画符号可能还与造字有关系。当然也有学者说,造字纯粹是出于一种象

---

① 青年学者王水涣经初步研究后补充说,有学者研究中国古人把大蛇等多种动物图腾形象合并起来组成龙的形象,并将之与"人首蛇身"的伏羲联系起来,是在汉朝才出现的情况。

第十三章　羊文化、伏羲时代与《易经》卦画符号系统

形。① 我个人认为象形原则是造字的根本原则，象形原则是人们从周边安定的环境中选取象征物，来表达一种宇宙变化活力的景象。这里需要假设一个开始点，这个点就设在伏羲。当然这是一个漫长的历史积累过程，到战国时代的《庄子》里面才有了对伏羲的集中记载。② 那么，在这个历史过程中，伏羲所指代的时代内涵有没有发生

---

① 王水涣补充说，也有学者认为数字卦是古代文字发展中的一个阶段，数字刻画与象形文字并不矛盾，也有伏羲造字的说法，与人们熟悉的仓颉造字并行。

② 《庄子》中关于伏羲的记载有五处，其中两处出于"内篇"，三处出于"外篇"。在"内篇"与"外篇"中，伏羲在古帝中的排位有所不同。属于"内篇"的《庄子·人间世》："是万物所化也，禹、舜应物之所纽也，伏羲、几蘧之所行终，而况散焉者乎！"庄子在这里将伏羲列在禹、舜之后。《庄子·大宗师》："夫道，有情有信，无为无形……豨韦氏得之，以挈天地；伏戏氏得之，以袭地母；维斗得之，终古不忒；日月得之，终古不息；堪坏得之，以袭昆仑；冯夷得之，以游大川；肩吾得之，以处大山；黄帝得之，以登云天；颛顼得之，以处玄宫。"这里是说"道"体无形、功用无限，豨韦氏运用"道"来整顿天地，伏羲氏运用"道"来调和地气。《庄子·胠箧》："子独不知至德之世乎？昔者容成氏、大庭氏、伯皇氏、中央氏、栗陆氏、骊畜氏、轩辕氏、赫胥氏、尊卢氏、祝融氏、伏牺氏、神农氏，当是时也，民结绳而用之，甘其食，美其服，乐其俗，安其居，邻国相望，鸡狗之音相闻，民至老死而不相往来。"伏羲位列轩辕黄帝之后，神农之前。《庄子·缮性》："逮德下衰，及燧人、伏羲始为天下，是故顺而不一；德又下衰，及神农、黄帝始为天下，是故安而不顺。"《庄子·田子方》："古之真人，知者不得说，美人不得滥，盗人不得劫，伏戏、黄帝不得友。"在这两段中，伏羲在古帝中的排位颇近于后世所列。《庄子》一书之中，伏羲名号有三种写法，或记为"伏羲"，或记为"伏牺""伏戏"，前后不统一；身份混乱，或人或神；在古帝王中序列不定，或在禹、舜、黄帝之后，或在其前，地位渐次升高。这说明在庄子时期，伏羲尚在传说和创造过程中，是一个不确定的、尚未定型的人物。王水涣补充说，根据学者的研究，伏羲氏的名字在古代典籍中有很多种写法，据闻一多先生《伏羲考》那篇长文的考证，伏羲名号的很多写法，字形虽然不同，音都是相近的。

变化呢？假设古人后来经过考察追溯，知道有伏羲氏这样一个历史时代，该时代相对于黄帝和神农等古帝王统治时期，所指的具体生活内容究竟有何变化？不能因为"伏羲"这个字形符号称谓在古籍中出现的比较晚，就否认这样一个有独特内容的历史积累过程。①这些学者的研究和我关于羊文化与伏羲时代的论点是可以相互印证的。

这个时代除了涉及中国哲学起源之外，还有内涵的价值观念和符号系统问题。我们刚才已经讨论到，伏羲时代的人类生活特征确实存在于农耕时代之前，有科学上的依据。到了汉朝，伏羲才被确立为"观天察地"的文明创造者。认识羊文化和伏羲时代的特殊关系，有助于我们理解这样一种特殊的时代文明背景。

这需要说明我们是如何把两者联系起来的。《周易·系辞下》说伏羲创造文明符号时"近取诸身，远取诸物"，又有"方以类聚，物以群分"的说法，也就是在人和生物之间"物以群分"的过程中，发现了生物的特性和它们与人类之间的关系。比如说到天地的象征意义，还有动物的阴阳、雌雄之间的差别，那么也涉及各种不同的生物之间形态及其象征意义的差别，如龙和虎、龙和凤之间的一种对应，代表一种强烈的生命力的

---

① 王水涣补充说，根据任继昉《"伏羲"考源》和林声等学者的研究，虽然伏羲名号出现得比较晚，但该时代描述的原始先民的渔猎生活形态，确实是存在于定居农业时代之前的。

第十三章 羊文化、伏羲时代与《易经》卦画符号系统

表达。"一阴一阳之谓道"就是一种符号系统创造力的形象表达，这个符号系统是早于数字卦的。比如阳爻代表了一条线或一个动作，阴爻则代表了一个空间，一显一隐，一动一静，一刚一柔。在上述阴阳刚柔互动的过程中，又产生了四象八卦，在四象八卦的运作过程中，逐渐有了数字的概念。如果没有这种运作变化，就不需要有大量数字的存在。中国古人后来产生"一生二，二生三，三生万物"的观念，与他们对外部世界事物变化现象的长期观察有关，"一"代表了一种整体性的存在，"二"则显示一种分化与对立的面貌，"三"则可以看作继续分化之后的差异多样性存在。有时候人类文明发展过程中是会出现后人对以往历史时代的重新记忆与建构的现象，那么汉朝文明可看作对伏羲时代记忆的重新发现。我认为，现在我们对古代历史的了解和对中国古代哲学起源的文明背景，以及对这两者之间相应关系的认识，还没有达到一个很好的深度与广度，所以造成很多混乱，把事实和概念混同起来或者是割裂开来。比如说，把先民的生活状况和后代典籍对他们的追认记忆混同起来，又由于怀疑典籍真伪进而否认古代文明阶段存在的真实性，影响到对自身文明的信心，这是很不幸的。这里需要说明的是，伏羲作为羊文化时代一个重要的文明符号创造者，有三方面的意义。第一是伏羲观象代表了从游牧文化向农耕文化过渡时代的一种文明自觉。第二是伏羲通

过对周边自然万物和人自身的观察，认识到宇宙的活力，这种活力表现在阴阳、雌雄等对立现象符号中。第三是他还将这种抽象符号系统用一种"具象"的形式表达出来。比如，"二"代表事物的分化，"三"代表事物分化发展过程中的一个新阶段，这种思路被后来的《道德经》所继承。这样的话，羊文化时代和伏羲、易学的起源发展问题就联系起来了，中国哲学的源头也就可以追溯到一个很早的时期。当然这是一种重新认识和再认识的历史过程，这种论述的建立也需要一个较长的过程，其中有一个阶段就是如何符号化。符号化涉及一个"取象"的问题，你看各卦的"象辞"里面往往有一些对自然事物的形象比喻，很有意思。比如，八卦有各自的象征，乾为天、坤为地、震为雷、巽为风等，也许是古人在对事物认知的过程中一种不自觉的归类，后来有意识地把它固定下来了，符号化是一个很重要的认识阶段。其次是强调一种变化的观点，这一点和西方的古希腊人有点类似。比如赫拉克利特说"一个人不可能两次踏进同一条河流"，认为人们无法通过简单的表象把握宇宙的真实，需要追寻"变中之不变"，认为在变动的表象背后有一个不变的本体。而中国古代哲学则是在一种符号系统的运动过程中了解变化的细节，对于很多变化，我们无法通过一种单纯的表面观察来获得，而需要通过符号系统的规则运作（卜卦）来分析。比如说我们通过占卜得

第十三章　羊文化、伏羲时代与《易经》卦画符号系统

到一个卦象，对应一种卜辞解释，可以说卦象是一种自然现象，但是离开这种现象你也无法理解背后的抽象真实。因为卦象的指代意义往往是多重的。比如我推开窗户看外部的世界，事物万象更新，究竟哪一种"象"对我当前的认识会有所启发？我必须要有一个符号把它表达出来，需要通过占卜来决定，实际上是用符号的推演整理来模仿自然的变化，来推测说明当前事物情境可能的一种发展动向，以及人可以得到的启示。符号系统化之后，接下来是如何用这个符号系统来描述变化的状态，又如何能够使人认知这个变化。在这个认知理解过程中，我到底需要掌握一些什么事物，与我要达到的目标有关，也与我的处境有关。如果我没有某个特定目标，当然也就不需要为此而占卜了。后来有些人有一种错误的想法，认为前人已经积累的占卜经验总是可以直接指导后世的类似事件。但占卜有它的具体针对性，外部世界总是不断变化的，占卜是用合乎自然的方式来重新推演一种趋势发生的可能性，这种可能性与我们的目标指向有关。此外，是占卜得到的卦象可能有多种不同的解释，涉及对当时历史社会经验的总结归纳，巫史就是这样一些富有经验的人。占卜的预测功能，其实很多时候和这些巫史人员结合社会经验知识做出的解释有关，我的书中也提到这个问题。由于占卜具有规范、预测和指导国家社会管理等多方面的内容，易学本身的发展就非常重要。

我们要回到易学的原始意义来认知宇宙发展的原始状态，并由此认识人类社会发展和宇宙之间的关系，占卜可以看作人与宇宙之间一种交锋互动的交流方式。

三大符号体系与政治哲学整合

回到我们开始讨论的主题：农业社会、羊文化和符号系统这三大体系。即使具体卦的字词出现和发展得比较晚，但符号系统的这种概念和运作方法却很早就存在并一直传承着。比如，亚里士多德总结他之前古希腊物理学的发展，称泰勒斯谈到水的变化形成万物；赫拉克利特讲火的变化是世界本质："世界是一团永恒的活火"。这两位学者并没有就自己的变化符号"水"和"火"写出一套系统的著作，但这种原始概念和理解方法仍被后世学者所承认和继承，中国哲学家为什么不能这么做呢？这就是我以前讲过的"三重证据法"。什么叫"三重证据"？第一个是古代流传下来的文字资料。第二个是地下资料，比如发掘出来的文物，也可能是带有文字的古物。要说明前面这两个方面相关，还需要建构一个整体化的概念体系，这个体系本身的合理性在于它是和历史时空一致的，如何与当时的生存环境一致，如何与当时人类的意识状态一致，而且需要说明当时的历史情境下人们还没能有意识地发展出来的一种明显逻辑联

第十三章　羊文化、伏羲时代与《易经》卦画符号系统

系——对历史过程哲学意义的认识总是滞后于历史过程，如黑格尔所说"雅典娜的猫头鹰总是在暮色降临时才开始飞翔"，这属于认知的层面，这是我说的第三重证据。

假如在第一重和第二重证据里面，就能把历史如何开始、人类怎么开始、哲学何时开始等问题探讨清楚，也许就不需要第三重证据了。但人们往往只是站在一个点或一个面上，缺乏一种实践的立体感，就往往不能自觉到历史的意义，这是中国哲学发展面临的一个重大问题。关于羊文化和伏羲时代、《易经》卦画符号系统的关系，这个问题我在1985年就提出来了，后面有些学者开始写这方面的文章，并且提出一些与羊文化、伏羲时代和周易卦画考古相关的观点，显然是受到了我的影响。我当然也很高兴，他们能沿着这些思路做出一些学术上的探索与发展，在这些研究积累的基础上，可以逐渐说明中国古代哲学的起源和发展有一个相当早的源头和漫长的过程。我们看到有些西方学者如白晋，还有后来的一些人类学家，把中国文化当作西方文化的一个后起的附属成分，这是非常不符合历史真实情况的。首先，我们有自己的文化源头活水和历史证据；其次，是我们的学者对于自己的文明、文化和哲学的起源发展，应该有一种认知意义上的理解，并且能大胆地把自己的设想提出来，而不是跟在西方学者的现有体系后面亦步亦趋，这一点非常重要。因为只有对自己文明的历史和哲学思

想有了清晰独立的认识判断，在国际上相互交流时才有可能在他人交流对话中发现差异和互补的可能，如果总是认同对方的体系，平等交流和融合创造的可能性就少多了。当然这也不是我们完全不顾前人的研究，自己另起炉灶，而要对他们的成果有充分的理解，这样会融合进一个学术的传统。今天我谈的除了找到中国哲学的源头活水，还有一个方法论"三重证据法"的意义和运用。结合相关的文献将这个论述比较充实完整地表现出来，对于我们理解中国哲学与文化的很多根本问题会有很大帮助。

以上这三大符号体系相互融合阐释，就可以对中国的政治哲学起源做出一个独立的解释，而不必像欧美有些学者坚持的那种传统，认为只有古希腊城邦时代才产生了真正的政治哲学，其他文明中产生的有关政治的根本目的和运行规则的思考都不能叫这个名字。这其实是一种比较狭隘的思考，是基于近现代欧洲和美国的特殊历史经验，而且有他们特定的形势需要和理论竞争目的。比如说，为了提升欧美知识分子对自身文明传统优越性的自信力，把欧美之外的世界其他区域的政治历史都说成是黑暗专制的，对此我们今天应该有全面的思考与反省。

第十四章　儒学的宪制发引：从《洪范》到"正名"

我今天这个题目叫作"儒学中的宪制发引"。这个题目有一点深意，我不能说儒学中已经有一个完整的宪制思想，也不是说它没有，但是最重要的就是它能够引发或者发引出我们对宪制的渴望，或者对宪制的深度思考，甚至于最后觉得必须要走向宪制的政治体制。所以我想从儒学谈起，逐步地把宪制引入，这样我们会更了解儒学传统中有什么对宪制的启示或发轫。今天我们谈儒学，我们谈宪制，我们谈儒学中的宪制思考，这个题目提出的探讨就应该给我们很多的鼓励，也会让我们更容易去掌握现代中国宪制的基本或者深层次的意义和价值。

我有一个副题就是"从《洪范》到'正名'"。我很难说这是不是刻画出了儒学的基本思想。假设《洪范》是在孔子之前就有的，孔子虽未提到它，但它所表现的惠民与治国思想却是与孔子的治国之道相一致的。从这里可以看出儒学应该源于一个悠久的历史传统。也可以说，在孔子提倡儒学之前，事实上就已经有儒学了。我这里讲的儒学是在所有人类文化传承当中最能肯定人的生命价值、最能肯定人在发展中的创造力，并基于人性与人文的坚持对建立伦理社会，追求实现一个理想的人类和谐世界，进行教化与倡导，以此来发挥人类的潜在能力。也就是说人类必须通过政治文明与政治智慧的发展，而不只是经济发展，也不只是社会文化的发展来达到人类更高层次与更广范围的社群发展。基于文化与伦理的政治永远是儒学中最关键的一个人类发展层次。这个层次是建立在人的自我觉醒的生命力基础上的，是建立在人类文化的活动基础上的。

什么是宪制？

什么是宪制？我这里没有时间把宪制概念的内涵完全展开来，但是我的意思是很完整的。大家知道，依照一个宪法来行使的一个政治治理、管理或者一种政治权力，这就叫宪制。什么是宪法？我想普遍意义上大家都知道，不需要多说，宪法就是基本大法。这个基本大法需要具备很多条件。作为基本大法是不是完美的，是不是一个国家的国民能够接受或已经接受的，这些都是问

第十四章 儒学的宪制发引:从《洪范》到"正名"

题。除此之外,这个大法如何获致也可以成为根本问题,这也就是立法问题。宪法也有合法性问题。我们可以区分宪法的合法性问题与基于宪法的立法的合法性问题。前者是宪法的根本法源问题,宪法是神授、君主制定还是人民的公共意志表决或默许或推断,这些都可以成为合法性讨论的问题。总而言之,作为指导国家治理的大法,必须预设一些判断的标准与评价的能力,而且必须考虑到宪法之为宪法的合目的性,而不只是其合法性而已。

当然因为有文化的因素在里面,所以不可能每个治理的大法都是一致的。首先,治理对象不一定是一样的,而且其所认知的基本价值、相对价值、普遍价值也不一样。我不相信绝对普遍性,绝对普遍性是一个理想,但我们可以谈相对普遍性。我们可以在相对普遍性中建立一个具有理想性的普遍性。但是普遍性实现还是要靠特殊性的条件来说明和体现。

这又提到宪法真正的重要性在于它是能够提供治理国家的法律基础,就是它能够为人民大众所遵守。我觉得这个是比较困难的。因为写一个宪法比较容易,但是要把这个宪法推行和施行起来,为大家所遵从,而且让这个宪法变成活的宪法,能够与时俱进,能够在实践过程中逐渐完善,这个我觉得是最重要的。我们要把宪法看成一个活的典型、典范,要用我们自己的社会经验、社会理想、公共意志把它实现和完善。这个我觉得是宪法的合法性的来源，也是宪制最主要的意义。这也显示了今天我们探讨宪制哲学是非常有意义的。而儒学作为建立人类社群基本伦理哲学、文化哲学、价值哲学，甚至说人生哲学的哲学思考，显然与建立一个合理的政治体系有非常密切的关系。儒学可以推广到其他社群，而不一定限于中国的传统。

宪法的伦理基础

为什么要有宪法呢？宪法是一种立法。我最近谈康德伦理学，康德伦理学可以说是现代宪法的一个重要基础。康德伦理学或者说道德哲学认为，人可以依照一个外在的法律来实践一个人或者一个社群所需要的善。但是外在的法律根据是什么？是上帝，还是历史上留下的权威？抑或内在于人的自由意志的实践理性？康德的回答是人是理性的动物，人的理性可以自己规定要做什么，什么是自己要做的事。那个自己要做的事，事实上也应该被看成是所有人都应该做的事。所以从人的自主独立性、人的主体性去思考整体的一般性理性规则，而把它看作对自己做事的要求。从这个意义上讲，道德实践具有一种普遍性和必然性。

同样把这个必然普遍的道德规律外在化为公共的法

第十四章 儒学的宪制发引：从《洪范》到"正名"

律意识，成为大家都遵守的法律规定，人们必然对它的内容、形式都有道德的认同。假若每个人都能进行这样的认同，事实上基于这样一种道德规律的认识，每个人必然也会去相互认同。所以在这种情况之下，产生一个普遍性的法律规范是可能的。

这个法律规范最根本的目的是什么？它的内容是什么？个人的道德要求与国家治理要求还不一样。我们还需要探讨法律规范内容的问题。所以今天我们说宪法的问题事实上首先要肯定国家治理所需要的内容是什么。宪制可能性是在于每个人都可以为自己立法来遵守个人的意志所必须接受的一种价值。从这个方面来说，宪制应该是政治治理必然要行走的路线，人类进化、社会进化必然走向宪制的规律。

在原始的社会里面，前宪法时代基本上是君主制度。君主制是超人的制度，它不能结合大众的意识，因此是不够的。即使是良好的意愿，没有外在成为人们可以共同接受的认知，那也是不够的。所以君主立宪是一种进步。但即使君主立宪的权威是宪法赋予它的，其最后的权威也还是在于接受治理者大众的公共意识。公共意识可以选择不需要君主，这是一种自然的可以考虑的事实。所以当这个君主本身不能够满足大家需要的时候，民主立宪是自然的趋势。很多君主立宪国家包括英国，由于历史原因能够发展成为一个宪制的文明，但是假设这个君主本身出了重大的问题，民主立宪就变成一个自然的归向。这是很自然的发展。

在哲学上，大家都知道霍布斯主张君主的绝对权威，但他还没有掌握到立法的内在性，人类独立的内在立法精神。所以从霍布斯到洛克是一个很大的改变，而这个改变反映了当初英国的历史情况。我们在这里简单地谈谈这个问题，以说明西方宪制的开始。

说来话长，英国历史上最早的《大宪章》缘起于国王与贵族、宗教集团的斗争和冲突。贵族及宗教集团想要控制君权，而君权却要压制贵族和教权。这段历史很复杂。后来的"清教徒革命"以及"光荣革命"，这些事件都是英国资产阶级和新贵族在与君权斗争中争取利益的过程。这样就造成了英国很特殊的宪法表现方式，就是"不成文法"。它从不同的契约关系，争取到权利后的一种协议来限制君权、保护资产阶级和新贵族的权利。当然这是一个长期发展的结果，一直到"光荣革命"时期，英国议会的权力才彰显出来。之后，基于政党的发展，民众的权利也透过议会逐渐得以实现。

宪法的目标与形式

这里我要特别提示一下，宪法有个目标。美国1787年《联邦宪法》是经过美国独立战争以后产生的宪法。

第十四章 儒学的宪制发引：从《洪范》到"正名"

它的序言里面说了六个重要目标，合众国人民要订立一个契约关系，作为治理的基础。首先第一个目标是要建立更完全、更完美的联合关系，就是说我这个社群要更紧密地站在一起。第二个目标是要建立一个正义的社会。第三个目标是要保证一种社会的安宁。第四个目标则在提供维护社会安宁的国防，能够集聚大家之力组成防御力量，来保护自己。第五个目标是要建立一个大众的福利制度。最后一个目标就是保障国民大众的自由。总之，一部宪法是有目标的。这里说的六个目标是美国1787年《联邦宪法》的基础，得到了参与制宪者的同意。

当然对美国来说，它有这样一个特殊的情况——独立战争之后十三州有时间凭借理性来进行共同思考，并参考洛克的民意哲学来建立、规范国家发展的方向，非常直接也非常坚定有力地来规范与巩固这样一种关系。

但是有些历史较悠久的国家，并不能像美国那样容易订立宪法，其他国家并非都有这样一种能耐或者充裕的时间或清楚的概念来得到人数较少群体的同意，然后获得广大民众的支持。比如法国大革命的结果就不太一样，法国的宪法往往匆促地制定，又匆促地消解，显示了一种不稳定性。

这里我要说明民主宪法有两个形式，这就涉及儒学。我最近探讨民主的形式，有人问中国的民主与西方的民主是否有差异。这里我提出这么一个认识：西方的民主与中国的民主是有差异的。这是两个历史传统发展出来的不同的民主概念。中国的民主更接近于信赖的民主，而西方民主更接近于参与的民主。这两个民主方式是什么，我们怎么去了解？西方的民主源自于希腊，中国的民主追溯到中国古代氏族社会，这是两个最初不同的形式。

如果将希腊作为一个起点，它的城邦制度决定了公民是在很小的国家层面上参与民主的，而且希腊这个民族是比较好战，它的城邦很小，公民的参与权却很大，战争中被征服了的人变成奴隶。从这个方面来说，民主的参与性是很强的。因为公民要自行决策，然后面对各种环境带给它的困境或机遇，比如作战与订约。加上当时希腊社会已经有了奴隶阶层，公民的政治参与感也就更大。所以，这种参与的民主在希腊伯里克利时代得到非常明显的证明。这个对后来影响很大，文艺复兴以后，西方建立民主国家是以希腊的参与的民主作为基础的。

在中国的传统里面，民主是以民为本、为民做主，是为民寻找好的领导者。它不是以民为主，而是为民做主、以民为本。为什么是这样的制度？我想这与早期中国的环境有关。中国跟希腊不一样，中国是一个很大的分散的农业国家，这些氏族慢慢集合在一起，在农业化以后，君主要对广大的人民负很大的责任，人民必须要相信他，他要体现对人民的期望的充分尊重。人民就是

第十四章 儒学的宪制发引：从《洪范》到"正名"

要找一个值得信赖的人，让他们可以安心过日子。我认为早期中国是要找一个圣贤的人物为大家牺牲、奉献，他并不是为了自己的利益、私心来从事公共工作，要有一个大智、大勇、大仁的人来从事公共事务，这个人叫作"圣王"。这个圣王的继承也是要找这样的人，这就叫"禅让"。

我认为中国在开始的时候是有一个禅让的传统，大家可能觉得是编造的。但是最近有一个出土文献叫作《容成氏》，讲的就是禅让的可能性。当然有人讲禅让是一个形式，或者后来是一个形式，或者是一种推辞甚至是计谋，但是我们想象早期从尧、舜到禹，至少想象它是有可能性的。从司马迁的记述里面也体现了这种可能性，早期中国人是相信这个古代的"圣王时代"的。

这种情况下体现的是，圣王是值得大家信任的领导人，人民必须要信赖他。他的目标就是让人民信赖，为人民谋福利。后来是走样了。最开始是大禹把他的位置传给他的儿子启，他不是要传给他的儿子，他是要传给一个叫益的人，可是启的能力也很强，他也想做王，所以在益与启的争夺下，启胜利了，就变成传子世袭的开始。一旦这样的权力继承下去，就变成中国后来的专制制度。有了专制以后就更有私心，就把权力作为满足自己的工具，甚至于忘记或者压制人民的需求。由信赖到不可信赖，这是很重要的发展。这个发展决定了中国政治的行使方式。

但是这种方式还是以信赖作为基础的，即使是世袭的国王，只要他是好国王，就仍然是人们所希望的，他也知道人们依赖他。虽然人们并没有参与，因为参与需要更多的方式、更多的结构和时间。从中国和希腊的发展来看，中国的发展自始就是一个信赖的民主，希腊是一个参与的民主。这两个民主形式发展到现在就变成西方的民主形式有更多的参与，越参与越好，而中国的民主是你越信赖我越好。当然作为一个带头人、一个为君者，他也值得大家信赖，他真是为民谋福利。人民说，你办事我放心，你做的事情我满意，不需要担心什么，就可以了。

但是，是不是真的做到这一点，这是个大问题。所以在这里我们可以说，西方参与式民主是我一定要把我的权利说清楚，所以产生一种民主表达权利的权利宣言；而中国往往是作为一种隐性的天命要求，当君者你的责任是什么，因为你承受天命就要遵守天命，你能够做到人民所需要的，人民也就不需要参与你这些事。这是中西方很大的不同。

儒学与宪制

今天我来谈儒学宪制。刚才已经提到了儒学所表达的方式基于早期禅让制度的发生，就产生了为民做主的思想。而这个思想最早的开始就是《尚书》,《尚书》里面《五子之歌》《大禹谟》都谈到天要求能够找到一个为民做主的人,这个想法是很清楚的。甚至于在周朝还有这个想法,因为周天子即文王、武王他们以为民做主来解决这个问题。当初禹、汤也是从这个角度,是为民做主的一种表达。《尚书·多方》说"天惟时求民主",也说"天惟五年须暇之子孙,诞作民主",就是说这样产生一个圣王来为大家做主。同时在《五子之歌》中也说"民惟邦本,本固邦宁"。在民之本上谁来做主呢?就是要有一个圣王出来。这就是"民为邦本"的意思。

以民为主,为民做主,主要的权力还是在民,民还是最重要。所以一直到孟子还说"民为贵",不能忘记这个"民"是最重要的。承受天命就是要人们去为民着想,这里有一个基本的假设:早期中国人把"民"看得比较被动,民像羔羊一样,需要人保护,需要人关怀他、爱护他、教化他,他是一个天性很纯真、需要被保护的对象。那么有一种人能够保护这个民的就变成君了。后来孟子叫"劳心者治人"。民就是辛苦工作、种田,没有时间,因此是"治于人"。所以"民"的概念,是茫茫众生,没有把民看成很多个体,他们可能还有参与政治的欲望,认为民就是应该接受保护,让其生养得到保护。

因此君就很重要，怎么找到一个贤君很重要。在这个意义上讲中国的政治理想基本上是建立在这样一个认识上。当然这个传统引申到宪法还应该有几个阶段：一个是《尧典》，一个是《洪范》，一个是《周礼》。

古文《尚书》里的《尧典》是后来人民追溯或记忆尧，反映中国的政治组织还是有其特点的。当时中国的大环境基本上还是氏族社会，九族都有血统关系，而这个九族能够构成一个邦或者一个国，它就具有一种内在的关联性与依存性。怎么把这个关联性与依存性扩大，怎么成为更大的一种关系协作团体，怎么从九族到平常百姓，把九族扩大到一百个姓氏，甚至于把百姓扩大到更大的邦国，达到"协和万邦"的目的。这个基本的思想就是君要做的事情，一方面是照顾基于氏族关系的民，另一方面要扩大协和关系的国。这里要指出的是民与九族并非等同。过去中国是不是在民的层级之下有奴隶社会——奴隶上面有民，民是耕田的，民上面还有一些氏族领导者，那是另外一个问题。另一方面，这里我要说的基本扩大形态是要从协和他邦来扩大基层族群的连锁，从一个小的社群扩大到大的社群。这样，才能使自己的国家或者邦国兴旺和安定。这是开放式的。虽然它也是一种信赖，但是要在信赖的基础上去开拓与巩固社群关系，达到社群和谐与天下和平。

这里我们看到《洪范》篇的产生。我认为《洪范》

第十四章 儒学的宪制发引：从《洪范》到"正名"

篇代表了最早的中国治国之道，是对长治久安的基本方法和理想的追求。这个《洪范》是什么东西？《洪范》是武王克殷之后去问纣的叔父箕子什么是治国之道，君主问治国之道在历史上常常是有的。比如最有名的是汉武帝策问、董仲舒应答的"天人三策"。在《洪范》篇里面，"洪范"的意思就是大的规范，"洪"是宏大的意思，"范"就是典范，一个宏大的治国典范。这就是中国宪法的概念。所以儒家不是没有宪法概念的。

考虑治国这个问题，怎么得到长治久安，《洪范》篇里面提出十点，这个十点从对自然的认知和维护到历法、制度、立法的制定，到各种不同事务的管理功能，其中包含了"农用八政"，也包括怎么去祭祀、教育、交通、司法，而且考虑到处理军务、国防、财政，等等，好像今天美国《联邦宪法》规定行政部门有哪些要考虑的事务，怎样去管理它们。这显然是基本法的概念。基本法就是要找到我们要做什么，怎么去做，同时也考虑到做人的态度。它提到"敬用五事"：你的态度是不是非常严谨，面容是不是应该庄重，说话是不是有条理，认知是不是清楚，思想是不是通达，这些都是需要考虑到的。你能不能够产生一种策略思想，怎么样用刚来克柔、用柔来克刚，怎样做出决策，以及如何争取使官员或者庶人（一般人）推行你的决策并达到满意的程度。你能不能够考虑天时地利来推行一些事功，最后达到一个治理的目的。其中也包含追求人类生存的幸福来制止一些违法的和伤害群体的行为。

总之，要有最高的价值标准，这个标准就是"皇极"，追求大中至正、无偏无倚、无偏无党。这个追求在《洪范》篇成书时，也许已经是儒家思想的发引了，至少它已经彰显怎么样找寻一个客观法则、一个法典、一个规范来治理国家。

从《洪范》到《周礼》也有很多说法。《周礼》是不是周公作的，至少周官这一块开始很早，首先就说"惟王建国，辨方正位，体国经野，设官分职，以为民极"（《周礼·天官·序官》）。这完全是宪法的观念。你怎么去把这个国家建立起来，怎么开辟疆土，怎样设官分职，要做一些什么事，如何管理，怎么达到目标，达到人们所需要的一种理想要求。从《尧典》中看到的是一个长远的目标、一个一般性的做法，但是到了《洪范》《周礼》，一个整盘的理想已经透露出来了，但是没有成为一个完全客观化的法典，并没有经过一个认定过程，让它有一种约束力。用黑格尔的话来讲，儒家带有主观的宪法精神，但是怎么把它变成客观的宪法精神，成为有约束力的法典，这个在儒家还没有实现。我觉得儒家引发了"宪法"的概念，但是没有把它变成一个客观的建制作为现实政治的基础。

第十四章　儒学的宪制发引：从《洪范》到"正名"

孔子和宪制中的"正名"问题

很重要的一点是，孔子认为儒家最重要的是要考虑基础问题，是个人道德实践问题，是对人基本要求的内在认识，他把这个看得比外面的法更重要。后期孔子说的仁政与早期表现出来的周礼的"礼"的概念或"洪范"的概念还是有差别的。但是它的好处是：法典坏了，还可以找到它的根在什么地方，有了这个根我们还可以再提出新的法典。孔子说夏礼他不太知道，殷礼他也不太知道，周礼他却知道，因而愿意遵从。在此基础上，孔子经过审议，知道即使实施一百年以后他也知道人们对礼的遵从和要求。他把这个治国之道看成是一个根本的对人的认识，反思对人性的认识，而不把它看成永远固定的。因为他认为夏礼最后损益成殷礼，殷礼再损益成周礼，因此以后的礼是可以改变的，他要找的是维护这个礼的精神基础、维护礼的基本之人所需要的德行。我认为孔子一方面内在化了法典精神，一方面又深化了法治的道德基础。

这里可以看得出来，他提出"仁政"的概念，是说我们从根源上应该关心人与民。对人，尤其对民众、社群，应该有一种发自内心的、发自人的自我认识的本性关怀。因为他与我是同胞，他与我是同类，他就是我，所以"己所不欲，勿施于人"。在这种考虑下我们可以建立一套礼制，建立一套法制。我想孔子绝对不会排斥这种建立法制的说法，而且升华到所谓法内在的"德"的基础，我觉得这一点认识是最重要的。

他也谈到以德为基础成为法治、礼治有一个程序，是名称上的认定，就是"正名"思想。我们要把什么是什么的价值标准搞清楚。"政者，正也"，"正"很重要。"子帅以正，孰敢不正？"这个"正"就是对价值标准的掌握，这是不是也是一种宪法精神呢？它是一种大法，这个法是内在道德，而不是客观化成为形式的，这可以说是儒家一个特点。有这样一个问题：主观上已经了解到这个政是具有普遍人性基础的政，但是它怎么变成治理国家的法典、制度，变成明文规定的规则、法律，这是个问题。孔子在《论语》里面提到两种形式，我们了解孔子应该把这两种形式合在一起。他说"道之以政，齐之以刑，民免而无耻"。所以他有"政"和"刑"的概念。"政"是什么？政是一种规定，按照政的要求去产生一种命令。这是外在的，我们必须照着它去做，即"道之以政"。"齐之以刑"，你假如不照这样做就要惩罚你。我认为孔子并不是完全反对法制，他还是很尊重法制。但是他认为更理想的是"道之以德，齐之以礼，有耻且格"。老百姓不但有羞耻感、尊严感，而且还有独立思考的人格功能。

第十四章　儒学的宪制发引：从《洪范》到"正名"

从实际来讲，孔子把这两个看成是综合的。先道之以德，齐之以礼，然后道之以政，齐之以刑，从这个角度看，孔子认为会有一个客观化的法律需要。这个客观化的需要至少体现在刑法上。当然，一个教化也可能变成一个很好的典范，那么是不是把这个道之以德和道之以政联合起来，同时变成一个很好的宪法条件？但是这是隐性的，孔子并没有具体提供治国大道的条目或者章程。在这里你说是儒家的弱点也可以，它没有提供很具体的典范出来，但却启发了后来《大学》所说的治国平天下之道。孔子这种思想还是有的，他最后写《春秋》为万世立法，从德的观点、政的观点评判为君者的行为，这叫作"春秋之笔"——"孔子作《春秋》，乱臣贼子惧"。从这个角度来看，孔子有一个宪法的内在标准，希望达到国家长治久安的目标。这是一个重大的引发。我们要对孔子在这方面有一个更深刻的认识，然后才能从中抽出孔子思想里面所包含的一些宪制发引是什么。我刚才说的"正名"思想就是一个很好的例子。孔子说"君君臣臣，父父子子"，当然他也可以说"君君民民，国国家家"。任何一个社群都有它应当遵守的目标，国有国的体制，家有家的体制，为君应当有为君之道，为民应有为民之道，为国应有为国之道。那么，为国应当遵守的就是一个以民为本的国之大法。所以，从推演上看，孔子有一个潜在的宪制思想，很明显地体现在他的政治哲学上。

孔子之后的孟子也有某种程度的制度理想，想建立一个福利国家。孟子继承了孔子关于德的思想，在人心、道义、仁义的基础上探讨治国之道所至少应当满足的要求，就是能够行仁循义。政治哲学到荀子发挥得更多，他的《王制》篇也有君王立宪的意思，这里我就不多谈了。

在这样的基础上，中国走向儒学也不是偶然的。这要提到中国历史上的汉武帝之问。汉武帝，如当初武王问箕子一般，在汉朝统一之后也发生一个治理之道的问题：到底治国之道是什么？如何使国家长治久安？这么大的国家不能不谈论这个问题。武帝相当贤明，当时可能已受到儒生的影响，提出了天人三问：主导历史的是什么力量？一个国家怎么能够长治久安？儒家能不能提出长治久安的道理？为了这三问，贤良方正、地方的有才之士被荐引到宫中，当时就包括董仲舒、公孙弘等人。董仲舒回答了这三个问题，说遵从儒学就能够拨乱反正，建立大一统的国家，儒学为万世立法，遵从儒学的道理就是一统天下的道理。董仲舒对《春秋公羊传》这一点发挥得很好：儒家要为万世开太平，为生民立命，就要提出一些价值标准来处理人际的基本关系，据此方能治理国家。因此，他也说"五常"之外的"三纲"。可以说汉武帝也接受了这些说法，所以在某种程度上中国儒家基本大法的思想，是通过汉朝董仲舒更进一步的推展，尤其是通过他所谓的阴阳感应的方式建立起来的。汉朝

第十四章　儒学的宪制发引：从《洪范》到"正名"

开始建立经学，武帝时期就有五经博士，五经后来变成十三经，包括《论语》和《孟子》，这些经典也都成为治国之道的载体，但其中心思想还是聚集在一个潜在的天命之所趋、天命之所求、为民做主的基本信念层次上，当然有它内在的局限性。

我要强调的是这里已经可以看到经学已有把道德变成立法的客观精神。但是这个客观的立法精神是不是能够跳跃过去传统的体制，创造一个君主立宪的景观呢？当我们去想象这个可能性的时候，似乎马上从古代跳到现代，而觉得事实上是不可能的。你能够想到在汉朝进行君主立宪？在唐朝推行君主立宪？这些好像很难去想象。当时的君权还是大到无以复加，一个客观的洪范精神还无法去笼罩或者去转化一个君权势力。君权势力透过世袭制持续强化，虽然世袭制最后崩溃，在历史上它却透过民间革命、农民起义、改朝换代的方式变成另外一个君权的复活与延伸，这是中国历史上一个很大的问题。

最后我想说说近代。我们现在纪念辛亥革命，想当时康梁主张君主立宪，是不是有君主立宪的可能？我的基本感觉是：在光绪百日维新的时期，如果光绪有充分权力，那是有可能的，但是过了那个时期却是毫无可能了，"百日维新"的失败注定了今后君主立宪的失败。当时清朝皇族大都没有考虑到如何进行彻底内部更化，还在讲祖宗家法，君主立宪又如何可能？所以辛亥革命力求推翻帝制，我认为在中国历史上不是单纯的偶然，而是具有复杂意义的必然性，是开辟了一个新天地，但又是回归到一个更古老的以民为本的时代。

儒学宪制发引的八个特点

最后我做一下总结，儒学宪制发引有八个特点：

第一点是中国的宪制强调的是"大一统"的概念，这个概念是全面性的、普遍性的。一部宪法要治理国家，它是整体全面的，也是最基础的。

第二点，儒家强调掌握人心和民意，以民为本，但却不一定以人民参与行政为必要条件。汉朝开国取士、查访贤良、乡举里选，当然是人民参与的一种方式，但基本上是以君权作为基础，君权大于一切。这个可能与夏以后从禅让制变成所谓世袭制很有关系。但是君权又不能保障永远的合法性，所以最后由另外一个君权来代替。很值得探索的是，为什么每次改朝换代不可能有一个民权的思想出现呢？有没有可能中国在汉、唐成为民主国家呢？这很难说明白或想象，到底有什么必然道理？也许跟儒家尊君的思想有关系。儒家能不能脱离君权去思考国家治理的问题呢？我认为是可能的，也是必要的。为君者也必须接受比其个人更重要的法典，以此

第十四章 儒学的宪制发引：从《洪范》到"正名"

为治理的根据。这一点我觉得很重要。即使儒学在历史传统上并没有完成这个使命，但这确实是儒家理想的使命，也是儒家必须提出的使命。从"洪范"传统看，或从"正名"传统看，儒家当然不必要以君权作为政治决策的标准。

第三点，儒学不是一个外在化的要求，重点强调法是以德为基础、德以内在的修养为基础，不是以外在为权威、为基础的。

另一方面，也就是第四点，儒学不需要一个外在超越的权威，也就是并不需要以上帝作为政治的基础。它虽然提到"天"，提到"天命"，但是"天命"的主要目的是说明君主应该有的一种使命感，应该有一个合法性，它的最后目的，不管是《尚书》、《周礼》、孔子、荀子，都是以治国安民为目的的。最终的目的一定是惠民的。尤其是孔子，特别强调这一点。孔孟之道重在如何惠民、如何安民。

第五点，儒家对政府的职能规划还是很清楚的，《周礼》或《洪范》都有对政府机能的描述。你要达到这个目的应该做什么事，儒家还是有这个制度性的内在认识的，是有相当程度的现代政治理性的。

第六点，儒家还有一个道德的理想，就是要创立一个制度，要使在其中的每个人都有可能成为圣人。这个制度不只是一个社会功能，还有一个教化人民个人的功能，这个是很重要的要求。

第七点，在孔子的儒学里面，一个很好的管理制度最终的基础仍然是人的道德情操、人的道德理想。这是把立法的道德性看得非常重要，而在现在的法典里面可以说不重视，或者不谈这一点。

第八点，我认为儒家宪制思想分成六个层次：道、德、礼、政、教、刑，其中两个层次是属于内在修养的，属于道德性的，至于政则是属于宪法的。在宪法之上还有一个宪法基础的问题，这个宪法基础在儒学里面表现为道与德。宪制要体现整个人的功能，从孔子说的"道之以德，齐之以礼""道之以政，齐之以刑"来说，一方面是教化，使人们遵守礼教，假如不遵守礼教还是要用刑罚。另一方面，孔子虽谈到自己两个模型，但却仍然认识到法（尤其刑法）的重要。所以综合来看的话，儒学还是将法与德结合，这是毫无问题的。

回到这个时代，我们的目标当然是要实行宪制下的民主政治，以民为本，以民为主。这是新时代的呼唤，也是世界的潮流。以民为主肯定了民的主体性和民的主导性。对民的认识可能需要更进一层地去掌握，因为现在的"民"可能不再是农人，而是不同的阶层，包括经济发展中的中产阶级、自由职业者、知识分子等。这种"民"也有参政的要求，这与早期儒学表现出的信赖民主的要求也有一致性，就是以民为本，当然也有所不同。

第十四章 儒学的宪制发引：从《洪范》到"正名"

事实上，今天在全球化里面的"民"，其性质也有重大的变化，不能忽视参与的需要，但是也不能放弃信赖的作用。所以民主既是信赖政治又是参与政治，只有参与没有信赖也不行。尤其在像中国这样一个庞大的国家，凝聚社会，使社会走向和谐稳定，产生信心，促进社会经济的发展，这个信赖是非常重要的。信赖要同参与相结合，参与和信赖一样都非常重要。参与可能是宪法必须要规定的，而信赖却是推行宪法所需要的条件。今天谈儒学中的宪制问题，我们显然可以从儒学历史发展及其哲学思想建构上获取很多教训，得到很多启发。

第十五章　德性论基础上的民主法治

近代以来，很多人对政治的认识缺乏深度，缺少对古代优良政治理念的理解体认。对于古代政治理念的很多字词，虽然我们今天还在使用，但是已经把它们庸俗化了。因为在政治的实践当中，我们可以看到很多手段和权术，比如北京大学主编的《政治学基础》中就说到，有不少中国人认为政治学是研究阴谋与权术的。当然我们可以讨论，是不是可以通过不正当的手段达到一个正当的目的。这个问题可以留到后面探讨，比如为达目的不择手段那种马基雅维利主义，它背后据说是有一个正当的为了城市共和国利益的目的的。没有了古代道德基础上的"integrated"，翻译过来叫纯真、纯粹或者诚信，主权者缺乏道德的诚信，缺乏内外如一和对自己负责的那种人格，对"政"真实的含义不再坚持，"政治"这个词便逐渐堕落为一种统治手段的描述，只表现为人们的

第十五章　德性论基础上的民主法治

自私、贪欲。不了解政治真实的含义和理想层面的道德价值，就难以树立正确的导向。

因此我想强调的一点是，中国现当代的政治形象受到来自欧洲的"politics"的很大影响、"political activities"是指政治的行动，从古希腊的城邦"polis"的事务管理那里来，或者叫作"politeia"，形成一种对统治术的认识、对有关公民公共事务的管理。关于政治制度如何产生的问题，后来有人发展出人性自私的学说来说明政治的一种自我主义。古代希腊有城邦制度下的民主，也有政治独裁，苏格拉底的时候就有僭主和寡头的统治。在《理想国》里，柏拉图想用一种教导王者的统治术、用一种有智慧的人来发挥管理的作用。对这段历史最重要的一个认识，我觉得是管理者和被管理者的分野。管理者必须经过长期的教育和技艺的培养，认识一个善的目标，知道理想的政治是什么样子。从希腊的历史来观察，政治治理最好的时期实行的是贵族的统治，贵族是有道德修养的领导人，是一个拥有良好道德修养又有善良目标的政治决策者。亚里士多德赞同有道德的贵族政治，还希望出现有道德的统治者。马基雅维利虽然目的良好，但他只把现实的政治统治看作一种技术，甚至是奸诈的一套技术，尽管他的目标是使城市共和国走向团结和繁荣，但也不能说他就由此认为人具有善的本性。在以严酷的手段实现一个良好的目标方面，他和荀子有相似之处，但他和荀子也有明显的区别，因为荀子还是把礼法打通了，达到了一个理想的境界。到后来霍布斯也承认人性中有恶的成分，这一点和马基雅维利相似，与荀子不同。

今天我们对中国政治的理解，在讨论好的政治应该是什么样的时候，我们往往缺少一个正确的起点，这也是今天讨论政治学问题的时候，在用法和语义方面经常碰到的一个困扰。除此之外，也需要一种追根溯源的原初认识。牟宗三先生说中国古代"有治道而无政道"①，造成了很大的误会。似乎我们以往所拥有的都只是一种具体的治理技术，而对于政治的目的是什么、良好的政体应具备哪些条件等根本性的问题，没有自己的回答，或者虽然有回答，但到了现代社会变得没有价值，于是政治的正当性或者说"政道"，就只能从西方的现代价值——比如民主与科学——那里借取。有些学者评论牟先生的这一区分是沿袭了"五四"式的反传统思路，事实上看他也确实具有这种倾向。

---

① 中国以往"有治道而无政道"此语实际出处是牟宗三先生的《政道与治道》（学生书局1987年版，第一章，第1页）。牟先生评价"中国在以前于治道，已进至最高的境界，而政道则始终无办法"，此后才引用其他人的说法："因此，遂有人说，中国在以往有治道而无政道，亦如只有吏治，而无政治。"但在该书第一章结束时，牟先生自己又说："有政道之治道是治道之客观形态，无政道之治道是治道之主观形态，即圣君贤相之形态。中国以前无政道，而于治道则言之甚透……"（同书，第24页）他也承认"有治道而无政道"的说法。

以上可以称作引言，本章我的观点主要由以下五个大的部分组成：认识政、治、政治与政道的本义——整理经典中对"政治"的认识并分类列举其价值目标，对中国古代的民主、平等、自由等价值做出分析，近代中国政治遭遇的困境和转变，改革实践如何完善中国的政治，为世界提供政治参考模型——面对牟宗三和福山的《历史的终结》，提出新的解释。

政、治、道：中国政治价值的前瞻意义和批判意义

首先，我们要从中国古代的典籍出发，对"政治"这两个字的含义加以分析。其次，在历史上的政治实践展开过程中，说明中国政治的实践究竟是走了一种怎样的路线。第三，基于中国历史背景的民主、平等、自由、法治等理想价值有没有可能实现，然后去归纳它事实上出现的几种模型。第四，分析近代中国政治遭遇了怎样的困境，实现了何种的突破，然后对其意义加以阐发。第五，中国自1949年以后和1978年改革开放以来所进行的新的建设与改革，是在何种意义上发展了中国古代的"政道"，并对西方的政治形态发展提供借鉴和启发，为全球化和人类整体的政治实践提供一个更好的模型参照。

福山（Francis Fukuyama）当初写《历史的终结》等几部著作的时候影响也很大，但是他所歌颂的西方自由民主政体现在也碰到了很多的困难和麻烦。他现在写的新著作《政治秩序与政治衰败》也蕴含了对美国政治的一些批判意味，这个问题我们后面还会详细谈。

正如我们谈中国哲学的时候讲到"本体"，"本"和"体"本来是分立的概念。在中国古代经典中，"政"和"治"是各自独立的理念，虽然偶尔也有"政治"的连用表达，如《尚书·毕命》中有"道洽政治，泽润生民"的说法，指的是国家治理良好的状态，与今天的"政治"词语性质与意义都不同。今天，我们很多时候说的"为政之道"，很多时候是以"治道"代替了"政道"，但是"政"的力量还是在那里，是一些预设的价值。"政"的本义是"使之正"。何为"正"，何为"不正"，有一种规范的设定。"正"首先具有平衡、持续、绵延、不偏的特征，可以体验到它是一种上下之间的平衡。这种体验首先来自于人们对天地和世界万物的观察，真实具体而不空洞，是人类宇宙经验和自然经验的反映。"正"同时也有"直"的内涵，在东汉许慎的《说文解字》中，正和直可以互相解释，比如对"直"的解释："直，正见也。从乚从十从目。"段玉裁曰："《左传》曰：'正直为正。正曲为直。'其引申之义也。见之审则必能矫其枉。故曰正曲为直。从十目。谓以十目视者无所逃也。三字会意。

除力切。一部。今隶作直。"(《说文解字注》卷十二）

比如直立人的"直"，可能有利于他们观察四方，顶天立地。因此"直"也有"正"的内涵在里面，"正"还有其他一些内涵，比如"正"是大家可以共同体验的一种状态，是一种"公"的状态，因此我们也用"公正"来说明人类群体的一种体验，比如说把大公无私叫公正。"正"还有一个"中"的内涵，因为要取得平衡的话，往往要选择事物的重心所在，这是使各方力量平衡的一个支点，往往是几何意义上的中点。其他还有一些内涵比如正当性和正义，古代的政论文中评价某朝开国君主取得天下的方式是否"正"，就暗含了是否具有正当性的评价。"正"往往作为事物发展的开端或者标准，而且作为标准这个概念后来占据了它的主要意义。"正"这个内涵被提炼出来，作为我们认识很多事物的一个中心的理念，到后来又和人们的行为连接起来，比如说某人的行为是正义的行为。

我曾经就"义"的内涵写过文章，后收入我在台湾出版的《正义与美感》一书中。"义"的本义是使人的行为合乎正当的标准要求，这在"义"和"谊"的关系中可以看到："义（義），己之威仪也。从我羊。羛，《墨翟书》义从弗。魏郡有羛阳乡，读若锜。今属邺，本内黄北二十里。宜寄切。（注：臣铉等曰：此与善同意，故从羊。）"（《说文解字注》卷十二）根据个人的经验认识，要采取一种什么样的行动,往往依赖于个人认同哪些价值,而那些价值往往要得到所处社会其他成员的认同。"义"本来的内涵是某个人做事很恰当、很适宜,也就是和他所处的社会文化氛围不冲突。①

"正"所具有的"中"和"直"的内涵,在《论语》中孔子有明确的表达:"义之与比"②,实际上是讲人和人的关系中间符合群体价值观的一种状况。比如说我们一起工作的人,最后要集体分配劳动所得,谁应该得到什么,谁应该给予什么,都需要经过大家的公共讨论,依

---

① 《说文解字注》卷十二:义(義),己之威义也。言己者,以字之从我也。己,中宫,象人腹,故谓身曰己。义,各本作仪,今正。古者威仪字作义,今仁义字用之。仪者,度也,今威仪字用之。谊者,人所宜也,今情谊字用之。郑司农注《周礼·肆师》:"古者书仪但为义,今时所谓义为谊。"是谓义为古文威仪字,谊为古文仁义字,故许各仍古训而训仪为度也。凡仪象、仪匹,引申于此,非威仪字也。古经转写既久,肴杂难辨,据郑、许之言可以知其意。威义古分言之者,如北宫文子云"有威而可畏谓之威,有仪而可象谓之义",《诗》言"令义令色,无非无义"是也。威义连文不分者,则随处而是。但今无不作仪矣。《毛诗》:"威义棣棣,不可选也。"传曰:"君子望之俨然可畏,礼容俯仰各有宜耳。棣棣,富而闲习也。不可选,物有其容不可数也。"义之本训谓礼容各得其宜,礼容得宜则善矣。故《文王》《我将》,《毛传》皆曰,义,善也。引申之训也。从我,从羊。威仪出于己,故从我。董子曰,仁者,人也;义者,我也。谓仁必及人,义必由中制也。从羊者,与善美同义。宜寄切。古音在十七部。
② 出自《论语·里仁》,子曰:"君子之于天下也,无适也,无莫也,义之与比。"杨伯峻先生翻译为:君子对于天下的事情,没有规定要怎样干,也没有规定不要怎样干,只要怎样干合理恰当便怎样干。杨逢彬教授将"义之与比"理解为"与义比",比为"挨近、靠拢"之意,"义之与比"相应地翻译为"一切都取决于是否符合道义"。参见杨逢彬:《论语新注新译》,北京大学出版社2016年版,第70页。

据一定的原则确定下来,因此义具有客观性。比如孟子说"义"也不是外在的,不是与"利"对立起来,而是实现人的价值的一个方面。孔子也好,孟子也好,他们讲的"义"都可以导向一个"正",人与人之间的关系符合一种"正"的原则,根据这些原则,再来处理一些具体事务的时候,我们就可以说有一个正义的理念。

在《说文解字》里,"正"的意思是使之正,通过人的力量使"不正"的状态回归到正,建立一种标杆,可以成为行为的标准或者行动的目标。确立一种价值的理想,"正"的内涵里面已经涉及"公"的意思,还有"中"和"直"。从个人来讲,我们可以讲有行为之正,涉及一个群体的发展要求,群体中的人们也应有一个理想的价值标准或者要求,这就是把"正"用在众人之事上面。孙中山先生说,政治就是管理众人之事。但是他这样表达也不完整,因为政治除了管理,还应该有一个理想的价值标准,有一个规范的意义。当然,中山先生在其他地方也讲到了政治的道德问题。我们把这个问题放大,看到宇宙间的大道之行,是否符合道之为道的一种德性的行为要求。万物生长也有它们所依据的德性,古希腊和中国先哲都有这样的说法,德性就是让事物和人的本性充分展现。① 比如说自然界的花草,长得是否好

---

① 《中庸》:"能尽人之性,则能尽物之性;能尽物之性,则可以赞天地之化育;可以赞天地之化育,则可以与天地参矣。"

看？是否能够顺利地开花结果，展现它本来的可能性？这也都是带着它自身德性的规定的。德，就是要符合万物生长所遵循的一个总体的规则或秩序。德就是实现"道"的一种功能或者能力，我们所说的"正"是一种理想，是公共团体能够存在和持续发展的一种"德性"规定和要求，这也是"正"能够成为一种公共理想的价值所在。

现在我们回到人的发展，人可以有正道，是人的德性实现的一种方案，代表了人对自身个性发展最终的一种理想。人的德性实现，必定在一种群体生活当中，人离不开群体，必须在社群中实现他的正道。因此也就有人们共同去实现群体目标的一种理想状态，这也就是政治组织的开始或者政府起源的问题，这一点在我的《中国政治哲学十一讲》中特别提到，人类从一种个体的状态走向全体，是一种自然的发展。政可以成为一个公共的价值理想，涉及人的发展，人性的充分展现。人必须在社群中去实现其"正道"，实现其原本具有的某种潜在的可能性。

人首先要组成家庭。就这个问题来谈的话，家庭在中国人的观念和行为中地位很重要；以色列人的家庭观念也相当重要，他们的家庭实际上后来变成了家族。中国人的家庭也可能扩展成家族或宗族，实际上符合了人自身发展的很多内在目标，比如家庭是有助于人的成长繁殖和群体繁荣的。当然，家族作为一个人类团体，就

第十五章　德性论基础上的民主法治

有管理,有上下左右之分。当然,我们也不能把家族当成一个正式的政治体,因为政治体超越了血缘的范围,成为一个更大的共同体,涉及的不是一个家庭或家族,而是更多的家庭和个人。为什么要向这个方向发展?因为家庭成员个体生命持续的需要。只有在家庭当中,幼儿才能够得到充分的保育照顾。家庭成员之间也有一些相互作用,家庭内部基本的关系如父子、夫妇、兄弟,处理这些关系可以使人学会内部的分工合作,同时抵御来自外部的威胁。这种分工合作,在人类历史上体现为从母系社会到父系社会的自然发展。比如中国古人认为有天地而后有男女,而后有夫妇,就是承认这样一种自然的过程。当然,仅有家庭还不足以实现生存的目标。比如抵抗外侮和对身体内部的协调管理,同时具有对外的和对内的要求。人所具有的这种能力如同中医所说的荣卫二气,散布全身且内外相贯,持续运行,对人体起着滋养和保卫作用。

远古中国的先民在这块土地上过着耕种渔猎、小国寡民的生活,只是个别存在和自我发展的一种状态,他们的理想也是这样小国寡民式的。后来出现了外族的侵略,如古代经典中所记载的东夷、西戎、南蛮、北狄,等等,中原地区的先民为了共同抵御异族的挑战和保护本族,而逐渐实现氏族和部落的松散联合。更大规模的部落联盟是为了减少彼此之间的冲突,而为彼此拓展更多的生存空间，在蛮夷戎狄之间维持自己控制地域的安定繁荣。这些游牧民族后来也成为中国境内民族的一部分，不过当时还没有被融合。如果不能融合的话，就要抵御或者驱逐。这里面也涉及德性的问题，因为分工合作需要一种品质来维持。比如说为了公共事务"夙夜匪懈"，最早的领导人可以说都是奉献者，先秦诸子所描述的古代圣王，往往都是这样。在我看来，即便中国古代的先民部落中本来没有或者很少这种实际的圣王奉献事迹，但是由于史家有意识的追溯或者说追忆，这些传说蕴含的价值就慢慢被后人接受。在这里历史和哲学有所不同，中国人对历史理想的追忆，很多时候不依赖于当时发现的真实历史遗迹证据。有能力的部落领袖要解决合作的问题，有时候必须要以一种牧师的身份来树立道德标准，于是有先王"神道设教"的说法。从伏羲到孔子的德化系统，都是强调政治领袖的道德教化能力。《周易》中说"观乎天文以察时变，观乎人文以化成天下"，这个"化成"就是依靠道德。

政治有其功能性和目标性，是有理想性的，就是要实现族群的发展繁荣，在抵御外侮的同时与外部世界进行交流。尤其在古代中国的环境下，交流显得更为重要。定居农业在一万年前就已出现，从南方到北方开始种水稻等作物。在随后出现的羊文化时代，伏羲画卦所代表易道哲学的出现把天地人的因素统合起来，指导人们与

第十五章 德性论基础上的民主法治

自然天地有更好的磨合与相应,使得农业文明有一个稳定的天道基础,利用地利,符合天时,同时"尽人事",充分发挥人力作用,把天道、地道、人性等各种成分的存在看成具有一种统一的力量,具有一种潜力可以让人们去开发、推广和"利用厚生",要求人在天地之间承担沟通的责任,这就是政治的作用。

为了实现"政"的目标,需要一种"治"的手段,治在哲学上看来是一种后期的发展。治最初的意义肯定与水有关,河流有泛滥成灾的问题,怎样使它不造成灾害而收灌溉之利。比如清朝段玉裁在注释《说文解字》的时候就认为,"治"是古代山东境内的一条河流的名字,就叫作"治水",后来人们借用了这条河的名字,并把玉石加工中的"理",也就是使内在纹理显现的意义赋予了"治"。因此,"治"和"理"也有密切关系。理最初是加工玉石的,而玉石时代和羊文化的时代有很大的重合(公元前6000年的新石器时代),琢磨玉石成为礼器要顺着它本来的纹理,在这一时期华夏民族的政治治理智慧得到了初步的显现,玉石内在的条纹使人产生愉悦的美感,社会秩序得到了从内到外的整理,也会使生活在其中的团体成员感到舒服,使秩序安定,能够长久维持。"治"是一种特殊的努力,通过这种努力来实现政道目标,是方法过程或者路径手段,达到目标之后的局面也可以叫作"治",比如"天下大治"。治道必须服务于政道目标，而政道也必须有相应的治道作为方法手段，理想性与方法性相互依存。这样我们就从"政""治"与"政道""治道"的本源字义上，对二者之间的关系做出了区分，而不再纠缠于牟宗三先生那样单方面的判断了。

治与管理相关，从治理到管理，涉及人也涉及物，现代社会还涉及知识和状态等对象。这样我们就可以看到中国古代从"正"到"政"再到"治"的认识路径。以上的讨论也可以体现我的哲学原则之一，是要把概念搞清楚。比如谈"政治"，就要从本源上弄清其本体的含义，而不能望文生义或断章取义。下面，我们接着在这个基础上讨论古代中国政治的价值目标问题。

中国古代经典中的政治认知和价值目标

在了解中国古代政治的价值目标之前，我觉得有必要先拿一个外国的例子作为比较对象。我去年到以色列参加一个学术会议，对于以色列人认同自己古代经典中蕴含的政治价值这一点有很深的印象。以色列人当年被迫从两河流域走出后，怀抱着一个政治理想，他们意识到要实现一个良好的政治目标，只能依靠亚伯拉罕后代这个大族群内部信仰的团结，强调对他们原来依靠的祖先神的信仰，必须要通过和周围部落和民族的斗争，才能获取上帝许诺给他们的迦南美地和良好生活。以色列

第十五章 德性论基础上的民主法治

人所面对的情境,主要是游牧民族彼此间的互动斗争,是要在相互的掠夺中保持团结。而中国人则是以定居农业为主,要保护自己的耕地,寻求天地人之间的和谐,要实现天地之道也要依靠人,孔子说"人能弘道,非道弘人"。通过充分利用自然条件,运用人类智慧来实现自身生产富足,并防备来自外部游牧民族的掠夺威胁。犹太民族要强调民族的整体单一团结性,强调耶和华的超越性,把对神的信念作为突出的特征,要战胜其他民族以彰显自身的存在,这是和中国很不一样的。当然,犹太民族是一个比较极端的例子。我观察古希腊、古罗马开始也有类似的特征,后来欧洲北部的那些游牧民族比如日耳曼族,与犹太民族有些相似,讲究在对抗中保持本团体自身的团结,也与中国面对游牧民族维护自身的思路很不一样,他们后来信仰基督教也和这个传统有关系,值得探讨。

这些欧洲民族的发展基于一种对外征服和扩张,到后来勇敢航海开拓海洋,发展新的技术以扩大对外殖民,都有他们特殊的文化因素作为背景。这种对抗的传统对于后来欧洲一些国家的政治也有影响,通过对抗中的平衡来维持政治体系,具体到一国就是强调通过武力制约实现平等自由。比如英国1215年的《大宪章》就是在贵族和国王的斗争中产生的,贵族用武力逼迫英王约翰签订条约承认他们的权利。美国建国之初,十三个殖民地独立，也被有些学者认为可以隐约追溯到雅各及其十二个儿子。当然，这也有不一样的地方，以色列十二支派主要强调共同的祖先和信仰，而对于实际的政治参与并不重视。

中国的政治模式则主要强调政治领导人的道德示范甚至牺牲作用，比如儒家经典中尧、舜、禹都是生活极其简朴，不讲个人物质享受的圣王，通过自身的牺牲达到安国、利民、惠民的目标，让人民安居乐业。到后来的商汤甚至向上帝祷告，愿意牺牲自己的生命来解除百姓遭受的旱灾，这种自我牺牲看上去境界很高，但是与普通百姓和贵族都没有关系，他们是没有这种权力的，当时是一种集权的圣王社会。当时的政治形态中，普通的农民并没有像游牧民族那样积极参与政治的需求，而是想要一种安定的生活。只有当农业社会过渡到工业社会后，商业交易把世界各地联系起来，现代交通与通信手段使人们感受到更多的参与感，这种需求才被充分激发出来。从这个角度来看，中国社会向民主法治的转型，也是这种重大历史转变中的一个具体过程。基本目标我认为还是稳定，不过要把目标扩大，成为和谐的社会，同时还要主动参与全球化大同世界的推进。这一过程也能对西方有所启发，因为他们往日奉行的开拓霸权在当代遇到了很大的困境。

以上所说中西政治文化的理念不同，与其社会形态

第十五章　德性论基础上的民主法治

演变有密切关系。中国当今的改革事业成功发展，显然具有重要的理论意义，可以看作中国政道在当代的独特显现。其他一些具体问题，比如在工业化过程中如何使大量的农民实现普遍政治参与，也都值得探讨。

现在回过头来说中国古典文献材料"政""治"和政治的意涵。

《易经》中的自然和社会是开放的系统，其中所呈现的宇宙是动态平衡而包容万物，充满生机的和谐宇宙既能够整合意志，又能够平衡沟通。《易经》的卦象系统首先肯定"一阴一阳之谓道"，道有一个终极的原始点就是太极——"易有太极"。万物从太极里面化生出来，"乾""坤"两卦象征的宇宙发展之道，既有不同功能，又能够相互作用，新陈代谢，推陈出新，是一个发生、发展、发用的持续过程。"乾""坤"体现了领导者和跟从者的关系。《象传》里所说的"大哉乾元"，是一种变化的根源，这种变化产生万物，"各正性命"，使万物充分发展自身个性，又能够维持整体的一种平衡叫"保合太和"，也是"万国咸宁"的基础。人必须自强不息，因为人有自由的能力，要自觉地实现天地之道，像天一样不断地推广实现自身，这个过程已经包含了所有的德性，比如所谓的"善""义""利"和"贞"。君子就是一个管理者，既能自强不息地管理自己，也能治理万物。不过并非每个人都能自觉实现其德性，因此又产生了让贤能者安民惠民的需要。从人民的角度来看，"坤"卦的"厚德载物"能够含弘光大，这种被领导者也是生产所需要的，并不是说被领导者就不能参与管理，在不同的位置上就可以产生不同的功能。在易学系统中，"乾"和"坤"是可以通过"错综"关系互换的，既相互合作又可以互换位置。人在组织当中有他的"位"，位决定了他的功能，人也可以根据能力而有不同的定位，可以由一个跟从者变成一个领导者，也可以由领导者变为跟从者，达到"和合无间"的作用和生长繁荣的目标。每个人有不同的定位，这也反映在易学中所谓"正"的概念中。几乎所有卦都有"正"与"否"的问题（阴阳爻是否适当其位），每一卦都有卦爻得其"正"或"不正"的现象，得其正者应该持续发挥其正的作用，不正者也能有一个位置，使整个卦象在发展中充分展现，因为每个卦都是一个整体。比如"既济"卦体现的就是阴爻阳爻各得其位，刚柔相间产生的一种平衡和顺利的状态。但宇宙还在发展，我们还要不断做出调整，使有才能的人得到任用，发挥其才能，这是一个哲学再解释和文明再造的教化过程。有一个前提就是人的德性要能发展出来，在德性基础上实现人的参与和位置的互通交换。以上我们所说的"正"具有的内涵，在《周易》中还有其他表现，如《周易·乾·文言》"刚健中正"，"蒙"卦中所说的"蒙以养正"，《周易·杂卦传》所说的"颐以养正"。

还有"中正"的概念,如"需"卦说"'酒食贞吉',以中正也"。《周易·同人》中有:"文明以健,中正而应,君子正也。""正"的概念是随时可以体现出来的。

《周易》的形成和发展有一个漫长的过程,里面谈到政道的"正"很多,直接讲治的相应要少一些。《周易·乾·文言》说"乾元用九,天下治也",达到了一种良好的状态。很有意思的问题是治与乱的关系,乱为什么就是治呢?这个问题以前人们没有解释清楚。因为在一个乱的状态里面,乱是为了治,治是正面的。《周易·系辞下》说:"乱者,有其治者也。是故君子安而不忘危,存而不忘亡,治而不忘乱,是以身安而国家可保也。""乱"在这里有一个正面的意思,是新秩序的组织或者说是旧秩序的被打破与重组。现在我们至少在易学里面,可以看到政的目标性和治的方法论,把它们合成起来就是如何通过一个恰当的方法,实现天下大治的目标,达到一种文明治理,就是"政"的理想状态,这就是政治的目标。政治可以说是政而后治,也可以说是治而后政,政和治具有相应性和互动性,政道和治道并不是分成两途。

《尚书》中的政道和治道资源也很丰富,我觉得《尚书》也是为了找寻一个目标性的存在,讨论要怎样去形成一个善政。《洪范》列举了各种政治要求与施政方法,所谓"洪范九畴"涉及五行、五事、八政、五纪与皇极等。而作为第三项的"八政",已经涉及具体的政治功能问题。总而言之,这里涉及的《易经》、《周礼》、《洪范》篇和德礼(《大学》)之道都是以政治模型为主题的,这是我以前就提到的。在古代社会,我们有一个假设,当周统一了天下,周公制礼作乐,是按照《易经》的自然宇宙模型实现天地人之间的功能平衡和发展的,《周礼》作为农业社会的一种典制,强调"百官以治"的平衡状态下,人民可以得到教养,建立起一种礼乐文化。礼乐一方面可以说是维护一种既有的政治体系,但也可以说是在当时体制下追求一种更高的理想状态,在农业社会中实现一种更好更高的文明价值,追求一种对真、善、美的更好的知觉。

  孔子有一个重要的认识,即礼是要根据时代环境变化损益的。[①]孔子讲"时中",礼是要根据"中"和"正"的标准来调整维护,根据不偏不倚的中道来达到一个"正"的建制,就需要探究哪些地方需要改革。改革是一个永恒的政治目标,它的合法性来自于中道,来自于人内在的生命价值观,是对人类全体和天下万物负责任的一种关系。这样才能够产生一种政治的动力,使天下归于正。孔子晚年好《易》,也认识到改革的重要性,现在学术界认为《易传》和孔子有关系,从汉朝到朱熹都这样认为,可

---

① 《论语·为政》:"殷因于夏礼,所损益,可知也;周因于殷礼,所损益,可知也;其或继周者,虽百世,可知也。"

第十五章　德性论基础上的民主法治

以称为古今共识。但是《论语》和《易传》是不是也有一定的关系呢？尤其在谈论损益之道时。孔子晚年回到鲁国整理文献教授弟子，《易》是很重要的教学研讨内容，比如马王堆帛书中的《二三子问》《易之义》《要》等篇，讨论的也是《易》，有人认为是儒家和道家的"殊途同归"，但我认为不止于这一点，也有"同途异归"的问题。因为占卜的主要目的是一个求"正"求"治"的道理，求取达到政道的方法判断，用在个人生活和国家政治组织都是如此，体现了孔子对变革复杂性的认识，产生了一种儒家的政治哲学。孔子对"政"有一个"正"的肯定，《论语·颜渊》篇里孔子讲"政者正也，子帅以正，孰敢不正"。比如上梁正下梁就不会歪，正确的道德观会像风吹动草一样产生改变政治的力量。对此，孔子也有说明。①

当然，孔子还有一些具体的治理措施方面的意见，主要表现在他应对弟子的提问时。他比较重视的还是"正名"，在《论语·子路》篇里说得很清楚，②"正名"就

---

① 《论语·颜渊》："季康子问政于孔子曰：'如杀无道，以就有道，何如？'孔子对曰：'子为政，焉用杀。子欲善而民善矣。君子之德风，小人之德草，草上之风，必偃。'"
② 《论语·子路》："子路曰：'卫君待子而为政，子将奚先？'子曰：'必也正名乎！'子路曰：'有是哉，子之迂也！奚其正？'子曰：'野哉！由也！君子于其所不知，盖阙如也。名不正，则言不顺；言不顺，则事不成；事不成，则礼乐不兴；礼乐不兴，则刑罚不中；刑罚不中，则民无所措手足。故君子名之必可言也，言之必可行也。君子于其言，无所苟而已矣。'"

是政治要有一个正确的目标对象，而且在这之后有一套系统的治理方法论证。中国有政道在此昭然显明，以前人说中国没有政道，是十分荒唐的。"正名"与现代学者所谓的合法性有一定关联，但"正名"这个系统里除了合法性还包括一些具体的措施，我们从《论语·尧曰》篇的"尊五美，屏四恶"中就能看到。君子是一个有道德的自我管理者，培养人成为君子的目的，就是要使每个人都能够成为自觉的、会自我管理的人。但是，过去的农业社会有时候还有基本生活物资匮乏的问题，所以就要"因民之所利而利之"，要富之而后教之，目的就是要使他成为一个能够自我管理的人。在《论语》第十六篇里，孔子讲到政道不是一个寡或贫的问题，[1]而是精神价值的稳固有序，所谓"君子固穷"或者"忧道不忧贫"。孔子在政道方面，特别强调理想价值目标的重要性，这就与德性有关系。我说的是民主法治的德性基础，这样讲政道就要符合孔子所说的仁义礼智信的德性要求，这样我们可以看出来他所讲的德性是在一定权威之下还要求它的民主性——每个人在德性修养的可能性方面是完全平等的，要求一定的法治秩序——德性修养的环境需要一定的秩序，用自律和他律的行为规范来保证维持。

---

[1] 《论语·季氏》："孔子曰：'求！君子疾夫舍曰欲之，而必为之辞。丘也，闻有国有家者，不患寡而患不均，不患贫而患不安，盖均无贫，和无寡，安无倾。夫如是，故远人不服，则修文德以来之。既来之，则安之。……'"

第十五章　德性论基础上的民主法治

现在的问题是怎样把这个目标包含在一个政治体制当中，并逐渐实现出来，而不是从外部强加在人民身上。比如孔子当时讲过的一些具体的实现方法过程，要"正名"，要以身作则，"子帅以正"，要孝悌，孝悌被认为是仁之本。政治体最后关怀的仍然是人民的德性，涉及为政之德的问题。

首先，人的德性具有政治的含义，人的潜在可能性的展现、人民德性的养成本来就是政治的一个目标。其次，要有一种各得其分的分配正义，君子作为一个管理者要顾及人民的需要。这一点我想荀子是讲得特别多，一方面要"群"，一方面要"分"，要人们"适得其中"，去分工合作，各人得其所应有的份额。荀子还有一点很重要，就是他提出一个标准的概念，特别强调"礼"在确定各阶层行为标准方面的作用。荀子的礼法理论是一种治理模型，也涉及我下面要讲到的几个模型，怎样从一个德性的基础实现一种政治之"正"和政治之"治"，这涉及政治参与，而且要分为两种参与：一个是君子对民众福利的关照，另一个是个人的身心修养与行为调整，比如"克己复礼"，积累一定的才能后可能获得"位"。而政治的内容之一，就是要使有才能的人各得其位，然后发挥他的功能，使其能够在适当的工作中"行义"。古代的知有"知"和"智"两个含义，知是人们对事物的认识。孔子专门讲过"知"的问题，比如说"知之为知之,不知为不知,是知也",还有所谓知、仁、勇。而且还涉及知行的问题,知是仁的基础,知道了解真实情况,才能知道怎样去关心帮助他人。"知"和"智"都是君子所需要的,也是教化人民所需要的。当人们都具有类似君子的品质时,政治的参与就不是一个问题。在中国传统政治中,人们怎样能各得其位,各尽其分,是一个重要的方法问题。比如政治上的世袭是否能够保证政治参与的有效性,在春秋时代就受到强烈的质疑。禅让制以前人们认为是传说,在我看来却是可能的,因为当时各个族群在激烈竞争以争夺有限生存资源,必须"选贤与能"才能够实现政治整体的平衡,而且中国古代的圣王必须付出很多牺牲,要求他们具有为民众解决困难的多种能力,受限于资源也没有机会去贪腐享受,他们的角色功能首先要求去除私欲。现在地大物博,资源丰富,但是对百官"以求其正"的责任心和奉献心没有彰显和督促,现在的贪腐官员一种是没有实行政道的能力,只知道利用权力满足私欲;另一种是有能力但没有道德约束。古代要求"有德者当其位",是一个完整的价值系统。

我父亲成惕轩先生在《尚书与古代政治》中强调"正德、利用、厚生"这几个方面,隐含着一种从"德"到"政"和"治",再从"治"到"民"的实现路径。《左传·文公十三年》讲"利于民而不利于君"的那一段很好:"邾子曰:'苟利于民,孤之利也。天生民而树之君,以利之也。民既利矣,孤必与焉。'"当左右大臣劝邾子想办法延长自己生命的时候,他又说:"命在养民。死之短长,时也。民苟利矣,迁也,吉莫如之!"这就说明政道是重民的,让天道能够实现在人道之中,天命就是让人们能够有自觉的责任感,有才能的人能够被选举或任命为管理者,有其德必得其位,这是很重要的一个认识。

这里还要强调孔子说过的两种政道,发挥刑罚作用的政道和重视德礼的政道。《论语·为政》中孔子说:"道之以政,齐之以刑,民免而无耻;道之以德,齐之以礼,有耻且格。""有耻且格"的民众可以参与政治,而且被选举为治理者,可以看作孔子对自己以德礼为主干的治理模型的直接阐述。我们还可以依据古代经典总结出下面的几个模型。

第一个模型是《易经》。虽然它还不是一个明确的政治模型,但却建立了一种宇宙观。以德性作为基础,人有能力面对各种情境,从"不正"追求其"正",从不利追求其"利",从现实去追求理想,这是《易经》的一个重要作用。从管理的角度来看,人可以发挥趋善避恶、趋利避害的作用,强调人在政治体系中的中心地位。孔子在《易传》里对此有充分发挥。

第二个模型是《周礼》(《周官》),或周公的礼乐刑政。《周礼》在设计政治制度时已经是在体现或表达一种政道，天地春夏秋冬都设置了相应的官职，这些职官可以顺应自然规律来发挥其功能，呈现一种元亨利贞的发展方式，实现可持续的繁荣。在这个意义上，孔子说"人能弘道，非道弘人"，人是能够发挥制度背后蕴藏的为政之道的。

第三个模型是《洪范》。《洪范》托名于西周立国之初武王询问箕子治国之道，实际上其中最早的观念也是在西周末年才出现，文本写定则到了西汉。"洪范九畴"是一个完整的治国理政的理论系统，从天地运行原则到人世政务的管理，提出了一个终极的理想："大中至正"。九条原则中的核心就是"皇极"，提出了政治正当性的几条核心原则。

第四个模型是孔孟的德礼。当然，孔子和孟子还有区别。孔子把"道之以政，齐之以刑"作为基本的治理条件，这里的"政"就是实现政道的一种方案。但是这还不够，还需要教之以德，教之以礼，防之以刑。实际上需要四个条件才能够达成完整的治理状态。《孟子·万章》篇中提到了井田制的设计，教人们怎样种桑养鱼，使得老有所养，幼有所长，明确公田、私田的比例等，虽然不一定是实例，但代表了一种政治规划，具体发挥了孔子"道之以政"的方案。君子要有仁义礼智信的德性修养，农民虽然以耕种为主，但也可以谋划通过"耕读"发展自己的德性，文明开化需要成员的自觉参与，这样才能尽己之性。正如《尚书·尧典》中所说的"克明俊德,以亲九族;九族既睦,平章百姓",每个人都能发挥自己的德性,实现自我管理,当然也就有权利和能力去参与政治管理。这里面就包含了民主的价值,也包含了对人的道德自由的认知,所以儒家政治哲学并没有否定民主、自由和平等。人有独立存在的基本价值,比如孝悌忠信,人的独特价值在于对自身社会责任的体认与承担,在于权利和责任的运用,孝悌体现了权利和责任的相互对应,比如父母生育了子女就有教养的责任,同时这也是一种权利,子女则有对父母尽孝心的责任。中国的政治治理模型具有深厚的现代意义,可以作为一种发展思路提出。

第五个是荀子的礼法模型。孔孟之后有荀子,实际上孔孟中间还有曾子和子思等人。《大学》和《中庸》被后世儒者特别提出来,"大学之道"很清楚地展现了人自由发展的能力,无论哪个阶层的人都需要经历这个发展。"自天子以至于庶人,壹是皆以修身为本",这里并没有限制资格,不是说只有某些人才能修身养性,人人都可以亲民、新民,去"明明德",每个人在齐家之后也可以去参与国家治理。《大学》的修齐治平模型,体现了很强的参与感,每个人都有权利去参与修齐治平的过程。到《中庸》则扩展到对宇宙规律的认识,尽物之性乃至于赞天地之化育,与天地参。这里已经包含了自由平等和互动互惠的要求,到荀子那里体现为一种规律性的认识,就是礼和法,仍然是基于人性的。与后来仅具有规则意义的《韩非子》之法不同,荀子的礼法可以成为培养法治道德的基础,其来源仍在于人自身的德性修持。后来的儒者不愿多讲法,可能是出自对韩非式的"法治"的反感,因为立法权和解释权都掌握在有专制权力的君主手中,成为压迫人民的手段,而不是从德性养成发展来实现良好的政治治理。《荀子·王制》篇里就特别强调王道的制度安排,中国古代的典籍《易经》《尚书》《周礼》《论语》等所记载的从孔子、子思到孟子、荀子的思想,都有一个从德性修养到制度理性的基础,来实现包含在宇宙秩序中的民族精神。体现在现代政治制度中,就是有一个政治理想,比如《洪范》的总体规范和现代的宪法有相应的地方。政道也体现在治理者的德性修持以及创造教化对象的发展环境这一过程之中。这些模型都是可以帮助建立走向民主法治的路径。

中国古代民主、平等、自由等价值的表达和实现方式

禅让制度体现了民众参与和制度的工具性认识,从这些古典资源出发也可以发展出民主、法治、平等和自由,这是中国政治哲学的一个重要特征。但是长期以来

因为中国与西方的政治哲学在人性论基础、历史背景、实践方式、近代境遇和古今转型等多方面都存在很大的差别,使得我们在认识中国古代政治哲学包含的前述价值时,往往带有很大的犹豫怀疑和不确定性,对中国古代民主、平等、自由价值自身的特定表达和实现方式也不敢承认,因此有必要就中西政治哲学在这方面的差别做出简要的分析。

与西方政治哲学不同的第一个方面是,中国先哲以基于天地之性的人性作为基础,认为人具有绝对的善性。如荀子所说,人性中有争夺心、私欲心和耳目之欲,但也有追求平等、参与、亲和的倾向。又比如孟子所说的作为道德基础的"四端之心"。重要的是怎样使人保持这种道德的本性,而不至于堕入与禽兽相近的低下层次。这一点和西方近代认为政治起源于权力欲望的看法明显不一样。中国与西方的不同在于承认人本来具有可以开发的自然德性,这种德性可以在政治参与中实现,目标是《礼记·礼运》篇所说的"天下为公"的世界大同状态。

第二个方面的区别是,中国历史上的权力体制安排,使政治实践的精力主要用于宫廷权力争夺,或者君主私人泛滥欲望的满足,君主和大臣没有尽到修德治民的责任,使得这种理想政治目标长期没有实现,只是存留在典籍当中,现实的政治多数时候被称为"封建专制",似乎没有任何道德底线的存在。其实,西方中世纪也有宗教特权对古代道德的压制,但后来的文艺复兴和宗教改革在批判宗教特权的同时,也给这些古代道德重新被发掘和认识提供了空间。后来人们又逐渐承认在柏拉图和亚里士多德的时代存在着一些制约现实政治的道德规范,并且还可能对当时和后来的欧洲政治产生过作用,这就是典籍中留存的道德规范被发挥出来的一个例子。

第三是中国古代政治经典理论注重在教化过程中培养政治道德,这一点与英、美、法等国强调通过参与竞争性选举来训练民众的方式不同。当然这些国家的政治参与方式也是特定历史条件下的产物,是特殊文化的产品,不具有一般性,不足以用来作为中国未来发展的基础;中国古代重视公民政治参与的资格,强调要在政道理想的引领下,使德性具备的君子发挥教化和管理民众的功能,而民众会自动投奔那些符合理想王道的政权,这种方式类似今天的"精英民主"或者流行语的"用脚投票",尽管不符合很多中国人理想化了的那种"无限制的普遍大众直选民主"的要求,但在历史的很多时期都有存在的合理性。

第四是中国传统的农业社会需要安定的政治环境和领袖的庇护,需要君主和官僚进行外部协调以减少冲突,尤其在面临外部游牧民族侵袭的时候,这种需求变得更为迫切,这些使得民众长期被动,没有形成通过自我管理与建构自发治理秩序,从而实现政治理想目标的能力。典籍中有保存完好的政治理想,但是没有机会去展开实践。然而,经典政道教育的历代传承,又使得历朝历代都有少数人去整理保存和宣传这种理想政道,并且具体表现为对君子修养的强调,培养普通民众成为君子。君子之道不仅在于如何富国强兵,还包括了如何教化培育民众使之具有自我管理和参与政治的能力,实际上也是政道实现的一部分。

第五是近代以来中国面临一种艰苦的内外环境,治道和政道同时趋于衰败,使得中国民众面临来自内外强权的双重压迫。当时朝廷人士所说的"数千年未有之大变局",代表了一种来自文明内部的深重危机感。中国民众大多数时间都是为了救亡图存,而处在一个奋斗发展的紧张心态过程中,已经不能心平气和地认知自身的政治理想价值,更没有一个从容的环境来正确评价自身政治理论遗产,同时吸收外来文明合理成分,建构起一个面向世界的现代政治价值体系。而同时代的西方主要强国英、德、法、美等正处在历史的上升期,对于自身的政治历史文化和发展道路抱有高度的自信,在此影响下很多国人也对本民族的政道与治道产生怀疑,转而信仰外来的西方政道学说,逐渐抛弃了固有的理想价值,这种影响甚至延续到了当下我们对于中国和世界政治发展的价值判断上。

我们今天承认,民主可以有英国、日本的君宪民主与美国、法国的共和民主等不同的实现方式,并不是某几种特定的政治形态就垄断了这些价值。而且,这些词汇的内涵在历史上可能曾经发生相当大的变化。比如英国学者约翰·邓恩就指出，"民主"在西方世界的历史中，大多数时间都是以一种负面的形象为人所知，直到近代才因为美国独立与法国大革命等一系列历史事件，使得"民主"这个古希腊词汇被选中作为某些现代政治价值的承担者，并通过近现代传播手段为普通民众所知晓和接受。

与此相类似，中国古代包含了现代民主、法治、平等、自由等因素的政道与治理之道，在古代农业社会有其适合当时历史发展阶段的表现方式，比如前文讲到的精英民主、自由迁徙的"用脚投票"、科举选官资格平等、宗教宽容等，长期以来支撑着中国社会的发展活力。不过近代以来，很多知识分子在西方军事武力优势和制度功利效率优势的压迫之下，坚定有力而又急迫匆忙地认为，只有和欧美社会一样的历史制度文化形态，才能够承载民主、法治、平等、自由等现代价值；而中国古代的那些固有的社会政治架构与文化形态，只有经过彻底的改造，甚至被整体抛弃而另起炉灶，才可能建立起在批判基础上的适合现代社会的全新政治文化。其实自民国初年以来，政府以官方身份大规模学习国外已有的宪制总体设计和具体法律规范，也从形式上建立起了堪称完整的近代国家法律制度体系，但是由于长期的战乱，国家事实上仍处于分裂状态。这些良好的制度设计一方面并没有真正深入社会各个阶层，通过教化的方式让各阶层民众接受；另一方面在学习和接受西方政道过程中脱离了自身的政道理论体系和治理经验积累，对自身内部存在着很大矛盾分裂的启蒙理性未加以反思和辨析，导致出现政治管理方面理论上宣称的优越性和现实低效率的反差，因而也降低了其说服力。

近代中国政治遭遇的困境和转变

今天我们理解很多政治问题，在很大程度上仍在延续晚清以来的老问题，或者说是这些问题的当代变种，比如说中国式的"民主集中"政治模式虽然很有效率，但在"民主程度"上是否符合古代的或者西方的某些价值标准？中国文化在中国政治的现代转型改革中是否也应该发生较大的转变？

未来中国发展的政治蓝图与当前实施的"一带一路"倡议，体现出中国对自身政道的重新发掘、体认和在对外交往中推广自身文明价值的愿望。这个过程中不能回避的一个问题就是，中国现代对于马克思主义传统的接受。马克思主义有一套它自身的分析概念，比如资本家与劳动者、资产阶级与工人阶级，等等，涉及对生产资料的占有权和劳动价值论，等等。从1848年《共产党宣言》发表，到1917年俄国苏维埃十月革命成功后建立政权，这七十年间马克思主义的理论和实践都出现了巨大的变化发展。"布尔什维克"本来是基于俄国革命历史的一个特殊词汇,与列宁本人的政治思想及其集团的影响力等有很密切的关系。中国共产党在十月革命之后成立,受到列宁主义的很大影响,这与后来继续在英、法、德、美国等国发挥影响的马克思主义有很大的不同。中国共产党最初的发展受到共产国际的很大影响,比如鲍罗廷对国民党和共产党武装斗争路线的建议指导。但是后来国共决裂,共产党经过一段武装斗争和独立发展,逐渐建立自己的理论体系。1945年8月国共两党在重庆开始谈判之前,毛泽东写了《论联合政府》一文,回顾了国共两党从合作到分裂对抗又再次合作的历史,重新强调"人民战争"的概念。"人民"是一个在中国古代典籍中经常出现的词汇,有时泛指普通民众,有时也包括一般的中下层管理者(因为"人"在古代典章制度中常常代表一定的官职,典型如《周礼》中以"某人"命名的各种职官)。"人民"作为政治概念第一次出现在毛泽东的政治论文中是在1935年12月发表的《论反对日本帝国主义的策略》一文内,[①]此后

[①] 1935年12月,毛泽东在《论反对日本帝国主义的策略》指出:"我们的政府不但是代表工农的,而且是代表民族的。这个意义,是在工农民主共和国的口号里原来就包括了的,因为工人、农民占了全民族人口的百分之八十至九十……但是现在的情况,使得我们要把这个口号改变一下,改变为人民共和国。这是因为日本侵略的情况变动了中国的阶级关系,不但小资产阶级,而且民族资产阶级,有了参加抗日斗争的可能性。"见《毛泽东选集》第1卷,人民出版社1991年版,第158页。

他在文章中多次使用这一词汇。比如1942年5月，毛泽东在《延安文艺座谈会上的讲话》中指出："什么是人民大众呢？最广大的人民，占全人口百分之九十以上的人民，是工人、农民、兵士和城市小资产阶级。"[①]到后来很长时期内，人民的内涵基本稳定指工人阶级、农民阶级、小资产阶级（知识分子是其主体）和民族资产阶级四大类别。这是中国近代政治原理转变的一个重要节点，因为在马克思的理论中，革命队伍并没有给予农民多么重要的位置，相反倒是指出了农民的很多局限和不足。马克思在《1844年经济学哲学》手稿中，重点谈到的是人的异化和解放，要把人们从异化劳动中解放出来，实现充分的个性潜能发展。到后来的《德意志意识形态》和其他一些著作中，才讲到要实现一种类似无政府状态的自由人的联合体，或者说接近共产主义理想的一种状态，可以说是他的政道中描述理想政治价值的那一部分。马克思在《关于费尔巴哈的提纲》中，通过批判费尔巴哈的人性论提出了他的历史唯物主义。马克思最初接触黑格尔思想时也十分佩服他的理性辩证法，参加过青年黑格尔派即左派的活动，但后来与这一派别中的多数成员分道扬镳，从宗教批判转向政治批判。他后来利用在经济学研究中发展的剩余价值理论，批判资产阶级的剥削，

[①]《毛泽东选集》第3卷，人民出版社1991年版，第855页。

在欧洲的工人运动和后来的社会民主党参与政治改革过程中，都发挥了很重要的作用。但中国后来的历史发展和马克思所预期的有很大差别，中国共产党把这称作马克思的普遍原理与中国具体实践相结合，实际上已经可以看作一种新的理论，这一点如果结合中国改革开放以来取得的成就和获得的认同会更加明显。

中国1978年以来的改革，开始有一个目标是要建立社会主义市场经济，其实还是与计划经济相对，是一个从西方经济政治理论体系中学习来的概念，也可以看作走在晚清民国学习西方政治社会原理的路上。比如说在社会发展方向问题上，开始叫作"有中国特色的社会主义"，这个"社会主义"就还是有它的欧洲文化规定性的，不过在上面加了一些附属性的限定，后来直接叫"中国特色社会主义"，似乎就是要有意识地减少这种来自西方理论体系的制约。不过在我看来，直到最近几年内开始倡导复兴中华民族优秀传统文化，这种制约性才可能真正被摆脱，从而树立起中国政道与治道自身的正当性。因为中国特色的这个"特色"究竟是什么？以往大家都没有说清楚，在我看来就是中国的传统文化！只有继承了包括政道与治道在内的传统文化，才可能真正建立起与西方近现代民主自由体制相对应的正当性论述。以往中国之所以没有全盘接受西方那一套价值体系，归根结底还是传统文化在起作用。因为使得国民党仿效美国的总统共和体制不成功的那些历史的、社会民情的因素，同样也使当年的共产党无法完全照搬马克思列宁的理论或者苏联的发展道路，中国人要有自己的政道和治道，这个政道仍然要考虑天时、地利、人和等自然和人为的因素，治理国家社会的措施方法，也要适合本国的民众素质、历史文化心理、风气民俗积累、习惯制度路径，等等。

中国近代的政治发展遭遇过很大的挫折，使得很多人怀疑中国政道的正当性和治道的有效性，并由此产生了对保存政道与治道智慧之典籍的怀疑。但这个挫折也孕育着转变的可能，中国共产党后来进行的建设取得成就，又在很多方面增强了中国人的信心，认为中国政治运行原理和管理模式会对世界其他国家有借鉴参考价值。这种事实上的实力转变带来了观念上的转变，当前我们再去讲解和弘扬中国的政道，就比原来更容易获得认同。

对福山理论的回应和中国政道的当代意义

我们还应该对福山的历史终结论做出回应、批评和超越。他当初十分推崇美国式的自由民主和市场经济，认为这足以解决全球大多数国家走向现代化过程中所面临的问题。今天看来这是一个十分肤浅的认识。市场经济与自由民主并非唯一有效的工具形式，市场经济制度强调利用人的自利心理来激发创造力、积累财富，但也会产生垄断和贫富不均等问题。其实,市场经济的参与者也需要一种道德上的制衡。亚当·斯密在《道德情操论》中就讨论过这个问题,他想用在市场经济中人们追求公平的感觉作为动力来实现这种平衡。市场经济也追求开放性,每个人都可以去参与,但是每个人的天生禀赋和运气不同。比如受限于自然和智力信息资源导致产品质量不佳,或者市场受到操纵控制,公平开放的前提仍然可能产生不公正和不平等的结果,而这是市场自身无法解决的。美国当前出现的富者更富、贫者更贫的现象,就是由于资本家和大有产者利用自身在制定市场规则方面的有利地位,使得整个社会的资源分配优势不断地向自己这一方倾斜,这很难在规则或者法律自身之内解决,必须要加以道德的权衡。为了整个社会的利益平衡发展,需要均平财富的一个机制。民主政治的"民"需要从一个更全面、更广阔的视角来看,而不能局限于美国国内定期举行的那种公开普遍的选举,因为美国的发展,对外来说具有一种霸权的自私性,它在处理很多对外事务的时候,并没有实行与国内同等的民主平等的原则。所以在全球化的过程中,面对不同民族国家的经济发展水平和特殊的文化形态,也需要一种道德的补救。

　　福山最近写了一篇文章,讨论政治秩序与政治败坏,也谈到了美国的政治衰退问题。他当年的《历史的终结》是因为其"预言性"受到人们的追捧,因为这本书出版时是在1989年,结果后面的几年之内就发生东欧和苏联的整体剧变,他类似"先知"的预言仿佛正在逐步实现。实际上,世界政治秩序或者由于战争或者由于政变产生的利益分配格局,总是不可能让大多数的国家都受益的。比如第一次世界大战后,中国是战胜国,反倒受到了不公正的对待。中国即使在第二次世界大战中做出了很大贡献和牺牲,大战结束后也没能完全收回应当属于自己的利益,如遗留至今的钓鱼岛问题。因此,福山当年对苏联和东欧剧变的预知,只是强调了这一转变对于"证实"西欧和美国自由民主政体合法性有利的一面,而没能全面照顾到世界上其他国家和地区的发展需求,以及他们所面对的政治和经济社会发展方面的挑战与困难。俄罗斯等国采用欧美专家设计的自由民主改革方案后,学习贯彻欧美"政道"不可谓不努力,但至今没有走出困境,可见不单单是制度形式移植就能解决问题。讨论政道和治道问题,必须从人类自身的文化传统积累和全球不同国家、不同区域的利益调整均衡这样一个大的视角来考察,而不宜仅仅寄希望于某一种单一的体制或文化可以为全人类提供全部的解决方案,这是我们从福山"历史终结论"的背景及其后来遭遇中得到的主要启示之一。

牟宗三先生的《政道与治道》出版时间是1987年。中国"有治道而无政道"的判断,可以说是出自于牟先生对民主政治理想价值的拥护,但他对中国历史上政道和治道的分析判断显然很不深入。福山的新书《政治秩序的起源》则强调以中国的政治发展模式作为世界其他地区的参照系，认为中国在秦始皇时代已经建立了具有成熟现代理性的国家体制，而世界上的其他地区则在很晚的时候才实现了这种理性化的国家建制目标。其实，福山认为中国政治管理体制很早实现理性化、行政体系高度理性化的这种观点，在欧洲17世纪莱布尼茨那里就已经谈到了。莱布尼茨认为中国社会宗教宽容，科举制度平等向社会成员开放，整个社会治理井然有序等，是基于对康熙时代中国社会治理状况良好的判断。莱布尼茨当然没能预见到中国社会在近代遭遇的挫折，福山似乎也没有对1840年以来的中国政治衰退做出详细分析，这还是需要我们中国学者充分体认研究历代典籍中蕴涵的治理智慧，结合近现代以来中国从所遭受的各种挫折打击中积累的历史经验，对中国政道和治理之道的兴衰起伏做出符合历史理性的分析。法治和责任都相当重要，因为治理的最大目标是人民福利的实现，单纯拥护民主自由价值，并不足以保证人民享受发展成果，还需要一种基于教化的实际有效的政治参与。

中国古代的政治不是通过一种内部的三权分立来实现不同权力主体间彼此的制约平衡的，中国没有三权分立，但却用五行相生相克的原理来解释权力的消长运行，并且是相生为主、相克为辅。历代的政治改革和政体更新也往往依赖于这种解释体系。官僚体系依据的这种相生的自然哲学背景，在现实施政中相互配合，人民之间彼此平等，相互尊重。具体的治理措施从民众的衣食住行开始，扩展到教育和娱乐，实现所谓的文明教化，到最后还有一种大同世界的情怀，这是一种稳健有序的理想价值体系。而美国社会当今出现的两极分化与中产阶级日趋贫困的现象，也需要从理想价值的层面来调整。比如布什政府时期，为了解决民众住房问题，进行了信贷政策方面的一系列调整，结果却引发了后来的次贷危机，这是否是以民主之名在做不正义的事情？因此福山即使不再坚持他的"历史终结论"，也还是需要对这些政治历史现象做出分析和解答的。

通过以上五个部分对理论和历史的分析说明，我们可以清楚地看到，中国古代有自己独立完整的政道与治道系统，这个系统立足于"正""中"等核心概念，依托于典籍和研习传授典籍的学者，在历代安养和教化民众的传统下绵延传承，不绝如缕。直到近代中国社会遭遇巨大的压力挑战，包含了政道与治道智慧的传统文化，仍然为中国政治在近代的艰苦转型和后来的逐渐复兴提供着文化智力方面的支撑，使得当前中国的政治改革保存了以传统文化为主要内核的"中国特色"，能够与世界上其他大的文明体系进行平等自信的交流对话，并对全球化进程中出现的种种问题提出自身的见解，在彰显自身独特价值的同时,为人类文化的繁荣做出贡献。这也是中国政道中自古存在的"道洽政治,泽润生民"(《尚书·毕命》)的理想目标和"天下为公"大同情怀的当代展开。

回顾与小结

下面对本章讲的内容进行简单回顾。一开始我们谈到当前中国学术界在讨论政治哲学问题的时候,经常不自觉地采用西方近现代以来的"政治"(politics)概念,并进而接受从柏拉图、亚里士多德到马基雅维利、霍布斯、洛克、卢梭的一整套理论传统,涉及政治正当性(政道)和达致善治的制度安排(治道)等多方面内容。对于中国自身的政道和治道,多数学者则只是象征性地提及几句缺乏语境和阐释的抽象语录,如孔子所说"政者,正也",并未给予严肃对待。实际上,通过探究西方政道和治道演变的历史可以发现,他们有关政治正当性和良善治理制度设计的"系统理论",是近现代以来若干代学人对古典概念和制度历史资源的重新诠释与阐发而实现的。要恢复中国政治哲学的自信,研究者们也应发掘古代先秦儒家主要典籍中可以赋予现代化意义的概念、语句、篇章,结合历史语境,进行本体层面的重新诠释。如《周易》《尚书》《诗经》《礼记》《春秋》《论语》《孟子》《荀子》等，都是应该从本体诠释角度加以阐发的政治哲学元典文本。

对西方的近现代政治制度与概念，包括支撑其政治体制的道德与法律的主要理念，要进行符合他们自身历史情境的分析。民主、法治、自由、平等理念在欧洲和美国的发展，依赖于一些特殊的历史时势条件或偶然性（contingency），并且经历过反复曲折的历史积累过程，比如妇女选举权确立很晚。而过去很长时间学界不少人倾向于对这些理念和制度进行"去历史化"的理解，仿佛欧洲或美国一直存在着这些天然完善的理念制度，这不符合历史与现实。

西方政治理论模型有其特定的适应性，比如三权分立其实与古希腊、古罗马时代存在的混合政体学说有继承关系，也与中世纪世俗政权和教会权力的彼此对抗制约有关，离开了这些特殊的历史地理、风俗民情等环境条件，这些模型就难以发挥其本来作用。我们要从古代典籍记录开发出自己的模型，比如孔子的"德－礼"模型和"政－法（刑）"模型，《周礼》的"礼乐刑政"模型，《尚书·洪范》篇所阐述的包含自然哲学与政治根本法则的"洪范九畴"模型、荀子的礼法模型等。

中国古代典籍中包含的本体论、宇宙论、伦理学和知识论、方法论等内容，应该在中西比较中得到具有现代内涵的重新解读与认识，在中西互鉴中各自取长补短。

在中国历史悠久的文明积累过程中，在宇宙论和道德哲学方面有深厚积累，但对知识论和概念术语、思维模式的具体研究辨析远不如西方，而这些属于"工具理性"的内容移植难度要低于和情感紧密相连的道德信仰等。

在中国先秦儒、墨、道、法的理论中都对上古社会的"原初状态"做出过推想假设，荀子和韩非等人都以对古代社会形态的描述分析作为其理论起点，西方近代思想家也是推想出一套原始社会的状态（自然状态），在此基础上开发出政治起源理论的。霍布斯之后的洛克和卢梭，可能都受到启蒙时代传播到欧洲的儒家学说的影响。卢梭强调人的自然状态的改变，与中国的道家理想社会状态的演变路径有相似之处。

中国古代经典中的政治认知和价值目标紧密相连，国家有维持和发展的"政道"，人可以有关乎自身发展的政道，"为政"是人的德性实现的一种方案，代表了人对自身个性发展最终的一种理想，呈现人的德性潜能是参与群体政治活动的理想目标，并非要求全民参与实际政治管理，自己孝敬父母、友爱兄弟并带动和劝导别人也这样做，也被孔子认为是参与政治。

中国古代民主、法治、平等、自由等价值的表达和实现方式在中国古代典籍中都有，某些词汇还具有和今天基于翻译的词汇意义有重合，比如《尚书·多方》中的"天惟时求民主"也带有统治权目的是为了民众利益的内涵,但是在近代中国社会面临的巨大生存危机压力下,这些重合的部分最终被淡忘或有意忽略,进而接受了完全来自西方翻译意义的内涵。研究观念史和思想史的学者,已经对这些词汇在近代如何通过外语翻译和日本中介等路径做了详细考证。我要强调的是,中国古代承载与这些词汇相联系的政治价值内涵的那些概念,比如"善政""大同"等,只要经过适当的发掘组合与转换,便可以表达与民主、法治、平等、自由相近甚至更加丰富的内涵。

近代中国政道和治道在内忧外患交叠并至的压力下同时出现衰退,持续的生存危机感使得中国社会整体上倾向于接受激进的现代政治理论,中国共产党以农民为主体进行现代"社会革命",超出了马克思当初的理论预设,也与俄国精英发动利用城市民粹主义情绪的道路有很大不同,本质上与中国传统文化浸染出来的历史社会情态相关。比如宋朝以来地方社会基于儒家礼法的"再组织"和元朝与清朝统治时形成的处于不同发展程度的多民族混居。当前倡导中国特色社会主义,需要认真研究"特色"与中国传统文化的密切关系。

总而言之,中国有一套包括了政道与治道的完整政治哲学,实际上这种基于德性的政治哲学在西方现当代也一直有学者重视和呼吁。重新认识中国政道与治道的原初概念与实现路径,不但能有助于中国社会各阶层理解自身所处的历史情境，从而对于过去的历史和未来走向产生一种黑格尔意义上的"历史化认识"，也能为全球化的政治哲学提供它所需要的德性论基础。

第十六章　政道与治法：论黄宗羲的政治哲学*

问题及方向

明亡之后，黄宗羲（1610—1695）著《明夷待访录》，取义深远双关，参照《周易》明夷卦，更有期待未来，不失复明之意。何以如此，还在于他能痛定思痛，对传统政治的专制帝王体制从人性阴暗面角度进行理性分析与道德批判。并在全书22章（含题词）13论题下做出对自三代以下制度与人事的评论与臧否，深具卓见。虽然不少近代中外学者对黄宗羲此书做过研究，认为他已有现代民主思想，是一位启蒙哲学的开创者，但对其卓见之所在以及与儒家传统的关系，亦即其思想涉及的根本理论与哲学

---

* 原文载于吴光主编：《从民本走向民主：黄宗羲民本思想国际学术研讨会论文集》，浙江古籍出版社2006年版。此次略有修改。

问题却悬而未决,甚至未能加以澄清。为了更深刻理解黄氏政治省思的价值所在,本章将从当代道德哲学、政治哲学、管理哲学等角度来讨论该书所涉及的政道与治道的分野与整合问题,亦即从政治权力基础源头和政府制度与目标的角度来分析黄氏所说的原君、原臣、原法的观点所反映的儒家学说与信念,同时进一步探讨黄氏在政府功能上有关政府行政组织、人事(用人)、教育、经济、土地、军事等制度上的重要见解与历史批判。

本章将突出说明黄氏的政治管理哲学中的儒家人性论及其在传统政治制度中所扮演的角色(同时涉及其积极面与消极面),以及如何建立政治与社会、政府与人民息息相关的依存互动关系,以达到效能精简、和谐公正、持续发展的综合目标。本章并将评述黄氏心学中"心"与"气"平衡互通的心性理一体的本体论,以解除其先后话语中的矛盾,并以此说明他为何同时重视哲学与历史的研究以启蒙后代。

儒家的政治理论

黄宗羲以为政治的开始是有人"不以一己之利为利,而使天下受其利;不以一己之害为害,而使天下释其害"(《原君》)。这一假设应该是儒家对政治起源的基本假设,但黄宗羲却未能道其详,强调"好逸恶劳"更是人类的

第十六章　政道与治法：论黄宗羲的政治哲学

本性，此点似乎不尽为孔、孟、荀之说。对于后之为君者转向绝对自私自利，固然有深刻的历史事实佐证，但对其所以然之故却未能加以说明。基于我们对孔子与孟子哲学的认识，圣人的兴起也有人本性的自然，故人而能仁，人人皆可以为尧舜，乃是孔孟对人性的基本认识。至于荀子，人能经过学习，化性起伪，发展人性内涵的智性与群性，一样可以成为贤明的政治领导者。孔、孟、荀都可说是政治的乐观主义者，他们的政治哲学也许可以做如下陈述。

人类从个人走向群体，形成社会，一是为了个人的生存，二是为了实现人的潜能。从人类的进化史看，人的本能中就有社会性。虽然许多动物都有社会性，但人的社会性是趋向理性与文化价值的条件，也是人提升自我的基础。因之，人的存在同时具备了自我保全的自私性与拥抱群体的无私性。两者看起来是矛盾的，因为人必须在两者之间做出选择，但两者也不必成为矛盾，在许多情况下人也能取得或求得两者的平衡。这种能力是人的理性（智性）的作用与深思远见的成果，代表人性更深层次的价值，也可以看成人能从经验学习以合理的策划投入未来的心灵发展。我们可称之为性，因之可视为人所固有；也可称之为理，因其可带来理性的行为，导向群体行为的秩序规范。在这种性的自觉与理的规范的认识中，个人可以克服自私性以成就无私性，也可以找到满足个人与满足群体的平衡点，成为社会发展的领袖人物或成为启发群体生活智慧的圣人。在中华民族的发展过程中，有许多人基于他们的无私性与天赋的才能为群体的发展做出巨大的贡献，往往因此被称为圣人。虽然"圣人"的概念逐渐被神圣化甚至神秘化，但最初的圣人可表述为带给群体福利或为群体谋福利的仁人志士，事实上他们就是民族文化英雄。当然，这种意义的圣人也为人们提供了一个行为的楷模，成为人们敬仰的对象。孟子后来说的圣之清者，圣之任者，圣之和者，甚至圣之时者，都代表了某种群体可以仿习的楷模性。孔子是圣之时者，因为孔子能因时施教，强调君子而时中的道德行为。但孔子更深的启发在于指出人能发挥"克己复礼"的仁性，把人从生物本能的自私性或自我保全性中提升到整合群体博爱于众的无私性，实现了人的道德性能。孔子不是教人完全放弃自我，而是要人从自我中解放出来，实现更大的自我，使人类的社会享有秩序和谐与相互尊重的人格及相互爱护的关联。在这个意义上，政治组织或君臣制度的发展就是人的理性与道德性的发展，也是社会伦理的提升，因为一国之君就应该是最能为民谋福的无私的奉献者，也可称之为圣王。

在孔子的教化中，圣王因其作为社会和谐与政治秩序的创导者，必然就是贤明的先王，是自然产生的，并不必是一个强者征服一个民族的结果。即使是强者征服

第十六章　政道与治法：论黄宗羲的政治哲学

了弱者，如果强者要持续长久统治一个社会，他就必须转化为圣哲，也就必须得到人民的爱戴。孔子与孟子都相信人类社会的发展已预设了圣王的存在，故往往称过去的圣王为先王，称圣王治理天下百姓的方法与原理为先王之道。儒家的目的在于恢复这个圣王之道，并企求说服当前的当政者采行先王之道以为为政之道。孔子以为为政之道在求其正——正己，正名，正人，以惠养民，以义使民。孟子强调仁政与王道，也是由仁义行，非只是行仁义也。后代的君主完全可以如此自我要求，得到人民的爱戴，并永保其位。但后王未能做到此一理想，从孔孟看，这是个人道德的修持问题，此一道德的修持应包含善法先王之道，也包含重视礼治，实行仁道与讲求社会正义，当然也不排除革新与变法求治。此外，我们应可看到孔孟对所谓为政之道的理念在导使社会进入全面的正道时，是以一个理想的道德社会与道德个人的实现为准则的。宋明理学就特别强调孟子所说的"革君心之非"。为政之道不等于治理之道，后者是具体的措施与政策的制定与推行，前者则为提升社会与人的生活状态的总纲领与价值体系，当然也可以包含后者为其实现价值的一部分。

黄宗羲对儒家政道的推进

以上说明了儒家的政治理论，是基于人的善性的发引与维护而立言。这一理论也是黄宗羲在《明夷待访录》中论述"原君"时所预设的政治理想。但他却更走向现实主义，认为人的为君要做无私的奉献"必非天下之人情所欲居也"（《原君》）。这也可能是事实，但他指出更重要的事实是历史上后来的君主，在居其位有其权之后，往往利用其权位以逐其一己之私，以天下之利尽归于己，以天下之害尽归于人。公的权位变成个己自私性的依托，而非实现公利的手段了。化天下公器为个人私产，即成为历代君主制度的特色，至于明朝则更为变本加厉，这是黄宗羲体会的中国政治历史。他指出的问题是，化公器为私产必然引起天下人的觊觎，最后必然走向相争与个别败亡，成为一个新的掠夺公权行为循环的开始。明之覆灭可说启发了黄宗羲的历史反思，并透视到统治者皇权在握下对人性的扭曲。他引崇祯语公主言"若何为生我家"后说："痛哉斯言！"足见其体会之深。他似乎见到历史上君主营私的两个结果：一是为君者为一己之私持续地用暴力与严酷的措施压制人民，防范人民，甚至鱼肉人民，以满足一己或一家或一群统治者的私欲，这固然可以维持其统治于一时，但到最后都避免不了败亡与覆灭。如孟子所说，即是"闻诛一夫纣矣，未闻弑君也"。二是一个统治者即使非行暴政，但却未能发挥君主居公位应行仁政与王道的职责和功能，也是要遭遇到挑战的，最后落得社会不宁、专制政权不断被取代。黄

第十六章　政道与治法：论黄宗羲的政治哲学

宗羲的结论是为君者必须明白为君的职分，善尽其为君的责任，务必做到爱民、保民、惠民的境地，方得以保其位，善其终。

黄宗羲面对历史上的君主专制体制带来的危害所提出的解决之道，客观地说，并没有逾越孔孟荀政治哲学的框架。他要为君者认识君位是为民谋福利的，君位之设就儒家理论上说也是以圣王的出现为开始的。他说的君为客，天下为主，确实把孟子说的"民为贵，君为轻"推进了一步，有以民命为天命的含义，但他却未能推出如何具体体现民之为主、民命之为天命的有效方式。尤其在历经专制循环的历史之后，中国如何走出以君为主、以民为客的怪圈，面临着严峻的考验。对此问题，黄宗羲显然未能提出新的革命性见解，还仍然有"以待王者兴"的儒家情怀。我们可以说他有了鲜明的民为主、以君为客的民主意识，但这个民主意识又如何体现呢？有没有一个新的方案来实现与检验呢？显然，黄宗羲并未给我们一个明确的答案，但他能把这一问题如此鲜明地揭示出来，确实是一个非常重要的贡献。另一方面，他又做了一个重要的贡献，显现了他的政治智慧与历史智慧，就是肯定法治的绝对重要性和公共行政管理的重要性。关于此点，我们可以就其《原法》与《原臣》的思想来说明。

黄宗羲思想中的孟子与民本法制

我认为如何扭转君民的主客位置，或防范已取得的民主君客制度不至于失落与变质，不断并随时具体体现民为主君为客的立场与认识，是任何一个社会以及全人类社会走向进步、和平与繁荣之关键的基本课题。要做到这一点，我认为有三个最基本的条件要讲求。第一个要求是要对人性与人的社群的发展有道德的价值标准。为政者必须知道人性深处的能力以及人类社会应该走的方向，建立一个合理合情的人性观，包含将其推之于平等的人权观。换言之，为政者必须要有一套合乎人性与全体的价值认知与信仰。如果他对此并无理解，或有错解与偏见而不能开放地去认知，他的政治行为也将走入歧途。第二个要求是对人性之为善的能力与意志要有充分的信心，积极创造人类发扬与体现其无私的道德理性的生活条件与环境。孔子讲究养民、富民、教民，就是在提供一个人性实现与成长的机会。孟子对此更有非常的眼光，他要为君者不要陷民于罪，为此他提出制民之产的主张，强调社群生活的基本保障性与对环境的保养，以求供求的持续发展。这是知识与方法上的要求，是君之为君所具备的能力所必须考虑到的。这是实现价值的方法的要求。如果说第一个要求是善的理念的要求，第

第十六章 政道与治法：论黄宗羲的政治哲学

二个要求是善的方法的要求，那么第三个要求乃是把善的理想与善的方法密切结合起来，使两者永久持续地发展下去而不得偏倚。当然这也包含一种眼光来为后人设计，保障民为主的不断落实。此一理性设计必须建立开放的民主选举制度，保障民权的体现与运作。这可说是善的意志的要求。它所要求的是持续的发展、开放的发展，使社会生活的素质，包含自由、平等、开放、参与、和谐，与时俱进，与时俱增。

对于如何达到一个理想的政治，孟子说"徒善不足以为政，徒法不能以自行"。徒善是上面所说的第一个要求，徒法是第二个要求。孟子的意思是善与法都是为政所需要的，两者必须相辅相成，但孟子似乎也暗示了一个结合善与法的动力者的重要性，那就是人的重要性。人的重要性不只在其为思想者与行动者，而在他能结合善与法，理性地实现为政的目的。然而这并不是说只靠人就够了，而是说要靠人来持续维持法与善的推行，因此为政之人就必须诉诸人民，一方面接受人民有效的监督与参与，另一方面提升人民的知识与教育水平。如要为政持续发展，就必须进行民主与正义的建设。我于孟子两句话之外，要另加一句："徒人不足以持久"，具体体现为民主参与的重要性。总言之，为政之道三要件：一个合乎人性的价值理想；一套可行、可持续发展与遵循的法制与方法；一位贤明有能结合价值与法制的领导人。这三个要件，欠缺任何一个都会带来危机：理念危机，法制危机，选人危机。孟子说了两个要件，但第三个要件显然在他的思想之中。黄宗羲也是如此。当面对领导人的继承与人民的民主参与问题之时，就必须思考良法与善意的结合问题，可以说西方的民主选举制度就是以面对这一需要而发生的。这虽然是一个制度，但却更是一个方法与技术，在西方发生较早，引起理性思想的实际运作与实现。但这并不是说西方的民主制度就已经十分完善；相反，民主实行的形式并不保证领导人的优质，也不保证实行的法制是最佳的，更不保证社会的善的理想是正确的或存在的。但有此三者的密切关联与依存，却无疑可以维持民主的活力与自行修正的能力。美国实行民主制度数百年，但美国人的建国精神与道德理想及理念却时有迷失。由于重视实利，重视霸权，重视自我中心，美国的民主政治似在逐渐丧失普遍人性的道德理念，持其霸权，走向先发制人的战争主义与自私主义，这难道不是民主政治的另一危机吗？但另一方面，我们也不能说美国的民主机制没有自行修订的能力。

　　黄宗羲很重视法制与制度，他说"有治法而后有治人"（《原法》），这与荀子说的"有乱君，无乱国；有治人，无治法"（《君道》篇）在说辞上是相反的，但意思却相近。荀子的意思是说，法一旦建立起来，典型具在，而后来的统治者不重视或废弃，这是治人的问题，而非

第十六章　政道与治法：论黄宗羲的政治哲学

治法的问题。故荀子说：法"得其人则存，失其人则亡"。又说："法者，治之端也，君子者，法之原也。故有君子，则法虽省，足以偏矣。无君子，则法虽具，失先后之施，不能应事之变，足以乱矣。"（《君道》篇）为君者可以虐民，可以爱民，可以王，可以霸，关键在于其能否遵从君道。所谓君道从荀子看乃是"能群"之道。他又解释"能群"为"善生养人者也；善班（辨）治人者也；善显设人者也；善藩饰人者也"。这四者事实上就是治理之道，包含了组织与用人之道。为君者能用此四道，也可说是有了治法，自然也就能使天下治了。黄宗羲的命题重点在指陈三代以上有法，三代以下无法。三代以前的法是藏天下于天下，三代以下人心不古，私心当道，废除了公法，却代之以私法，藏天下于一己之筐匣中，是为非法之法。若要求治，则不能不恢复三代之法，为政者不必桎梏于非法之法之中，依公法行公事，而后有治。黄宗羲所说的三代之法，是指井田、封建、学校、卒乘之旧。当初建立是为了百姓的忧戚安乐，但却至秦而一尽，唐有所恢复，但到元又一尽。故要再治天下，就不得不适度恢复了。显然这是黄宗羲的历史眼光，与其同时代的顾炎武也有类似的想法。但与其同时代的王夫之，虽同样痛恨以一己宰天下的后王，但他却不以恢复三代之旧为己任，而是着重于新的变革以实现王道。

黄宗羲思想中的荀子与公共行政管理

黄宗羲的《明夷待访录》21章节中的13个论题,若与《荀子》一书中的有关论题比照,可以看到一种密切的对应,这是值得重视的。因为这说明黄宗羲在写他的《明夷待访录》时有可能参考了《荀子》。在《荀子》中有《君道》,黄著中有《原君》;《荀子》中有《臣道》,黄著中有《原臣》;《荀子》中有《王制》,黄著中有《原法》;《荀子》中有《劝学》,黄著中有《学校》;《荀子》中有《致士》,黄著中有《取士》两篇;《荀子》中有《议兵》《强国》两篇,黄著中有《兵制》三篇;《荀子》中有《富国》,黄著中有《财计》三篇。而黄著中的《建都》《田制》《方镇》《胥吏》《奄宦》因系汉唐以来发生的重大政府制度变革中的课题,故在《荀子》中并无对应者。我提出此一对应旨在说明黄宗羲与荀子一样,面对如何改革与变法以求治天下的问题时,基本上都考虑到公共行政或公共管理中的问题。与荀子相较来讨论,可以看出黄宗羲的要求和理想与荀子有若合符节的地方。比如,黄宗羲以臣为君之合作伙伴,都是为公权服务,非为君之私利而听命于君。这在荀子至少叫作功臣,但最好能为圣臣。至于态臣或篡臣,则是为野心家把天下公器变为私产后的产物。黄宗羲则以之为宦官宫妾,不

第十六章 政道与治法：论黄宗羲的政治哲学

得称为臣。黄宗羲重视学较，以求恢复东汉太学清议之风，此一风气的培养自然也与荀子劝学以论道而后用于政的先秦理想与实践有关。至于拟复井田与藩镇，则有鉴于汉以来民日穷、国日弱而分配日不均的历史事实而提出的改制，但具体如何实施却仍可能为一难题。然而，我们显然可取其精神和用心之所在。至于他主工商，以之为圣治之本，则极为有见。黄宗羲还注意到宋朝王安石改差役为雇役造成的危害，又建议除宦官，以去为君之私。这些都是行政管理的细节。但黄宗羲能注意及此，也可说是由历史意识所启发，这点也是可与荀子相比拟的。荀子不同于孟子，因其所见的历史之变化更多于孟子，故能更整合、更系统地讨论为政之道与治理之道。黄宗羲身经巨变，自然也能从历史反思中表达政治上深刻的体悟。

黄宗羲的评价

基于历史眼光与历史反思，黄宗羲可说对先秦儒家的政治理论做了新的思考，甚至可说集孟子与荀子的思想为一体。但他的政治哲学并不够细致与圆融，对人性的本质与动态发展的理解还可以加深。这是否与他的心学观点有关，是值得探讨的。讲制度与法及其变革不能不重视理与性的客观原则性与普遍可行性。如何构建一个心/气/理/性的政治哲学与管理哲学是黄宗羲在历史反思中提出的严肃问题。处于我们面临的时代，尤其不能不加以深思之。至于黄宗羲的民本思想是否已走向民主思想，我的看法是，理论上黄宗羲当然是民主主义者，但这还是在抽象的层次，没有完全认识到天命就是民命，而民命则是要落实到实际操作的层面方可。再者，他对原君与原法的探讨为我们提供了一个思考理想的民主制度的机缘。我提出的三个条件论可说是民主政治实施的理想模型，以下用简图再表述之。

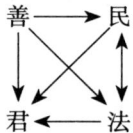

（图中箭头表示来源或根源所在）

黄宗羲对人类社群中政府与君主制度起源的认识很值得推敲。他在这方面不同于霍布斯，也不同于卢梭。霍布斯认为是上帝赋予君主以绝对权力来统治人民，君主应对上帝负责；而卢梭认为是人民经契约把自主权让与君主以换取保护，人民应有一定的监督权。但黄宗羲以为君主原为无私的奉献者，后来却利用权位以营私，等于欺骗了人民。理想的君主应该得到人民的信任，但专制营私的君主却应该受到人民的谴责与反对，甚至放逐与推翻。另一方面，公权无私的君主也应该得到私权的保障。这就成为用法律规划公私权利的问题。黄宗羲提出公私之划分，并有一般的法制理念，显然较孟子更有现代意识。

当然，黄宗羲以民为主君为客的认识并未得到充分的发挥，其中如何体现民为当家做主的主人身份是最大的问题。而如何具体客观地体现民意与民命以任命立法者、司法者、行政领导者与执行者，也都是值得思考的问题。但黄宗羲的民主政治理念是呼之欲出的。

公共行政管理假设了一套公共理性的运作，其目的在于维护公共空间中人民的权利，也就是维护人民的共同利益与权利。

第十七章 《尚书》的政治哲学：德化论的发展[*]

中国古代政治哲学问题的提出

自"五四"以来，中国学者受西方政治文化的强势冲击，反思中国本身的传统政治体制及其价值，免不了存在疑惑。中国的"政"与"治"究竟何如？其与西方的相应概念比较有何差别？有无优点？中国何以有两千年的专制政治体系，乃至到近代不堪一击，陷入一种较西方而言缺少现代性的境地，使国家产生危机？自"五四"以来，中国的政治体制往往被批评为缺乏科学精神、民主精神和道德精神；中国以伦理立国，以儒家为思想主流，是否因此导致了中国政制上的缺陷？这些问

---

* 原文载于《扬州大学学报（人文社会科学版）》2014年第4期。此次略有修改。

第十七章 《尚书》的政治哲学：德化论的发展

题无不发人深思，不过，这也不可能在一时之间得到回答。内政、国防、外交，在当今政治中是不可或缺的三环。若内政不正，则外敌必犯之。中国于其近代史中受到外侮超过百年，反映出传统中国的内政存在着缺陷。

在20世纪20年代，梁启超先生曾就中国先秦政治思想进行了一些哲学的探讨，[①]借以解说中国的政治特色——中国的政治制度显然是从其政治思想出发的，因此要讲中国政治制度的特色，就必须要了解中国政治思想自先秦以来的发展。梁启超所论主要局限于先秦，其论先秦诸子，谓法家之说是一种专制思想，法者君主之意志而已，不符合人民、社会的客观需要和人性的价值。最终，梁启超在其结论中彰明其意见，认为儒家的政治思想更符合其理想状态——皆因儒家讲求"以民为本"。儒家思想"以民为本"，自汉以来，在中国成为主流思想，却未因此防止帝王之专制。另一方面，我们也不能不指出帝王基本上是以自身的利益为中心来考虑统治问题，而非以儒家思想为准绳，因而产生了现实与理想之差距。梁启超并没有说明儒家思想实际上也能形成可实践的政治体制，具备真正影响政治的能力，也没有根本地说明"政"与"治"的差别以及其历史上的源流。历史上，儒家的政治思想基于道德思想、伦理思想，是否

---

① 参见梁启超：《先秦政治思想史》，中华书局1936年版，第67—154页。

具备现代性？这自是一个问题。历史上的儒家理想为何没有实现？这又是另一个问题。

中国政治哲学的根源及重心

自梁启超以后的七八十年内，学界对中国传统政治哲学的研究依然比较少，中国学者受西方现代教育的影响，多从现代西方的民主、宪政、法治处谈起，也透过西方的组织理论来反观中国历史上政治制度的优劣。自梁启超的时代起，更先后出现了两个新的政治制度。孙中山先生看到西方三权分立的优点与缺点，欲将之与中国传统制度的优点结合起来，提出了包含"考试制度"和"监察制度"的新治道，形成了"五权宪法"的体系。解放战争胜利后，中国共产党领导下的新中国政府强调以人民为本，强调民主集中制、人民民主专政，全国一统，不取西方三权分立的制度，以整合地权建立社会主义新中国为最高指导原则。改革开放以后，中国共产党更是探索出以社会主义市场经济来富裕民生，并直接以人民的政治要求为基础来建立政体与治道。梁启超尚未能见这两个新制度之全貌，固然无法做出回应。

我们需要真正回到传统，以观中国政治哲学的原本对中国政治哲学的启示。中国最早的经典，大抵应推《周易》和《尚书》。我的父亲成惕轩曾于1943年出版

第十七章　《尚书》的政治哲学：德化论的发展

《尚书与古代政治》一书，此书抱有一种含义，即希望中国政治的发展能以中国传统政治哲学作为其真切基础和参考体系，吸取精华而扬弃糟粕。此一中国政治哲学之基础则可追溯至《尚书》。《尚书与古代政治》共有八章，其目标在于彰显中国自己的政治哲学传统。我们于今日，固然应该考虑到西方自传统以至于现代的典范价值，但也不能忽视中国原有的政治哲学中的理想主义与现实主义所以结合之根源，说明政治哲学的启蒙性与规范性。

《尚书》设立了一种标准，它是古代政治的基础，也是古代政治思想的基础，后来之孔孟乃至百家诸子，均或多或少受《尚书》重视天人之际这一观点的影响而各自发挥。现在，我想先提出《周易》和《尚书》间的关系问题。

《周易》哲学与《尚书》哲学的关联

五经思想整体可谓以《易经》为本，而《尚书》则有政治哲学的根本价值。这两部经典均发展自周以前，具有极强的根源性。正因为有《易经》，我们对天道的了解才得以深刻化。天道渊深，固然难以完全地加以了解，但我们可以从天地变化及人在天地中的定位，看出天地化生万物、生育人类的一种内在本体性，并不需要借助外在的上帝之意志。因为，天地内在的本体性形成了一种宇宙自然的卓然秩序——所谓"天地定位"[1]，于是产生了阴阳、动静、刚柔、显隐之道，这均显示了天地万物中内在化生的动态之宇宙秩序。天地产生万物，其中包含了人的存在，故《序卦传》曰："有天地，然后有万物；有万物，然后有男女。"[2]这也说明，人具有基于天地而产生的价值，所以人能了解天地，也能发挥天地之道，这就构成了易学之可能、儒学之可能。因为易学恰恰强调人能了解天地之道、能了解人在天地中的位置，儒学则欲彰明"道能生人，人能弘道（非道弘人）"[3]的义理。

易学是中国生命哲学、道德哲学的重要部分。人成为人之后，从个人到家庭、到社会、到国家、到天下，亦可看出发展之脉络。由《易经》出发可知，人类文化的社会发展中有其内在秩序。我们如何能找到一个可将此内在秩序发展到极致而形成一生活价值的内涵，终是一大课题。所谓"天人之际"者，天是人的基础，人是天的发展。这一点可以于《尚书》的"天命"说中得到体现。"天命"说谓天令人有君——人由此乃成为政治的存在。"君"的存在，体现了一个提升的价值，其目标在

---

[1] ［魏］王弼、［晋］韩康伯注，［唐］孔颖达疏：《周易正义》，新文丰出版公司，第671页。
[2] 同上书，第691页。
[3] ［宋］朱熹：《四书章句集注》，中华书局2012年版，第168页。

第十七章 《尚书》的政治哲学：德化论的发展

于发挥人的能力，为人民的群体建立发展的空间。这是对"政治"之形成的重要论述，也是对政治组织之可能的重要论述，彰显了一个人能成为人类群体领导者的可能性，鼓励人实现其潜力、发挥内在于人的天人之性，也就是天之所命之性。

家父在《尚书与古代政治》一书中列举了《泰誓》《大禹谟》《仲虺之诰》三篇中的内容，对天之命君治民加以说明。但在今天看来，这三篇均属伪古文《尚书》。然而，我们也不能谓其与"天命"思想的发挥无关。《泰誓》谓"惟天地，万物父母；惟人，万物之灵"①，张载《西铭》继之，曰"乾称父，坤称母；予兹藐焉，乃混然中处"②。但若要从今文《尚书》中找相关的论述，则大抵见于《康诰》之"天乃大命文王，殪戎殷，诞受厥命"③等句。殷纣失德，故文王承天之命而征伐殷商，此语即反映了一种"天命"思想。《泰誓》的重要之处在于，将"天"进一步言说为"帝"，强调了"天"的人格神意味。《舜典》中也将"天"当作宇宙的深度发展之力量，谓"钦哉！惟时亮天功"④；《皋陶谟》则曰"无旷庶官，天工

---

① ［汉］孔安国传，［唐］孔颖达疏：《尚书正义》，上海古籍出版社2007年版，第401页。
② 喻博文：《正蒙注译》，兰州大学出版社1990年版，第291页。
③ ［汉］孔安国传，［唐］孔颖达疏：《尚书正义》，上海古籍出版社2007年版，第151页。
④ 同上书，第109页。

人其代之"①,要求人去履行天的功能。这些文辞都彰显了后来的"人能弘道"之义。"天命"政治具备对人之发展的引导、统合之功能,使群体之人合为社会,兹事甚重。

进一步看,《盘庚》也说:"先王有服,恪谨天命。"②如果引伪古文《尚书》的材料,则《泰誓》尚有"惟天惠民,惟辟奉天,有夏桀弗克若天,流毒下国,天乃佑命成汤,降黜夏命"③之辞,以"天"作为号召;甚至说"今商王受,狎侮五常,荒怠弗敬。自绝于天,结怨于民"④,"商罪贯盈,天命诛之,予弗顺天,厥罪惟钧"⑤,表明自己若不去推翻殷商,则亦有违背"天命"之罪。

儒家的天人观,有三个发展阶段。首先易学的发展,基于人类由知性观察产生的对世界之了解。在《易经》之传统影响下,宇宙万物发展的过程中有一刚健自强的力量曰"乾",有一厚德载物的力量曰"坤",两者统合在一终极创造性的太极之中。此二字本是天地的哲学之概念,是一种本体论层面上的认识。而在政治哲学当中,则把它们看作是天地的实际功能,进而认为天地被一个

---

① [汉]孔安国传,[唐]孔颖达疏:《尚书正义》,上海古籍出版社2007年版,第151页。
② 同上书,第337页。
③ 同上书,第409页。
④ 同上书,第415页。
⑤ 同上书,第405—406页。

更居其后的上帝所统帅,为帝所命,形成了成熟的周朝之"天命"概念。上帝有所命,就要求人们能顺从刚健自强、保合太和、生生不息的天道;对于天地的意志,人就应当对其加以实现。天地的意志体现在人的内心之中,亦即人之"性",故导致《中庸》理解为"天命之谓性"①,人应当逐渐将其觉察、发扬出来。如果说易学之自然主义天地观、乾坤观、太极观是儒家天人观发展的第一阶段,那么《尚书》中所体现的天命观就是其第二阶段。

天命思想与《尚书》中的德与德化

《尚书》所描述的尧舜时代以至于夏商周三代,是历史文明建立的时代。其书中把天地内含的目的性、价值性视为天命,天命与人的关系非常密切。在宇宙论的背景下,人是天地所生之万物的一部分,天命自当指导人。在政治建立、实现之层面上,人之有君,就如天地之有帝,我们把自己应有所主宰的思想化为天地之主宰,把我们所认识到的终极之价值看作上帝之所命。由是可见,政治所具有的内在理性、天性,同样也需要包含在人性之中。如果一个人不能发挥人性中之天性,就不能担当

---

① [宋]朱熹:《四书章句集注》,中华书局2012年版,第17页。

儒家语境下的人之君。因而，君必须要时常保持警惕，确保其"性"，以使自己不违天命。政治需要有天命来作为其合理性之支持。《周书》之中的《康诰》《酒诰》《多士》《无逸》《多方》《立政》诸篇，都体现了人作为政治动物，必须要内在地掌握天地之道——儒家的仁义之道。其中，"仁"犹乾道，"义"犹坤道，行仁义，就是实践人内在之中来自天地的本体之善。在这个意义上，"天人合一"是中国政治哲学的基础。由于天对人类的加惠和惩罚是大公无私、绝无偏倚的，所以君主对于其人民的赏罚，也应当是无偏无倚、大公无私的——这就是"天命"的要求。《吕刑》"非天不中，惟人在命"之语，即表达了这种要求。早在商朝就已以龟卜作为占筮天意的工具，可见易学已然介入了《尚书》所记录的政治认识之中。在实际运用的过程中，易学成为了古代政治找寻天意，利用天意以作政治决策之依据的一种方法，乃须运用龟卜。殷商时的卜辞，本就有强烈的政治意义，用以显示殷商之君统治人民，施行政令的根据，甚至把祖先与天地相配，将之作为占卜的询问对象，《盘庚》即有此说法。至于《金縢》中周公祝告太王、王季、文王而期以己命替武王延寿之事，[①]则是商人观念的延续。当然，易学真正能反映出人性之中有天性者，犹待孔子之后方

---

① 参见［汉］孔安国传，［唐］孔颖达疏：《尚书正义》，上海古籍出版社2007年版，第493页。

被儒家清楚地揭示出来。脱离占卜而论天人关系，是为儒家天人观的第三阶段之发展。

总而言之，儒家的天人观，其第一阶段是易学宇宙论之认识，第二阶段则将宇宙论发展为天命论、上帝论以及人的德化论，而第三阶段是孔子以后的仁义论。

《易经》和《尚书》还有一层关系：《尚书》据《易经》的天人之论，进一步认为天心与民心本自合而为一。这一观念对后来的孟子也很有启示。《皋陶谟》有曰："天聪明，自我民聪明。天明畏，自我民明威。"《泰誓》谓"天矜于民，民之所欲，天必从之"①，又谓"天视自我民视，天听自我民听"②。《多士》则曰："惟我下民秉为，惟天明畏。"③这些论述均表达了同一类观点：要观察民意，了解人民的真正需要。若要了解宇宙，就需要观察宇宙；若要了解政治决策之所由，则需要观察民心。其后，孟子提出"民为贵，社稷次之，君为轻"④之说，即从此发展而出。政治要发展，就要以民为贵，君的作用主要在于发挥其能力以满足民的需要，他的重要性根植于其身后的民众需要之重要性。《易》提供了中国古代政治哲学的基础，而《尚书》继之，得出上帝、天

---

① ［汉］孔安国传，［唐］孔颖达疏：《尚书正义》，上海古籍出版社2007年版，第406页。
② 同上书，第412页。
③ 同上书，第618—619页。
④ ［宋］朱熹：《四书章句集注》，中华书局2012年版，第375页。

命之说,孔子又将之转化为人文主义的"礼"之思想,转化为君须仁民的政治哲学,来实现《尚书》以民心为天心的崇高政治思想。所谓"以民为本",实际上是在以化生万物的天地及其所象征的生生价值为本,这也体现了"人能弘道"之能力。这就导向我所说的"德化"的思想。

正因为周有《周易》之宇宙观认识,故其时能有本于《周易》之天地精神而逐渐发展规范政治制度之书《周礼》。过去我即曾以文章论述从《周易》到《周礼》之发展,谓其将《周易》的天地观、宇宙观转化为一套能用以发展社会、国家之基础思想。由是可知,易学与政治、道德、伦理有着一以贯之的关系。

人在宇宙中的地位,在于其能秉承于天,将天的功能实施出来。人也能掌握天地发展之意图,并自觉继之。可以说,人是天的代言者。要实现人,就要实现天,天和人有内在之一致。这和西方的政治哲学存在很大差异。西方政治哲学在形而上学层面上强调的是天人两分的二元论立场,认为"天"是最高的权威,包含最高的价值,而人是"天(上帝)"所造,相对于他们而言,"天"是一个必须服从的外在权威,"天"的外在性即转化为上帝的超越性。因此,人要跟"天(上帝)"建立关系,就必须从上帝那里领取一些规定、命令而加以实行,故摩西秉承天意,领受十诫,以上帝的要求作为治理民众的法

第十七章 《尚书》的政治哲学：德化论的发展

律基础。对于人而言，"天"处于一种外在之关系，被想象为一他者的存在意志。在中国，可能只有墨家所说的外在超越之"天志"①与之相类。所谓"外在超越"的意思，即指其不在人间，不是自然宇宙的一部分，也不是人之内在的一部分，是外在于人与世界的他者，所以人类也就无法认知它究竟是什么。西方的政治哲学乃呈现为一种"契约论"，认为政治一定要仰赖于外在的权威，而与之建立契约关系。彼之政治的起源，就在于认定一外在权威，而其能立法，代表公共意志，这就产生了西方的法律观念。从渊源来说，这来自于犹太教、基督教之上帝与人建立约定的传统。而中国政治的起源，则在于人对人限定的公共德性之认识、自觉，与西方并不相同。

德的自觉、德的发展、德的影响，即是"德化论"之所指，与西方的"契约论"相别，构成了中西政治哲学差异之所在，而这种差异，正好体现在《尚书》与《旧约》的对比之中。中国的"天"之概念有其易学基础，包含着一种宇宙创化论，也展开为"天地""天命"之类，体现出一种自我形成的秩序与生命创造力。"天"的概念之所以能"人化"为"帝"，也正是因为人的关系。所谓"上帝"，就好似人的君主一般；惟先有人的君

---

① ［清］孙诒让：《墨子间诂》，中华书局1986年版，第174页。

主,才会产生"上帝"之谓。人的君主,其理应有内在的德性,若真能具备德性,则能够使政治趋善,这就叫作"德化论"。苟欲论此,重点即在掌握"德"的概念。我的目的在于说明两点。第一,中国政治哲学有其起点,乃在"德"的目标之认识与"德"的实践之认识。"德"之目标,即"政道"之标准;"德"之实践,在于如何将"德"实际践履出来,即指"治道"。所以,所谓"政道"者,即在于人认识治理的目标及其达成标准。《论语》载:"季康子问政于孔子,孔子对曰:'政者,正也。子帅以正,孰敢不正?'"①《说文解字》从之,乃训"政"曰"政,正也"②,则"政道"即具有"使之为正"的意思。在这个意义上,中国传统的政治哲学是有其"政道"的。第二,要想达到"政道"的目标,就需要"治道",即具体的方法、可行的决策。所谓"政治",即在于如何以"政道"指导"治道",如何以"治道"实现"政道"。"政道"和"治道"应是相互吻合的,代表了一种知行之合一。深层次地讲,它还代表了一种天人之合一,因为"政道"源自天地的基本价值,"治道"则来自于人弘道的方式、方法。所以,"政"与"治"是合一的,"政道"和"治道"是不能分开的。

---

① [宋]朱熹:《四书章句集注》,中华书局2012年版,第138页。
② [汉]许慎:《说文解字》,中华书局1963年版,第67页。

第十七章 《尚书》的政治哲学：德化论的发展

德化、政道与治道

牟宗三先生在其《政道与治道》一书中，谓中国只有"治道"而无"政道"①——他眼中的"政道"系指西方政治哲学所说的"民主""自由"。然而从以上的分析中，可知他的观点存在一些问题。牟宗三先生或许是有感而发，乃欲对中国传统专制体制有所批评，他也确实对如何看待中国历史上的政治发展提出过深刻的问题。牟先生从秦汉算起，至于清朝，认为中国的政治制度一直在家族化的要求之下不断循环，长期处于专制王朝之形态，对人民的需要没有真正地正视。不过，他没有查检先秦的夏商周三代之政治，乃至更早时期的禅让政治，未能反思中国彼时是否有自己的政治理想。若要问古代中国是否有"政道"，我的答案是：有。中国的"政道"，可以追溯到《尚书》中所阐述的"以民为本"之"德政"思想、"德化"思想，而这些思想中又反映出天人合一、知行合一的发挥人性、发挥天性之理想政治。这种政治，要求以民为贵、以民为主，某种意义上也可以说是一种"民主"政治——基于民意、公意、天意来建立一儒家政治的有道权力。既然可谓其是"民主"的，则宜究其与

---

① 牟宗三：《政道与治道》，学生书局1987年版，第32页。

"自由"间的关系。①

西方之政治,在18世纪张扬"民主""自由"之前,实行的是君主的专制独裁。在16世纪后"契约论"发展之前,固然也有"契约论"之传统,但西方的主流是基督教所强调的以上帝之意志为本之观点,即"君权神授"。近代霍布斯提倡君主应具神权之专制能力,是以君主为上帝之代理人,认为上帝已然给了君主无限之权力,这就彰显了契约的精神,发展出了其契约论中的授权学说。

到了洛克,"契约论"又从重视君权转为以民权为主。当时,天主教传教士通过《中国哲学家孔子》一书及一些翻译作品,将儒家四书之学带回欧陆,在巴黎出版。莱布尼茨深受其影响,继而又间接影响了同时代的洛克。后来,洛克回到英国,写成了两篇《政府论》,谓政府的功能在于保障人民的权利不受损害。这颇类孟子引《泰誓》所说的"天视自我民视,天听自我民听"。

---

① 牟宗三先生提出所谓"三统"之说,他认为中国没有政统,只有治统,但我说的政道应该是政统的基础。参照历史,我认为中国也有一个政统存在。如前所述,政统是基于终极价值(也就是道统)所产生的政治权威和统治权威,其表现为基于政道应该实施的和已经实施的政治原理及其认知的合法性。"政道"的概念经过《尚书》和孟子的表述,说的就是"天视自我民视,天听自我民听"。这就是我所谓的政道和涵摄的政统。历史上也许并未完全实现所谓的政道和政统,但是任何一个朝代的建立都潜在地假设了天命与民命的相关性。虽然没有明白地呈现出来,但是隐约于朝代的传递之中,同时也可作为历史朝代政权变更的理由。在此意义下,所谓政道是明晰的,政统是模糊的、隐藏的,但它是有历史意义的,是离不开政道的。

第十七章 《尚书》的政治哲学：德化论的发展

中国古代政治思想自有其奠基，即在禅让制度所体现的"德化"思想；后来变为"家天下"，确然不复能遵守天命德化的天下为公之无私态度。在这种情况下，就允许符合人民愿望者起而"革命"——《周易》革卦《彖传》"顺乎天而应乎人"①之辞足以见此一创意。由是可见，中国古代存在着一种革命解放之思想，人民解放乃得"自由"。中国的革命解放之思想，在汤武革命之事中得到了集中彰显，其能给人民一种新的政治制度——《康诰》所谓"作新民"②，人民不复受暴政虐待，当然是一种"自由"。不过，中国所追求的仍在于天人之"和谐"。

由《虞夏书》中可知，三代之前的尧舜时代即以"和谐"为一极高价值。"自由"是"革命"得出的，而"和谐"则是最原始的天人"德化"思想之体现。所以，对于中国而言，其与西方相同之处，在于以民为本；而西方之说从上帝论、"契约论"处展开，中国之说从天人合一的"德化论"处展开，则是两者的同中之别。根本的差别在于：原始的中国，强调天人之和谐；而西方则谓人要服从上帝、信仰上帝。在西方的实际历史中，人

---

① ［魏］王弼、［晋］韩康伯注，［唐］孔颖达疏：《周易正义》，新文丰出版公司2001年版，第412页。
② ［汉］孔安国传，［唐］孔颖达疏：《尚书正义》，上海古籍出版社2007年版，第535页。

君往往假天或上帝之名实行其专制,罗马帝国尚未成为基督教国家时,皇帝有其强势的统治,丝毫没有以民为本,而是以君权为本。在英国,到17世纪还有霍布斯倡导君权神授的理论。霍布斯之后,经过实际的信仰斗争,洛克方提出人民自然权利之说,把人民从绝对君权的牢笼中解放出来,因而把自由作为第一等价值。美国十三州从殖民统治中解放出来,自是特别重视"自由";法国于专制统治之下攻破巴士底狱,兴起暴力革命,亦自然推重"自由"。可见,西方国家有其强烈的"自由"之体验。对于中国的文化道路而言,最强的体验却在于"和谐"。所以,我认为中国为政之目的终当是"和谐"为本。"自由"和"和谐"其实并无矛盾,但"自由"的正面价值仍在于其具备创造"和谐"之可能,真正的"和谐"也必然带来生活的开放。假如只讲"自由"不讲"和谐",就往往会误导人们走向自私之隔阂中。自由与道德、法律、政治目标的关系,在西方是一重大问题,值得深入探讨。因此我认为,以西方的"民主""自由"当作"政道"的界定标准,是有所缺失的。所以,针对牟宗三先生的"政道""治道"之说,我认为中国的"政道"在于据"以民为本""天人合一"之思想,以实现群体与个人之间的"和谐";其中的"自由"之义,在于实现个人于群体中的政治自由,在于发挥自身人性、实现其完美化的自由。

第十七章 《尚书》的政治哲学：德化论的发展

"政于治"与治道的认识

至于"治道"，家父成惕轩的《尚书与古代政治》提出了几项极重要的认识。一是"食货为先"①，即重视民生经济的发展。书中列举了《大禹谟》中的例子："德惟善政，政在养民。水、火、金、木、土、谷，惟修；正德、利用、厚生、惟和。九功惟叙，九叙惟歌。戒之用休，董之用威，劝之以九歌，俾勿坏。"②又谓："地平天成，六府三事允治，万世永赖，时乃功。"③这说明，政治之目的即是"正德、利用、厚生"。为了实现"正德"，就要"利用"包括"水、火、金、木、土、谷"在内的各种资源，利用资源以"厚生"，进而达致"和"的目标。"水、火、金、木、土、谷"是"六府"，"正德、利用、厚生"是"三事"，合而谓"九功"。一个政府，其治理之道就在于谐和"六府""三事"。《大禹谟》虽属汉晋时代的伪古文《尚书》，但其思想反映了一定的古代传统，并对后世产生了极大影响，因而具有参考价值。而《舜典》提到舜对后稷的"播时百谷"之要求，也对十二牧统一提

---

① 成惕轩：《尚书与古代政治》，正中书局1943年版，第15页。
② [汉]孔安国传，[唐]孔颖达疏：《尚书正义》，上海古籍出版社2007年版，第126页。
③ 同上书，第126—127页。

出了"食哉惟时"之要求,这都体现了古代中国对民生经济发展的重视。此外,《禹贡》中有重视百姓安居乐业的辞句,追求与环境相谐①。甚至商书《盘庚》在讨论迁都之事时曰:"往哉!生生!今予将试以汝迁,永建乃家。"②这也是重视民生经济之可持续发展的体现。迨至《洪范》"八政"谓"一曰食,二曰货"③,由此可见《尚书》将经济发展视为治理之道的基本。

二是"建中与建极"④的概念。近期我在北京大学做名为"中国政治哲学探源"的系列讲座,对中国古代的"宪制"思想有所发隐和探索。当然,现代意义上的宪法是经民主探讨而得出的公共意志的体现。古代之"宪"则倾向"终极规范"之义,代表了所有人的理想。《洪范》是对夏商周"宪制"思想的最好体现,我父亲于此特别强调"建中"与"建极"的问题。当初方东美先生讲授中国哲学时也很重视《洪范》篇章,以此为中国政治哲学之展现。我关注《洪范》中所包含的"宪制"思想的表达。《洪范》通过箕子之语,追溯所谓禹时之事。该篇包含万象,综合涉及了天地自然、宇宙智慧、天心

---

① [汉]孔安国传,[唐]孔颖达疏:《尚书正义》,上海古籍出版社2007年版,第189页。
② 同上书,第357页。
③ 同上书,第456页。
④ 成惕轩:《尚书与古代政治》,正中书局1943年版,第23页。

第十七章 《尚书》的政治哲学：德化论的发展

人心、社会发展、政道治道的问题。① 它特别强调五行的重要性；五行若乱，人们就很难有基础以发挥清明的政治。所以，我们要在发展民生的同时维护好生态环境，才能使社会秩序充分稳定，经济发展可以持续。具体到"建中""建极"，我们需要找到一个标准。"中"与"极"虽为两个不同概念，但两者有重大关系。政治需要有"中道"，"中道"最大的体现在于"无私"，需要个人的修持。《大禹谟》谓："人心惟危，道心惟微，惟精惟一，允执厥中。"② 也就是说，人不能让私心蒙蔽自身。"人心惟危"是因为其走上了"私"之路，"道心"则是对天地之道的关注，可见人有能力呈现对"道"的认识与遵从。同是一"心"，若能遵从"道"，实现"道"，就可称为"道心"；把道心蒙蔽，走向私欲，就困于"人心"了。如何去一己之私以成就全体之善，这就需要建立中为中道，建立中道即是以中道为极，使之成为终极的规范。任何时候都必须遵从，是所谓"政道"，用之于治即是"政于治"。这就说明了建中必须立极，而立极则必须以建中为基础。当然，一个君主若不谋求成为一个政治领导者，仅追求自己的个人喜好，看似无碍，实际上却必然危害社会人民，孟子对此有生动的表述。因之

---

① ［汉］孔安国传，［唐］孔颖达疏：《尚书正义》，上海古籍出版社2007年版，第445页。
② 同上书，第132页。

作为一个政治领导者,就必须实现"道心",也就必须"用中",建立"中道",树立终极标准。建立"中道"的目标在更好地实现民意,把天心和民心作为标准,也就是把"中道"看作"皇极""太极",则"中道"的理想也自然成为一种"极道"、一种典范了。

"中道"也包含了"常道"的意义,但能在各种非常状态下贯彻"常道"殊为不易,对统治者的修养有很高的要求。人们往往能抽象地掌握原则,却难能实践此原则于具体之中,若在实践中反而偏离"中道",后果将非常严重。不止于抽象地、原则地掌握"中",更能实践地、具体地掌握"中",使之发挥作用,这样方能无往不利。因之我们要对"中道"之为一终极标准有所认识,尤其要同时掌握人民当前以及终极的需要,将"中道"作为一终极的要求加以认识,加以实践,方可称为为政有道。一个君主能够实践"中道",并以之为终极标准,达到"无党无偏"的施政状态,乃可称为"王道"。故《洪范》称:"无偏无党,王道荡荡;无党无偏,王道平平;无反无侧,王道正直。会其有极,归其有极。"① 这就是从《皋陶谟》到《盘庚》以至《洪范》的一贯思想所发展出来的建中立极之论。

基于对"政道"的认识,我们可以看到所谓"治道"

---

① [汉]孔安国传,[唐]孔颖达疏:《尚书正义》,上海古籍出版社2007年版,第464页。

第十七章 《尚书》的政治哲学：德化论的发展

亦终离不开"政道"。总而论之，为政的治理之道，在发挥人君之"德"，在行为上"用中""建极"，利用各种资源，以维护养育民生，此即为"正德、利用、厚生"的政治哲学。

由上可知，对"德"的认识非常重要。因为"德"是发挥"政道"、实现"治道"的根本与前提，故而我们需要对"德"有所认识，这就牵涉到"德化论"的终极思想。认识了"德"的概念，就能认识合乎"伦理"的政治，由此乃能产生《周礼》的礼制、官制、法制，然后才能具体地实行"大学之道"的"亲民"理想。①《尚书与古代政治》继而论及"明德与明伦"②。"德"在古文《孝经》之孔传中被训为"德者得也"，认为"德"的意义在于得"天地之道"。在这个意义上，"德"是生于人之内的。天道生人，人能弘道，故人生而有德。人性之不同于他物之性者，即在于人性是有"德"的。所谓人性有"德"，即指人能有公私分明、"至公而无私"的态度，能有基于此至公无私态度的"至诚而无伪"的行为，合乎人心、合乎天理。亦有训"德"为"得于心者谓之德"者，乃知"德"是本乎天道，内在于人心的。"德"无待于外，故"明德"之工夫首在自我省察，即《说命》

---

① ［宋］朱熹：《四书章句集注》，中华书局2012年版，第3页。
② 成惕轩：《尚书与古代政治》，正中书局1943年版，第28页。

中"恭默思道"①"虑善以动"②之谓。透过"思""虑"的自我省察,乃能掌握"德",并使之受到维护,得到成长,能用于事。从易学哲学来看,人观天察地,内省于己,从而产生有别于私心的合乎天理者,即是"德"。

总言之,"德"是"天心"与"人心"的结合,涉及儒家的基本思考:孟子谓"人之所以异于禽兽者几希"③,这个"几希"就是人的内在之"德"。此亦即孔孟的性善论。人经过思虑能掌握自己行为的方向,做出选择。人必须选择如何认识自我价值,选择将之放在对私欲的追求之上,抑或对公义的追求之上。人是社会的一分子,个人价值无法脱离社会之美善而得到实现,故要求我们不以私欲蒙蔽己心。孟子的性善论,并非谓人不须面临私欲公义之选择,而是指人在做此选择时必然会不自觉地发挥其"德",倾向公义。孺子临井,人必怵惕,这种恻隐之心④即是性善之"德"的体现。

"三德"与"三政"

在面临公私问题时做出正确的选择,就要知道天地

---

① [汉]孔安国传,[唐]孔颖达疏:《尚书正义》,上海古籍出版社2007年版,第365页。
② 同上书,第371页。
③ [宋]朱熹:《四书章句集注》,中华书局2012年版,第298页。
④ 同上书,第239页。

第十七章 《尚书》的政治哲学：德化论的发展

万物，做出合理安排与行动，故"德"必然要求"智"，也就必要假借政治制度法律的规范。普通个人如此，为君者更是如此。《洪范》谈到三种"德"："一曰正直，二曰刚克，三曰柔克。平康正直，强弗友刚克，燮友柔克，沉潜刚克，高明柔克。"①保有这三种"德"，能让我们得以选择正确的思维方式、定策方式。"正直"即自然为正；"刚克"即以刚的方式使之为正，包括建立法律制度；"柔克"即以柔的方式使之为正，包括教化影响，兹三者值得加以发挥。人要做出正确选择之时，常非处于自然之正，往往需要自我之"刚克"，即"克己复礼"，抑或需要"柔克"，以情之感召约束自己，然后方能从性中导引出"德"。在这个意义上，"沉潜"即利用理性，"平康"即基于生活之常理行事，皆是为了得正务"德"。政治的基础，即是人的内在之"有德"以及外在的"德化"。若内无"德性"，外不能德化，则政治就会沦为控制术的游戏。《皋陶谟》谓有九种"德"："宽而栗，柔而立，愿而恭，乱而敬，扰而毅，直而温，简而廉，刚而塞，强而义。"显示"德"有多种表达方式，在各种处境之下，都能体现出公心，体现出人性趋善之义。不论是"三德"还是"九德"，皆是不同处境下产生的殊途同归的决策方式。正因为"德"能让人得到正确

---

① ［汉］孔安国传，［唐］孔颖达疏：《尚书正义》，上海古籍出版社2007年版，第465页。

的感召,故亟需培养。古时尧舜及皋陶所以能成为圣贤的为政者,在于其能实现"德"。《尧典》谓"克明俊德,以亲九族"①,《舜典》谓"柔远能迩,惇德允元"②,《皋陶谟》谓"慎厥身修,思永,惇叙九族,庶明励翼,迩可远,在兹"③,其中反映的"德"的重要性,即在于其是人实现人心之善意的基础,是政治决策的基础,"自天子以至于庶人,壹是皆以修身为本"④。由此可以认识人与人之关系,乃有"五伦"之说。发展到《洪范》,则不止于人伦,更至乎天伦。兹即"德"之作用。

就三德而言,正直是正德的基础,刚克是利用的基础,柔克则是厚生的基础。故"三德"是"三政"的基础。

试从《尚书》中列举虞夏时"有德"的例子。"德"有其功能性,体现在实践"政道"的公共行为之中,尧、舜、皋陶等人均能以此见其"德"。从《尧典》中可见,尧能"以亲九族",为天下带来和谐。舜亦有德,《尧典》中载其"父顽,母嚚,象傲",舜却能"克谐以孝,烝烝乂,不格奸"⑤,在最艰难的情况下仍能维护伦理关系,足

---

① [汉]孔安国传,[唐]孔颖达疏:《尚书正义》,上海古籍出版社2007年版,第36页。
② 同上书,第96页。
③ 同上书,第143—144页。
④ [宋]朱熹:《四书章句集注》,中华书局2012年版,第4页。
⑤ [汉]孔安国传,[唐]孔颖达疏:《尚书正义》,上海古籍出版社2007年版,第58页。

见其有"孝德";于《舜典》中,其"柔远能迩,惇德允元",重视"德"的价值,兼能任人,其建立政制之行为本身亦可见其"德"。皋陶作为尧、舜、禹时的重要大臣,亦有其"德",见于《皋陶谟》中的"允迪厥德,谟明弼谐"①之辞。禹的治水之举,也自是"德"的体现。不管是尧、舜、禹还是皋陶,都是有德之人,其"德"是功能性的,不是抽象性的,须见之于行,见之于用人,见之于施政,见之于建立制度。尧不传子,因为丹朱私心太重,不能用于事,舜继承尧的事业,禹又复继承舜的事业,这就构成了古中国的圣贤之治。此即是《虞夏书》中我所见到的"德化论"的表现。夏启之后,传子而不传贤,而历代君主德性不齐,或有桀纣,于斯则又产生了"革命"的传统以为辅。无论如何,家天下以后的中国政治不复能及先前"德化论"之下的至公无私的禅让精神,这是值得反思的。在禅让制下,政治领袖能选贤继之,从而实现以民为本,顺乎天心民心的政治,这就是中国的"政道"之传统。

结论:"德、政、治、法"的合一

综上所述,今天中国在走向富强道路之际,应当了

---

① [汉]孔安国传,[唐]孔颖达疏:《尚书正义》,上海古籍出版社2007年版,第143页。

解德化论"政道"的重要性,也应明白中国固有"政道"之传统,不须以西方的"政道"为唯一楷模,而自有宝贵的政治典范传统。

最后,在"德化论"的基础上,一个有能、有智、有德的政治领导者不但能实现直接的政治治理行为,而且其治理还应包含多方面的考虑。德不仅是态度,而且是能力。能为大家做事,建立好的制度。所以德必然导向制度性的行为,因为有道德才有法律。整个周朝的体制,周公建立所谓封建制,自有其逻辑性。其要分封有功之人——包括非姬姓的功臣,以此维护国家统治的整体性。当然,周朝仍是家天下的政治,终亦走向混乱。经过武王革命,其理应更了解圣贤政治的重要意义,但终未及此,虽有礼乐,但不能恒常。于此足见,"治道"必须要符合"政道",父子相传是不能"德化"的。

近代中国在西方冲击之下,民主革命应运而生。从辛亥革命以至于解放战争,正是中国政治的一次次深度发展。时至今日,现实的状况表明我们仍需要"有德"与"德化"。《尚书》说明"德化"的重要性在于:苟能有"德",则能建立管理制度,建立法律体系。德治不仅不违背法制,且需要法制,法制亦来自德治,两者实为一体。政府的管理制度乃是一种组织方式,而组织方式必然需要系统的行为规则,最终更需要根本的总合的规范,此即是宪法。故"德化"是导向终极宪法的基础。

第十七章 《尚书》的政治哲学：德化论的发展

"德化"的问题，不止是政府管理结构建立的问题，更不只是建立法制、推动政治、达致和谐的问题，其核心在于，为政者应能实践地关心人民，赢得民心；以德为本，以政为体，以治为行，以法为依。唯其如此，乃能实现基于《尚书》"德化"思想的"德、政、治、法"合一之政治哲学理论。

第十八章　董仲舒政治哲学的形上基础及其现代诠释[*]

　　对董仲舒的研究应从对他整合、继承、研究、注解儒学经典的历史哲学成果入手，体察其中心命题。董仲舒的思想不完全依赖汉代政治事实而定，其另有儒学及诸子之学所本。董仲舒在《春秋》经与《公羊传》的基础上提出了"天人感应"理论，它在儒学内部的思想渊源包括易学、尚书学、春秋公羊学，还综合了先秦的各家学说。同时，西汉进入汉武帝时期，政治变革已然有了现实需求，政府意欲从无为清静转变为有为进取，这是董仲舒思想形成的基础。董仲舒的政治哲学不但具备形而上学的基础，还有其现代诠释，是具有现代生态化的管理体系。

---

[*]　原文载于《衡水学院学报》2015年第3期。此次略有修改。

第十八章　董仲舒政治哲学的形上基础及其现代诠释

2001年出版的《中国哲学史》(第二版)认为:"董仲舒的全部思想都是为汉王朝封建专制统治创立理论上的根据的。"①笔者认为,这把董仲舒的思想过分意识形态化了。以笔者之见,对董仲舒的了解,应从对他整合、继承、研究、注解儒学经典如《春秋》及其《公羊传》时所收获的历史哲学成果处下手,体察其中心命题,而不能随意将汉朝的政治形态作为其思想内涵的判定基础。事实上,汉朝对于变革政制已然有了现实需求,意欲从无为清静转变为有为进取,乃将适合于此的董仲舒思想作为基础。董仲舒的思想则不尽待汉朝政治事实以定,而是另有儒学及诸子之学所本。孔子作《春秋》,对历史哲学有着"自然和人均能影响政治"的观点。《公羊传》则在诠释经典时将此观点发展为一种初步而朴素的"天人感应"说。董仲舒作为汉代春秋经博士,他在《春秋》经与《公羊传》的基础上提出其"天人感应"理论,是很自然的。而"天人合一"之论,亦有所据。

武帝问策的哲学背景

汉景帝时,董仲舒以其所传之公羊学而成为了春秋经博士。在汉武帝"举贤良对策"之际,他提出了所谓

---

① 北京大学哲学系中国哲学教研室:《中国哲学史》(第二版),北京大学出版社2003年版,第121页。

"天人三策"。这三组策问均涉及武帝最关注的问题。《汉书·董仲舒传》对此事记述详备,其所载武帝首次策问中的三问如下:"三代受命,其符安在?灾异之变,何缘而起?性命之情,或夭或寿,或仁或鄙,习闻其号,未烛厥理。"

武帝即位后,面对着社会转化的问题。文景时期,统治者采用黄老之学的清静无为之治术,此际却未必仍应如是。黄老之学的自然无为、清静安养,对久经战乱的社会当然有帮助。但社会一旦静养已久,也就积聚了相当程度的活力,其所积聚的活力,也必须要发挥出来。所以,汉朝发展至于武帝必定要有所变革。武帝当政后,乃令各地举选"贤良修洁博习之士",以作为政治改革的人才基础。这种发展,最终导致把儒学推到了主流,形成了新的政治趋势,使汉朝走向了"一阴一阳之谓道"[①]中的另一端。这种新的政治趋势,也能从武帝的策问之辞中得到揭示。

武帝在策问中提及改制、兴礼作乐之事,也谈到了对能否重建圣王之道的思考,更提出了上述三个问题。这三问,一方面说明统治者已在酝酿通过改制以保证统治合法性,另一方面说明天下的灾异已引起了统治者对天人关系的关注,此外更说明统治者对人之性命的寿夭

---

① 《十三经注疏》整理委员会:《十三经注疏·周易正义》,北京大学出版社2000年版,第315页。

第十八章　董仲舒政治哲学的形上基础及其现代诠释

善恶有所思考，这都导致了统治者对政治改革的趋近。同时，儒生对孔子所向往的礼乐的重建努力，也影响了武帝。这样一来，作为权力的中心人物，武帝已有心改革，于是改革之风便自然兴起于整个朝野之中。

通过考察董仲舒对这三个问题的回答，我们能窥见其理路。董仲舒从《春秋》经出发，体察"孔子成《春秋》而乱臣贼子惧"①的精神，发挥《春秋》的意义。在他看来，孔子作《春秋》是在重写鲁国从隐公到哀公的242年国史，并在此次书写中点出了这段历史中发生的各种灾异。以《论语》观之，孔子固然未曾明确地提出天人感应的观点，但《春秋》确实将天象与人事并记于一处，《公羊传》更明确诠释出此中灾异与人事吉凶的联系所在。事实上，自然的灾害会影响百姓的生活，与此同时，人君的政策得失也会影响百姓的生活，于是百姓生活的好坏就成为自然灾异与人君施政之间的连接点。既然天（自然）和人（人君）都具有影响社会发展的作用，就不免产生认为两者间有所关联的思想。孟子将"天时""地利""人和"并举，就体现了儒家对这种关联的某种认识，足见儒家承认天与人之间有某些共通相致之处。而《公羊传》乃至董仲舒之说，则将此类关联具体化为"天人感应"式联系。所以，董仲舒所谓"天人感

---

① ［宋］朱熹：《四书章句集注》，中华书局2012年版，第277页。

应"之说,并非意在彰显孔子作《春秋》时所定的体例,而是为了论述君主应如何对待百姓。

从这个角度看,"天人感应"之说作为一个新的课题,认为天与人能相互影响,且上天也希望有明君来治理百姓。后来宋儒引用《礼记》所说的"人者天地之心"之语以论事,可以看作此说的一种延续和发展。对"天人感应"有所支持的文本,不但可见于《礼记》之中,还蕴藏在《易传》之内。《系辞传》中的"生生之谓易,成象之谓乾,效法之谓坤"①之辞,即是将乾天坤地这组关系视作发展宇宙生命的基本力量,认为其能创生万物。据此,自然乃可成为判断君主定策贤明与否的标准。

董仲舒从诸经之学处受到的影响

1.《周易》的影响:天人合德

董仲舒的对策,带有儒家的思想成分。他显然把易学中"天人合德"的思想转化为了"天人感应"的思想。"天人合德"的思想,来自于《文言传》中的"夫大人者,与天地合其德"②等诸语。其意义在于,彰显人具有可发挥天之能力的德性。因此在孔子及其儒门后学看来,

---

① 《十三经注疏》整理委员会:《十三经注疏·周易正义》,北京大学出版社2000年版,第319页。
② 同上书,第27页。

第十八章 董仲舒政治哲学的形上基础及其现代诠释

天能生人，而人有天之德，能弘天之道，亦即维护以发展生命为务的生生事业。在重视生生的角度上，天与人是一致的，此即"天人合德"。

"天人合德"进一步发展，乃达成"天人合一"。"天人合一"系从境界上而言。人能够以天地的乾坤精神来实现人的内在生命，就像"乾""坤"二卦《象传》所说的"天行健，君子以自强不息"[①]"地势坤，君子以厚德载物"[②]一般。兹辞显示出，人不止能与天地合德，且人之所为所行，也能像天地一样自强不息、厚德载物。这样一来，就能致于"天人合一"的境界。由此可见，"天人合德"乃至"天人合一"的思想，已备于易学之中。但是，"天人感应"之说，则不尽能见于原始的易道之中。易卜当然也涉及从未知处预知吉凶，但终究未曾作为一种政治学说而得到应用。而《易传》所说的"寂然不动，感而遂通天下之故"[③]，大抵提示了易卦在占卜过程中能够作为感应天地变化的一种方式，且能够显示天地之变及此变之道理，也并非直接指向天人之间的感通。直到董仲舒发挥公羊学而得出"天人感应"之说前，易学尚未发展出相应的学说。

---

① 《十三经注疏》整理委员会：《十三经注疏·周易正义》，北京大学出版社2000年版，第11页。
② 同上书，第31—32页。
③ 同上书，第334页。

2.《尚书》的影响：天的人格化

除了《周易》之外，在《尚书》中，我们也可以看到一种"天命"之说，如"惟命不于常，汝念哉！无我殄享，明乃服命，高乃听，用康乂民"等。这种天命观将天命与人君的施政之善联系在一起，认为施行善政是获得、保有天命的前提条件。其视天如人格神，认为天也盼见天下大治，故希望以圣人为人君，因此常施天命与善人。天固不言，但可以用灾异和符示来表达自己的好恶，彰显天命之所在，这就导向了"天人感应"之说。

3.《春秋公羊传》：天人关系的感应化与灾异符示的示警说

当然，董仲舒本就专治《春秋公羊传》之学。而公羊学所内蕴的灾异说，当然对董仲舒造成了比易学与尚书学更大的影响。比如，在注解《春秋》经隐公九年三月的"癸酉，大雨，震电；庚辰，大雨雪"时，《左传》称此处系"书时失也"①，《穀梁传》也只称"八日之间，再有大变，阴阳错行，故谨而日之也"②，均认为经载此事只是为了记录自然天候的失常。而《公羊传》则独称：

---

① 《十三经注疏》整理委员会：《十三经注疏·春秋左传正义》（上册），北京大学出版社1999年版，第115—116页。
② 《十三经注疏》整理委员会：《十三经注疏·春秋穀梁传注疏》（上册），北京大学出版社1999年版，第28页。

第十八章　董仲舒政治哲学的形上基础及其现代诠释

"何以书？记异也。何异尔？慑甚也。"①可见，《公羊传》将天象与人事关联在一起，认为人事是天象发生的依据，而这种观点是与其他二传迥异的。而董仲舒以此为本，就能很自然地开出其"天人感应"之论。

董仲舒在回答"天人三策"时，把自然界中的一些特殊事件罗列为"受命之符"，又认为天能被人之至诚所感动，从而使"白鱼入于王舟，有火复于王屋，流为乌"。他又引孔子所说的"德不孤，必有邻"②来说明人君之德性对祥瑞天象的感召作用，证明人君的道德行为能影响到天。同样的，人君所做出的有违道德要求之行为，也将招致灾异之天象，如"上下不和"将导致"阴阳缪戾"，等等。人君的政令能影响一个相当大的人类群体，因此，董仲舒"天人感应"的灾异说，相当于是在认为，人类群体的行为将对自然造成影响，而这种影响最终将转化为自然灾害，反过来降于人类群体头上。有趣的是，近代以来，在人类社会工业化以后，人对自然生态造成的伤害使人类反受因此导致的生存环境恶化所带来的困扰，这恰恰合于董仲舒的"天人感应"之说。

董仲舒认为，"求王道之端，得之于正"。他从《春

---

① 《十三经注疏》整理委员会：《十三经注疏·春秋公羊传注疏》（上册），北京大学出版社1999年版，第61—62页。
② ［宋］朱熹：《四书章句集注》，中华书局2012年版，第74页。

秋》"元年春王正月"①出发，强调"正"之行为的重要性。董仲舒将"正"的行为理解为上承于天的所为，而天道之大即在于阴阳。阳为主而阴为辅，阳为德而阴为刑，因此他认为治国应当以德为主、以刑辅之，两者既不可或缺其一，也不能颠倒主次。于是，董仲舒借助春秋学，将孔子对德、刑关系的判断进行了整合与重述。孔子在《论语》中称："道之以政，齐之以刑，民免而无耻；道之以德，齐之以礼，有耻且格。"②孔子之语，重在对德政的褒扬之上。而董仲舒则明确将"刑"放在了辅助"德"的不可替代的位置上。正因为董仲舒已在其"天人感应""天人合一"之说中论证了王者须明天道以推人事，所以他便能够以阴阳关系为据，强调人君应以德为主而德刑兼用。因此，董仲舒的德、刑关系之论，可以视为其"天人感应""天人合一"之说所导出的一个结论。

同时，董仲舒在对策中表明了支持改革的态度。他以旧政制为"朽木粪墙"，认为君主必须"解而更张之""变而更化之"。而欲知何以更化，则必须以政事的结果作为依据；若欲更早、更全面地判断更化方向，则凭借经验世界中的更多事物以作为依据。据"天人感应"，就要观察人的行为在自然环境中产生的后果，同时

---

① 《十三经注疏》整理委员会：《十三经注疏·春秋公羊传注疏》（上册），北京大学出版社1999年版，第5页。
② ［宋］朱熹：《四书章句集注》，中华书局2012年版，第54页。

第十八章 董仲舒政治哲学的形上基础及其现代诠释

也要通过观察某些突出、特殊的自然事物（如灾异）来判断人之行为的善恶，乃至以自然为据来匡正君主的行为。由此可见，"天人感应"之说，还能作为董仲舒论证改革之合理性、合法性的依据。

董仲舒从诸子之学处受到的影响

1. 墨家：天的人格化与"天志"

董仲舒认为"天"是有意志的，这合于墨子的"天志"之说。墨子认为天有其喜怒与意志，而天则要求人类"兼相爱，交相利"。过去尚未有人考察董仲舒与墨子之间是否存在思想联系，我特在此提出这一问题。终极地看，在"天人感应"与"天人合一"中，天具有一种威慑性的力量，使人能更好地去发挥善良之心，而非放纵邪恶戾气。因此，这是与墨子的"天志""兼爱"之说相通的。

2. 阴阳家：阴阳五行的工具化与目的化

同时，董仲舒继承了战国以来方术之士的思想，如邹衍的"五行生克"说。战国时，阴阳家对古代流传下来的五行传统做出了进一步发挥，将其变成了具有历史和政治意义的解释框架。形成了一套与阴阳消息之观念相结合的五行生克理论。邹衍的"五德终始"说更是流行于一时。春秋战国以来，天下分裂，而"道术将为天下裂"。秦虽然有统一天下的力量，且向"五德终始"说中寻求了统治合法性的依据，但并未致力于发展与大一统相配之德，其倚重强制性的权威，而非务于建立一种持久性的规范。邹衍的"五德终始"说赋予五行以道德的内涵，并能彰显各种德之间的关系。汉儒乃能依照"五德终始"说视秦为无德者，而认为汉上继周之德，应当有所改制。贾谊即提出了"改正朔、易服色、制法度、兴礼乐"的观点。董仲舒的改制思想，也正以"五德终始"说作为其理论基础。在《春秋繁露》中，他认为孔子西狩获麟，应为素王，代汉立法，故汉应当"奉天而法古"①，改易正朔。据此，他发挥《公羊传》，提出了"通三统"的说法。夏以寅月为正月，商以丑月为正月，周以子月为正月，故董仲舒认为汉应继而复以寅月为正月，而将秦以亥月为正月的历法排除在正统之外。因此，"三统"说具有贬斥暴虐重刑之统治方式的意义，而这种贬斥尚需要理论基础；在这里，"五行生克"说就成为了"三统"说的基础。在具体层面上，"三统"说当然与"五德终始"说有所区别，但两者的论事之理路大抵是一致的。汉武帝在与董仲舒策问之后，乃采信了"三统"说的正朔之论，而又依从了"五德终始"说的服色之说。由此，则能贬秦而继周，并形成了形式上的改制。同时，

---

① ［清］苏舆：《春秋繁露义证》，中华书局1992年版，第14页。

第十八章　董仲舒政治哲学的形上基础及其现代诠释

结合"五行生克"说而展开的改制,也为"罢黜百家,表章六经"找到了宇宙论层面的根据。事实上,在稷下学宫中,邹衍等阴阳家之学深刻影响了齐学的思维方式,无论是《齐诗》《齐论》还是《公羊传》,都重视阴阳灾异之论。因此,董仲舒从公羊学发展出的改制之说与"天人感应"之论,其与战国阴阳家的关系不可不察。

对诸经诸子之学的整合

董仲舒还在《春秋繁露》中把最终政治权威建立在"元年春王正月"的"元"上。这种对"元"的重视,既有可能来自于其对《易传》"易有太极,是生两仪"①之"太极"的认识,也可能受道家"道生一,一生二,二生三,三生万物"之"太一"的影响。《淮南子·太初训》中的"始而又始曰太始,一之又一曰太一,白之前有白曰太白,极之上有极曰太极",就同时体现了道家的"太一"与易学的"太极"。这就为董仲舒看重政治首领与"元"的联系提供了基础。刚好汉武帝又崇拜太一,乃至建立了太一祠,因此易于接受董仲舒的"元"思想。所谓"元",应能包含天地,恰如太极能分而生乾阳坤阴。董仲舒也确实在其《春秋繁露》里提到:"天地之气,合

---

① 《十三经注疏》整理委员会:《十三经注疏·周易正义》,北京大学出版社2000年版,第340页。

而为一，分为阴阳，判为四时，列为五行。行者行也，其行不同，故谓之五行。五行者，五官也，比相生而间相胜也。"①这体现了董仲舒从"太一""太极"与阴阳之关系出发而向五行做出的推导，据此，他乃将天地之道寓于自然五行的流行之中。所以，董仲舒能在其公羊学中提出"大一统"思想，或也可能与他对道家"太一"说与易学"太极"说的了解有关。

由此可见，董仲舒在某个意义上可谓综合了先秦的各家学说，这些学说包括道家、墨家、法家、阴阳家，也当然包括儒家及其春秋学、尚书学和易学。他虽提议罢黜百家，但在其政治哲学中却又实际吸收了诸子百家的很多思想。不过，我们仍应视董仲舒为儒家学者。一方面，他明白地强调仁义之说；同时，他也强调天下一统。天下一统的说法，可见于孟子所说的"定于一"②，而孔子也向往礼乐化成、圣人为王的时代，渴望能让当世走向实现尧舜之道的圣王之治。在这个意义上，董仲舒显然很重视儒家所看重的价值，当然是十分典型的儒家学者。

在整合了先秦诸子之学后，董仲舒认为，在阴阳二气中，阴必须服从阳，世界才具有秩序。他把阳视为生命的力量，把阴当成消沉的力量，又认为阴能在其对

---

① ［清］苏舆：《春秋繁露义证》，中华书局1992年版，第362页。
② ［宋］朱熹：《四书章句集注》，中华书局2002年版，第206页。

第十八章　董仲舒政治哲学的形上基础及其现代诠释

阳的辅助之中发挥积极的作用。在贵阳贱阴的同时，他认为德属阳而刑属阴，故称"阳，天之德；阴，天之刑也"，并分析道："阳气暖而阴气寒，阳气予而阴气夺，阳气仁而阴气戾，阳气宽而阴气急，阳气爱而阴气恶，阳气生而阴气杀。是故阳常居实位而行于盛，阴常居空位而行于末。天之好仁而近，恶戾之变而远，大德而小刑之意也。先经而后权，贵阳而贱阴也。"①另外，从《周易》的观点来看，阴阳是平等而又相须的。易学里讲究乾坤并建，《系辞传》固然有"天尊地卑"②之辞，但此语也并非恒具价值意义。反观董仲舒，则明显地将其置于价值层面。另外，有了阴阳五行，就能把灾异征验表达出来。从这种理论之中，能看到五行各德的实现。同时，它甚至能把官位加以五行化，以司农为木，以司马为火，以君官为土，以司徒为金，以司寇为水，五官的五行次序相生不息。③他举出阴阳五行之说，不但欲以其作为政治改制的依据，也希望以其作为政治组织关系的基础，同时还意图以其作为符号来鉴定政治事务的吉凶臧否之所在。所以，董仲舒的"天人感应"说，一方面从阴阳五行说之中吸取了养分，另一方面也引出了儒家经学的

---

① ［清］苏舆：《春秋繁露义证》，中华书局1992年版，第327页。
② 《十三经注疏》整理委员会：《十三经注疏·周易正义》，北京大学出版社2000年版，第302页。
③ 参见［清］苏舆：《春秋繁露义证》，中华书局1992年版，第362—366页。

自然主义化趋势。

从形上基础到现代诠释

董仲舒的政治哲学不但具备形而上学的基础，还应当有其现代诠释。董仲舒治公羊学，把阴阳五行作为自然向度上的基础，回答了武帝的天人三问，从而导向了历史上政治权威与理论权威间对形上学、宇宙论认识的统一，使政治权力合理化、法统化。在董仲舒的所有思想中，"天人感应"扮演着一个最重要的角色。不过，其思想之整体并非仅限于"天人感应"，还包含着"三纲""大一统"等诸说。在儒家经学方面，他受到了易学"天人合德"说、尚书"天命"说以及其所专治之公羊学的影响。除此之外，他对天之意志的认识，受到了墨子"天志"说的影响；在对改朝换代进行历史说明时，他吸收了邹衍"五行生克"说的理路；在具体应用方面，他也强调法、术、势，其学中的法家思想渊源虽较墨家、阴阳家渊源为弱，但也切实存在，且其法家色彩已被融合进了儒学之中，如以刑为德之辅等。在这个角度上，他不是一个单纯的儒生，而是一个整合先秦主流思想的学者。他既提供了宇宙论的范式，也规划了历史发展的范式，以此来维护、说明当前权力运用的格式。他的学说系统，可谓是一套将政治学、形上学、历史学相结合

第十八章 董仲舒政治哲学的形上基础及其现代诠释

的政治哲学。而且，这种哲学可以被称为是一种具有现代生态化的管理体系：将很多对象视为互有关联的事物，重视多样化的关系。天人关系，并不是单纯的天与人间之关系，而是指天地间任何事物均互有感应的关系。这种感应说有其两端：一方面，人们可以直接体会到天的情志，并应该发挥、接受这种情志；另一方面，对于君主而言，则涉及如何定策、如何实现长治久安的政治目的。

董仲舒的春秋公羊学研究，其实已蕴含了"三科九旨"之说。所谓"三科"：一曰"张三世"，即"所见异辞，所闻异辞，所传闻异辞"；二曰"存三统"，即"新周、故宋，以《春秋》当新王"；三曰"异外内"，即"内其国而外诸夏，内诸夏而外夷狄"。董仲舒已在《春秋繁露》中备有"通三统""三世异辞"及"内外"之论。其对"三代改制"之"白统""黑统""赤统"的论述，其对"三正""三统"概念的运用[①]，均体现了其"通三统"之说；"于所见微其辞，于所闻痛其祸，于传闻杀其恩，与情俱也"[②]，则表明了其对《春秋》隐微书写之特点的认识，可见其有"三世异辞"之论；"故内其国而外诸夏，内诸夏而外夷狄，言自近者始也"[③]，则诠释了公羊学论《春秋》区分内外的"自近者始"之义。董仲舒继承、发

---

① 参见［清］苏舆：《春秋繁露义证》，中华书局1992年版，第183—197页。
② 同上书，第10页。
③ 参见［清］苏舆：《春秋繁露义证》，中华书局1992年版，第116页。

挥了之前的公羊学，为何休等后学提供了理论基础。

董仲舒之所以强调天具有情感和意志，是有鉴于道家之过于清静无为，故将天表达为天帝，指出其人格性，这就能促使人更积极地行善、改制、有所作为。即使如此，董仲舒所说的天依然不是西方所说的上帝，而只是一种具有喜怒哀乐之心而与人接近的存在。以其与人接近，故人能与之沟通。他所言的天，仍与人有着密切的联系，并非一种超越的天。

过去，有人把董仲舒与霍布斯相比。霍布斯在英国创造了"君权神授"的理论，认为上帝授予了君王绝对的统治权力，君王的统治权力来自于上帝，人们不可反对。上帝本有绝对的权威，按霍布斯所说，一旦确立这种授权关系，那么君王也就可以获得与上帝同样绝对的权威。与之相比，董仲舒所言的天是与人相互感应的，天命是可以被改变的。人们也可以有一个判定君王是否符合天命的标准，如符示、灾异等。

此外，还有人基于莱布尼茨对上帝的看法而将董仲舒与他对比。莱布尼茨认为，我们所处的世界，是上帝可能创造的一切世界中最好的那个，而上帝将这一最好的世界选择了出来。之所以这个最好的世界依然有恶，是因为上帝要借此恶来彰显善。与"君权神授"一样，莱布尼茨的"前定和谐"依然不同于董仲舒"天人感应"之说。董仲舒虽强调天的意志，但还基本是以道德思想

第十八章 董仲舒政治哲学的形上基础及其现代诠释

为基础的天命说。纵然董仲舒被认为具备很多杂家的元素，但他实则是要利用阴阳五行的形上学、宇宙论来使儒家的仁义之说通行于天下，从而为天下的长治久安准备好思想基础。所以，董仲舒的天人观，尚与西方的上帝与人之关系不同。在西方，上帝是一个绝对超越于人的存在，其只能通过制人而使人拥有信仰来行善。董仲舒的"天人感应"，则表达了一种天人相通的观点，认为人能在这种相通中对自己的行为有所警觉，相信人君能在"天人感应"中认识到天命并修持自己。在这种理论中，人不但依然获得了天的观照，而且拥有了更多的自主权力。由此，古代中国将天灾与人祸联系在一起，认为自然灾难体现了天命之动摇。汉代的其他儒家，如京房等象数易学家，也就据此而言事论学，发展了"天人感应"之说。但他们在这个方向上行进得不免太远，王弼等人乃反对象数之学，以免人为的谶纬之学过度影响人对真实天道的认识。

最后，"天人感应"也体现了天能生人、人能弘道的思想，表达了人的重要性。人根于天，生于天，天与人本是同类。《春秋繁露·阴阳义》中，即有"以类合之，天人一也"①的判断。天与人有相通之处，人的理论说明了天的意志。在《春秋繁露·人副天数》之中，董仲舒

---

① 参见［清］苏舆：《春秋繁露义证》，中华书局1992年版，第341页。

甚至说"天地之符,阴阳之副,常设于身,身犹天也,数与之相参,故命与之相连也"①,列举出人的四肢、骨节、情绪、行为、心智、伦理之数,认为这都是符合天的,以此论证:人的身体构造和情感状态,都能说明天人间的密切关系。因为人是天的一部分,天又是人存在的基础,他乃据此证明感应的可能,以这种感应为自然发生之事物。他还称"美事召美类,恶事召恶类,类之相应而起也"②,以"同类相动"来论证天与人间以其同类而必然存在的感应关系。

总之,"天人感应"思想固然有其负面性,但也拥有充分的正面意义。其负面之处,在于不能从自然现象中观察出自然法则,而是很快就开始将自然现象加以道德化、政治化。不过这恰恰也有正面的效果,即能从宇宙论出发而更具体、有力地论证形上问题。在《春秋繁露·深察名号》中,他称"身之有性情也,若天之有阴阳也"③,认为人之有性与情,犹天有阳与阴,其有善有不善,而善既为主,也需要教化来使之贯彻。因此,他认为"名性,不以上,不以下,以其中名之"④,《春秋繁露·实性》继之而进一步论述:"圣人之性不可以名性,

---

① 参见[清]苏舆:《春秋繁露义证》,中华书局1992年版,第356页。
② 同上书,第358页。
③ 同上书,第299页。
④ 同上书,第300页。

第十八章 董仲舒政治哲学的形上基础及其现代诠释

斗筲之性又不可以名性,名性者,中民之性。"[①]他据此而把"性"加以"中民化",故认为教化极其重要。此类论证无不基于阴与阳的宇宙论内容,这体现了"天人感应"思想对董仲舒其他思想的影响。

结　论

董仲舒的政治哲学有这样几个层次。首先,其包含"天人感应"理论的管理效果。同时,其依据对人性论的认识而强调仁政和教化,认为君王必须效法天地而为政,指导百姓有序地因时耕作,并须发挥仁义的精神。此外,他在《春秋繁露·王道通三》中提到:"仁之美者在于天。天,仁也。"[②]天有生生之德,能周而复始地养成万物;人既然"受命于天",就要"取仁于天而仁也"。由是,春夏秋冬则"皆其用也"。这样一来,我们能从人心处查知天下的喜怒,制定法度与官制,施行教化,这就充分地把"天人合一"的思想用在了政治管理上。

董仲舒的"天人感应"说,确实在后来造成了谶纬之学、灾异之说的泛滥,不但没能有益于政治管理,反而带来了不稳定因素,使人无法安其居、乐其业。但考其学说的基本理路,足见此说具备合理而深刻之处。董

---

① 参见［清］苏舆:《春秋繁露义证》,中华书局1992年版,第311—312页。
② 同上书,第329页。

仲舒杂用了儒家的仁义之说、法家的刑法之说、阴阳家的阴阳五行之说，以阴阳五行、灾异符示来作为政治管理的客观手段，以刑法来规范社会秩序，而又以仁义作为真正的教化内核。最终，他乃以此而发扬了《春秋》的"大一统"精神。

按照笔者曾提出的"儒学发展五阶段"说[①]，董仲舒是汉朝儒学的代表，其学固然与之前的古典儒学及之后的宋明新儒学不同。正如汉易重视象数而宋易重视义理一般，在宋明新儒学阶段，其政治哲学以仁义理气为基础，具有一种更为理性的本体论。董仲舒的思想，体现了自然主义哲学的政治化和道德化，其对儒家建立政制，形成对政治权威的深刻控制，产生了莫大的影响。即便到了宋明，这种业已形成的制度也依然保持了其控制力，宋明理学中更为理性化的人道思想，也不能与之脱开干系。如今，当我们体察儒学时，应该看到其两个方向：一为制度化的汉儒"天人感应"之说，二为宋明之道德修养式的类"天人合一"之说。这两个方向间的差异是很清楚的。

作为替统治者提供合法性的存在，汉朝的儒学必然走向董仲舒之公羊学式的学问。董仲舒之后，孟喜、京房阐扬象数易学，易学与灾异说结合，开始取代公羊学

---

① 成中英：《第五阶段儒学的发展与新新儒学的定位》，《文史哲》2002年第5期。

第十八章　董仲舒政治哲学的形上基础及其现代诠释

而对汉朝政治产生重大影响；两汉之交前后，谶纬之学更加盛极一时。在原始的儒家天命说里，孟子引用《尚书·泰誓》，认为"天视自我民视，天听自我民听"[①]，系将天命落在人民意见之中；反观"天人感应"说，并未强调人民的意见，而认为天命主要体现在自然现象之中，以这些自然现象作为施政的基础，这是董仲舒"天人感应"说及其同类学说的一大特殊点。同时，灾异符示的意义，往往由方术之士自行规定，不同人的各种规定并不统一，同一人的前后之规定也未必统一，种种学说缺乏共识，则灾异说可能成为扰乱人心的祸患，这是此类学说的另一大特殊点。幸而，在此类学说之中，董仲舒尚非纯粹的阴阳五行家，也未曾如孟、京一般如此重视占卜征验，其对儒家仁义思想的重视，使其迂曲的学问终究具备深沉的指向，也使种种迂曲均服务于这种深沉的指向，故他仍堪称一代大儒。但是，这种思考方式，显然容易带来走火入魔的危险性。因此，我认为，儒家在其学的发展中，始终应该把自然现象、政治行为、德性修养这三个层次的思想分开讨论，而不能把它们合而不分地作为权力运用的基础。

---

① 《十三经注疏》整理委员会：《十三经注疏·周易正义》，北京大学出版社2000年版，第313页。

关于本书各章整理情况的说明

本书前十一章系根据2013年11月我应北京大学政府管理学院邀请，以"中国古典政治哲学"为主题所做系列讲座整理而成。第一讲到第六讲整理者为高霈宁，第七讲到第十一讲整理者为王凯歌。整理该基本稿时，高霈宁为北京大学政府管理学院政治学理论专业博士生，王凯歌为同院同专业硕士生。2016年7月起，北京大学政府管理学院政治学理论专业博士毕业生王水涣对前十一讲的文字内容进行了通读，校对了其中涉及的古代典籍引文，对演讲过程中引用的部分历史人物和事件做了适当补充；2016年9月起，王水涣进入中国人民大学哲学院从事博士后研究，但作为我的助手，仍对我在不同场合的学术专题谈话录音，并整理成文字稿，陆续为本书补充了第十二章到十六章的内容。第十七章和第十八章是我于2014年和2015年分别发表的两篇政治哲学专题论文。